普通高等教育"十四五"规划教材

劳动争议处理实务

主　编　王秀卿　罗　静

副主编　张　月　李　海　潘晓霞

中国水利水电出版社

www.waterpub.com.cn

·北京·

内 容 提 要

本书突出应用这条主线，紧紧围绕 OBE 教育理念，坚持"知识传授、能力培养、价值引领"有机融合，以学生学习效果为导向，从常见的劳动争议案例入手，按争议类型划分工作项目，分为劳动合同、集体合同、劳动基准、职业安全健康、社会保险和福利、劳动争议解决的途径等十个项目，用工作任务引领专业知识，用典型案例构筑学习情境。教材中的每个任务都包含了知识链接和任务拓展两个模块，目的在于培养学生运用理论知识分析和解决实际问题的能力，让教师和学生在具体案例中边教边学，做到教学相长，同时引导学生正确分析劳动争议典型案例，传承依法治国精神。

教材设计充分体现以学生为中心、以工作任务为核心，突出培养学生的法律逻辑思维和推理能力、对法条的规范解读和应用能力、开展法律论辩的能力、分析和解决劳动实务程序的能力等，有利于培养目标的实现。

图书在版编目（ＣＩＰ）数据

劳动争议处理实务 / 王秀卿，罗静主编. -- 北京：
中国水利水电出版社，2023.12（2025.3 重印）
普通高等教育"十四五"规划教材
ISBN 978-7-5226-1919-4

Ⅰ. ①劳… Ⅱ. ①王… ②罗… Ⅲ. ①劳动争议—处
理—中国—高等学校—教材 Ⅳ. ①D922.591

中国国家版本馆CIP数据核字(2023)第217412号

策划编辑：石永峰　　责任编辑：张玉玲　　加工编辑：刘瑜　　封面设计：苏敏

书　　名	普通高等教育"十四五"规划教材 劳动争议处理实务 LAODONG ZHENGYI CHULI SHIWU
作　　者	主　编　王秀卿　罗　静 副主编　张　月　李　海　潘晓霞
出版发行	中国水利水电出版社 （北京市海淀区玉渊潭南路 1 号 D 座　100038） 网址：www.waterpub.com.cn E-mail: mchannel@263.net（答疑） 　　　　sales@mwr.gov.cn 电话：(010) 68545888（营销中心）、82562819（组稿）
经　　售	北京科水图书销售有限公司 电话：(010) 68545874、63202643 全国各地新华书店和相关出版物销售网点
排　　版	北京万水电子信息有限公司
印　　刷	三河市鑫金马印装有限公司
规　　格	184mm×260mm　16 开本　12.5 印张　296 千字
版　　次	2023 年 12 月第 1 版　2025 年 3 月第 2 次印刷
定　　价	42.00 元

编　委　会

前　　言

为保护劳动者的合法权益，调整劳动关系，建立和维护适应社会主义市场经济的劳动制度，促进经济发展和社会进步，我国从 1995 年起先后出台了《中华人民共和国劳动法》和《中华人民共和国劳动合同法》及一系列劳动法律制度。劳动法律法规的变迁，目的都是发展和谐稳定的劳动关系，积极适应我国劳动力供大于求的情况。劳动法律法规尊重劳动关系主体双方中劳动者一方处于弱势地位的实际，强调对劳动者的保护，同时也对保护用人单位合法权益给予了必要的关注，做出了相应的规范，不仅有利于切实有效地保护劳动者的合法权益，也有利于增强企业凝聚力，有利于促进企业的长远发展。同时，对于实现劳动关系双方利益的平衡，促进劳动关系规范有序发展，构建和谐稳定的劳动关系，进而促进社会和谐，都具有十分重要的意义。

新时代背景下，不断出现新型用工问题、劳动力市场的流动性问题、单位用工的灵活性问题、劳动者的诚信问题等，导致劳动争议纠纷更加新型化、多样化。如何深刻践行"坚持全面依法治国，推进法治中国建设"，在现有的法律框架下和谐地解决劳动争议，考验着未来法律工作者的智慧。

本书突出应用这条主线，紧紧围绕 OBE 教育理念，坚持"知识传授、能力培养、价值引领"有机融合，以学生学习效果为导向，从常见的劳动争议案例入手，按争议类型划分工作项目，用工作任务引领专业知识，用典型案例构筑学习情境，从知识链接和实训拓展两个方面阐述了用人单位与劳动者在日常劳动管理及处理劳动争议中应当注意的法律问题，引导学生正确分析劳动争议典型案例，传承依法治国精神。教材设计充分体现以学生为中心、以工作任务为核心，重点培养学生的法律逻辑思维和推理能力。

本书由王秀卿、罗静任主编，张月、李海、潘晓霞任副主编，其中李海编写项目 1、项目 7 及相应任务拓展解析，王秀卿编写项目 2 及相应任务拓展解析，罗静编写项目 3 至项目 5 及相应任务拓展解析，潘晓霞编写项目 6、项目 10 及相应任务拓展解析，张月编写项目 8、项目 9 及相应任务拓展解析。

由于编者学术水平、研究能力及教学经验等诸多方面的限制，书中难免存在疏漏，恳请读者批评指正。

编　者
2023 年 3 月

目　　录

项目 1　劳动争议概述

项目导读

劳动争议是劳动生产过程中发生的纠纷。国家机关、企事业单位、社会团体等用人单位与职工建立劳动关系后，一般都能相互合作，认真履行劳动合同。但由于各种原因，双方之间产生纠纷也是难以避免的事情。劳动争议的发生，不仅使正常的劳动关系得不到维护，还会使劳动者的合法利益受到损害，或者对用人单位的利益造成损害，不利于社会的稳定。因此，应当正确把握劳动争议的特点，积极预防并妥善处理劳动争议，从而构建社会主义和谐社会。

教学目标

能力目标：注重以学生为主体、以法学实务为本位，培养学生正确认定是否属于劳动争议的能力。

知识目标：以《中华人民共和国劳动争议调解仲裁法》为基础，使学生了解劳动争议的概念与特征，了解《中华人民共和国劳动争议调解仲裁法》的适用范围。

思政目标：引导学生正确分析劳动争议典型案例，传承依法治国的精神。

任务 1　劳动争议的产生

【任务目标】

- 理解劳动争议的概念与特征。
- 掌握劳动争议的范围。

【任务材料】

时年 56 岁的王某（女）于 2021 年 4 月入职某养老院从事护理工作。同年 5 月 21 日下午 15 时许，王某在工作岗位上突发疾病被送医救治。后王某因医疗费与养老院产生纠纷，养老院以王某入职时已超过法定退休年龄为由否认双方之间存在劳动关系。王某遂向当地劳动人事争议仲裁委员会申请劳动仲裁，请求确认王某与养老院存在劳动关系。仲裁委员会驳回了王某关于确认与养老院劳动关系的仲裁请求。王某不服裁决结果，诉至人民法院。

工作任务：根据本案案情，收集相关法律法规，针对法院是否会支持王某的诉讼请求作出判断。

【知识链接】

一、劳动争议的概念和特征

（一）劳动争议的概念

劳动争议也称劳动纠纷，是指劳动法律关系双方当事人即劳动者和用人单位，在执行劳动法律、法规或履行劳动合同过程中，就劳动权利和劳动义务关系所产生的争议。

《中华人民共和国劳动争议调解仲裁法》（简称《劳动争议调解仲裁法》）第二条规定，中华人民共和国境内的用人单位与劳动者发生的下列劳动争议，适用本法：

（1）因确认劳动关系发生的争议。

（2）因订立、履行、变更、解除和终止劳动合同发生的争议。

（3）因除名、辞退和辞职、离职发生的争议。

（4）因工作时间、休息休假、社会保险、福利、培训以及劳动保护发生的争议。

（5）因劳动报酬、工伤医疗费、经济补偿或者赔偿金等发生的争议。

（6）法律、法规规定的其他劳动争议。

（二）劳动争议的特征

劳动争议具有以下特征：

（1）劳动争议是劳动关系当事人之间的争议。劳动关系的当事人，一方为劳动者，另一方为用人单位。劳动者主要是指与在中国境内的企业、个体经济组织建立劳动合同关系的职工和与国家机关、事业组织、社会团体建立劳动合同关系的职工。用人单位是指在中国境内的企业、个体经济组织以及国家机关、事业组织、社会团体等与劳动者订立了劳动合同的单位。不具有劳动法律关系主体身份者之间所发生的争议，不属于劳动纠纷。如果争议不是发生在劳动关系双方当事人之间，即使争议内容涉及劳动问题，也不构成劳动争议。如劳动者之间在劳动过程中发生的争议、用人单位之间因劳动力流动发生的争议、劳动者或用人单位与劳动行政部门在劳动行政管理中发生的争议、劳动者或用人单位与劳动服务主体在劳动服务过程中发生的争议等，都不属于劳动纠纷。

（2）劳动纠纷的内容涉及劳动权利和劳动义务，是为实现劳动关系而产生的争议。劳动关系是劳动权利义务关系，如果劳动者与用人单位之间不是为了实现劳动权利和劳动义务而发生的争议，就不属于劳动纠纷的范畴。劳动权利和劳动义务的内容非常广泛，包括就业、工资、工时、劳动保护、劳动保险、劳动福利、职业培训、民主管理、奖励惩罚等。

（3）劳动纠纷既可以表现为非对抗性矛盾，也可以表现为对抗性矛盾，而且两者在一定条件下可以相互转化。在一般情况下，劳动纠纷表现为非对抗性矛盾，给社会和经济带来不利影响。

二、劳动争议的范围

劳动争议的产生有出自用人单位方面的原因和出自劳动者方面的原因。出自用人单位方面的原因包括用人单位忽视劳动合同的管理、不签订劳动合同或劳动合同不规范、履行劳动合同的方式与程序不当；规章制度不合法、不合理、不健全或没有依法制定规章制度；人力资源管理人员缺乏预防劳动争议的知识与技能等导致发生劳动争议。出自劳动者方面的原因包括劳动者对现行劳动合同制度不理解，甚至有抵触情绪，导致争议时有发生；个别劳动者素质差，目无企业内部规章制度，经常迟到、早退、旷工，严重违反企业规章制度，被用人单位辞退而引发争议；个别劳动者从个人利益出发，向企业提出超出法律规定的过高要求，因无理要求得不到满足而产生争议。

《中华人民共和国劳动争议调解仲裁法》第二条规定的劳动争议范围如下：

（1）因确认劳动关系发生的争议。

劳动关系是指用人单位招用劳动者为其成员，劳动者在用人单位的管理下提供有报酬的劳动而产生的权利义务关系。所谓"确认劳动关系争议"，包括是否有劳动关系、什么时候存在劳动关系、与谁存在劳动关系等纠纷。在实践中，一些用人单位不与劳动者签订劳动合同，一旦发生纠纷，劳动者往往因为拿不出劳动合同这一确定劳动关系存在的凭证而难以维权。为了更好地维护劳动者的合法权益，《劳动争议调解仲裁法》将因确认劳动关系发生的争议纳入劳动争议处理范围，劳动者可以就确认劳动关系是否存在这一事由，依法向劳动争议调解仲裁机构申请权利救济。

（2）因订立、履行、变更、解除和终止劳动合同发生的争议。

劳动合同，是指劳动者与用人单位确立劳动关系、明确双方权利和义务的协议。用人单位与劳动者的劳动关系，涉及劳动合同订立、履行、变更、解除和终止的全过程。对于这一过程任何一个环节发生的争议，都可以适用《劳动争议调解仲裁法》来解决。

（3）因除名、辞退和辞职、离职发生的争议。

这一类劳动争议实质是由解除和终止劳动关系而引发的争议，包括第（2）项中的解除和终止劳动合同发生的争议。所谓除名，原指根据《企业职工奖惩条例》的规定，职工无正当理由经常旷工，经批评教育无效，连续旷工时间超过 15 天，或者一年以内累计旷工时间超过 30 天的，企业有权予以除名。但《企业职工奖惩条例》已于 2008 年 1 月 15 日被废止。《企业职工奖惩条例》废止后，企业劳动争议不应再有除名争议。所谓辞退，是指用人单位根据本单位生产、工作、经营的情况及劳动者的状况，依照法律规定的条件和程序，解除与其工作人员的工作关系的法律行为。辞退与劳动者的辞职行为相对应。辞退一般包括即时辞退（过失性辞退）、预告辞退（无过失性辞退）和经济性裁员 3 种情形。所谓辞职，是指劳动者根据本人的意愿，辞去所担任的职务，解除与所在单位的工作关系的行为。离职是指劳动者根据本人的意愿，自动解除与所在单位的劳动关系的行为。因除名、辞退和辞职、离职发生的争议涉及解除和终止劳动关系，适用《劳动争议调解仲裁法》。

（4）因工作时间、休息休假、社会保险、福利、培训以及劳动保护发生的争议。

因工作时间、休息休假发生的争议，主要涉及用人单位规定的工作时间是否符合有关法律的规定、劳动者是否能够享受到国家的法定节假日和带薪休假的权利等而引起的争议；因社会保险发生的劳动争议，主要涉及用人单位是否依照有关法律、法规的规定为劳动者缴纳养老、工伤、医疗、失业、生育等社会保险费用而引起的争议；因福利、培训发生的劳动争议，主要涉及用人单位与劳动者在订立的劳动合同中规定的有关福利待遇、培训等约定事项的履行而产生的争议；因劳动保护发生的劳动争议，主要涉及用人单位是否为劳动者提供符合法律规定的劳动安全卫生条件等标准而产生的争议。

需要说明的是，根据《最高人民法院关于审理劳动争议案件适用法律问题的解释（一）》（法释〔2020〕26号）的规定，劳动者退休后，与尚未参加社会保险统筹的原用人单位因追索养老金、医疗费、工伤保险待遇和其他社会保险待遇而发生的纠纷也属于劳动争议中的社会保险争议。劳动者退休后虽然与原用人单位已不存在劳动关系，但他们所享有的社会保险待遇是以过去在用人单位提供劳动为前提，因此此类争议视为劳动争议。

（5）因劳动报酬、工伤医疗费、经济补偿或者赔偿金等发生的争议。

因劳动报酬发生的争议，主要指因用人单位克扣和拖欠劳动者劳动报酬（包括克扣和拖欠加班费）发生的争议；因工伤医疗费发生的争议，主要指因用人单位不依法支付工伤职工工伤医疗费发生的争议；因经济补偿发生的争议，主要指解除和终止劳动合同时，因用人单位没有依法支付劳动者经济补偿发生的争议。

赔偿金是指根据《劳动合同法》的规定，用人单位应当向劳动者支付的赔偿金和劳动者应当向用人单位支付的赔偿金。用人单位应当向劳动者支付的赔偿金，包括用人单位违反《劳动合同法》规定与劳动者约定试用期的，如违法约定的试用期已经履行的，由用人单位以劳动者试用期满月工资为标准，按已经履行的超过法定试用期的期间向劳动者支付赔偿金；用人单位未依照劳动合同的约定或者国家规定及时足额支付劳动者劳动报酬，或者低于当地最低工资标准支付劳动者工资的，或者安排加班不支付加班费，以及解除、终止劳动合同，未依照《劳动合同法》规定向劳动者支付经济补偿的，在劳动行政部门责令限期支付后，逾期仍不支付的，用人单位按应付金额百分之五十以上百分之一百以下的标准向劳动者加付赔偿金；用人单位违反《劳动合同法》规定解除或者终止劳动合同的，应当按照《劳动合同法》规定的解除终止劳动合同的经济补偿标准的二倍支付赔偿金；用人单位自用工之日起超过1个月不满1年未与劳动者订立书面劳动合同的，应当向劳动者每月支付二倍的工资，或者用人单位违反《劳动合同法》规定不与劳动者订立无固定期限劳动合同的，自应当订立无固定期限劳动合同之日起向劳动者每月支付二倍的工资；等等。

劳动者向用人单位支付的赔偿金，包括劳动者违反《劳动合同法》规定解除劳动合同，或者违反劳动合同中约定的保密义务或者竞业限制，给用人单位造成损失所应当承担的赔偿金。

（6）法律、法规规定的其他劳动争议。

除了上述劳动争议事项外，法律、行政法规或者地方性法规规定的其他劳动争议也要纳入劳动争议调解仲裁法的调整范围。

除以上情形外，劳动者与用人单位发生的以下纠纷也属于劳动争议：

1）事业单位与实行聘用制的工作人员因聘用关系发生的争议。

《中华人民共和国劳动争议调解仲裁法》第五十二条规定，事业单位实行聘用制的工作人员与本单位发生劳动争议的，依照本法执行；法律、行政法规或者国务院另有规定的，依照其规定。

2）因返还劳动合同定金、保证金、抵押金、抵押物和人事档案、社会保险关系转移发生的争议。

根据《最高人民法院关于审理劳动争议案件适用法律若干问题的解释（一）》（法释〔2020〕26 号）的规定，劳动者与用人单位解除或者终止劳动关系后，请求用人单位返还其收取的劳动合同定金、保证金、抵押金、抵押物发生的纠纷，或者办理劳动者的人事档案、社会保险关系等转移手续发生的纠纷也属于劳动争议。

【任务解析】

《中华人民共和国劳动合同法》第四十四条规定，劳动者开始依法享受基本养老保险待遇的，劳动合同终止；《中华人民共和国劳动合同法实施条例》第二十一条规定，劳动者达到法定退休年龄的，劳动合同终止。王某入职养老院时年龄已经 56 岁，超过女职工最高法定退休年龄 55 岁，其已不具备建立劳动关系的主体资格。所以，本案中王某与养老院所建立的并非劳动合同关系，而是劳务关系，对于王某提出的要求确认劳动关系的请求，人民法院不予支持。

【任务拓展】

1. 赵某在成人教育学院学习期间与公司签订了 5 年劳动合同。因赵某所学专业是人事管理，所以在合同中约定，公司在赵某学习毕业后安排专业对口的工作。2021 年赵某从成人教育学院毕业后回到公司，此时由于公司更换了法人代表，将赵某安排到公司下属一家企业当推销员。赵某要求公司按合同约定安排工作，而公司以合同是前任领导签订的为由，不同意赵某的要求，双方发生争议。赵某遂向劳动争议仲裁委员会提出申诉，要求公司履行劳动合同。

工作任务：根据本案案情，收集相关法律法规，讨论案件中变更了法定代表人的公司是否应继续履行劳动合同。

2. 张某于 2020 年 6 月入职某科技公司，月工资 20000 元。某科技公司在与张某订立劳动合同时，要求其订立一份协议作为合同附件，协议内容包括"我自愿申请加入公司奋斗者计划，放弃加班费"。半年后，张某因个人原因提出解除劳动合同，并要求支付加班费。某科技公司认可张某加班事实，但以其自愿订立放弃加班费协议为由拒绝支付。张某向劳动争议仲裁委员会申请仲裁，请求裁决某科技公司支付 2020 年 6 月至 12 月加班费 24000 元。

工作任务：根据本案案情，收集相关法律法规，讨论劳动争议仲裁委员会应如何裁决。

任务 2　劳动争议解决的基本流程

【任务目标】

- 掌握劳动争议的处理机制。
- 了解劳动争议处理的原则。
- 了解我国现行的劳动争议处理方式。

【任务材料】

2014 年 3 月，某环保设备公司向法院申请某机泵厂公司强制清算，后指定清算组对机泵厂公司组织清算。2015 年 8 月，机泵厂职工施某向市劳动人事争议仲裁委员会申请仲裁，要求该环保设备公司按原工资标准发放工资，仲裁委以主体不适格为由不予受理。2016 年 7 月，施某又以机泵厂公司清算组为被告提起诉讼，要求清算组按原工资标准支付其劳动报酬至留守结束并结清欠发工资，被法院驳回。2017 年 9 月 5 日，施某再次上诉，要求机泵厂公司出具解除劳动关系书面通知，支付经济补偿金及未结工资。

工作任务：根据本案案情，收集相关法律法规，分析法院会对该案件作出如何判断。

【知识链接】

一、劳动争议处理机制

劳动争议处理机制主要是指劳动争议调解仲裁。劳动争议处理制度，是通过劳动立法的形式将劳动争议处理的机构、原则、程序、受理范围等确定下来，用以处理劳动争议的一项法律制度。劳动争议处理制度，在法学分类上称为程序法。

《中华人民共和国劳动争议调解仲裁法》第四条规定，发生劳动争议，劳动者可以与用人单位协商，也可以请工会或者第三方共同与用人单位协商，达成和解协议。第五条规定，发生劳动争议，当事人不愿协商、协商不成或者达成和解协议后不履行的，可以向调解组织申请调解；不愿调解、调解不成或者达成调解协议后不履行的，可以向劳动争议仲裁委员会申请仲裁；对仲裁裁决不服的，除本法另有规定的外，可以向人民法院提起诉讼。

根据上述规定，劳动争议当事人可以通过以下 4 种途径解决其争议：

（1）协商程序。劳动争议双方当事人在发生劳动争议后，应当首先协商，找到解决的办法。虽然协商程序并非法律规定的必经程序，但该程序在缓和争议双方关系和预防矛盾进一步恶化方面能够起到其他方式不可替代的作用。

（2）调解程序。劳动争议调解，是指劳动争议双方当事人自愿将劳动争议提交给有关调解机构处理，调解机构在查明事实、分清事实的基础上，通过宣传法律、法规、政策和说服教育等方法，使争议双方相互谅解，达成协议，及时解决纠纷的一种活动。我国的劳动争议调解有两种形式：一是劳动争议调解委员会的调解，二是劳动争议仲裁委员会的先行调解。《中华人民共和国劳动争议调解仲裁法》第四十二条规定，仲裁庭在作出裁决前，应当先行调解。人力资源和社会保障部 2017 年通过并实施的《劳动人事争议仲裁办案规则》第三条规定，仲裁委员会处理争议案件，应当遵循合法、公正的原则，先行调解，及时裁决。调解程序并不是法律规定的必经程序，但对于解决劳动争议却起着很大的作用，特别是对于希望仍在原单位工作的职工，为避免矛盾激化，通过调解解决劳动争议当属首先步骤。

（3）仲裁程序。《中华人民共和国劳动法》第七十九条和《中华人民共和国劳动争议调解仲裁法》第五条均规定了劳动争议仲裁前置程序，即劳动仲裁是劳动争议当事人向人民法院提起诉讼的必经程序。同时，劳动争议仲裁的申请有时效规定。《中华人民共和国劳动争议调解仲裁法》第二十七条规定，劳动争议申请仲裁的时效期间为 1 年。仲裁时效期间从当事人知道或者应当知道其权利被侵害之日起计算。除非因不可抗力或者有其他正当理由，否则超过法律规定的申请仲裁时效的，仲裁委员会不予受理。

（4）诉讼程序。劳动争议当事人对仲裁裁决不服，可以在收到仲裁裁决书后向人民法院提起诉讼。需要注意的是，劳动者个人和用人单位提起诉讼的时效是不同的。同时，对劳动争议仲裁委员会不予受理或者逾期未作出决定的，仲裁申请人可以就该劳动争议事项向人民法院提起诉讼。

二、劳动争议解决的原则

根据《中华人民共和国劳动争议调解仲裁法》第三条的规定，解决劳动争议，应当根据事实，遵循合法、公正、及时、着重调解的原则，依法保护当事人的合法权益。

（一）合法原则

依法处理争议，就要依据法律规定的程序要求和权利、义务要求去解决争议，同时要掌握好依法的顺序，即有法律依法律，没有法律依法规，没有法规依规章，没有规章依政策。

（二）公正原则

这一原则主要应体现在两个方面：一方面要将劳动争议当事人置于平等的法律地位，任何一方当事人都不得有超越另一方当事人的特权；另一方面应注意依法保护劳动关系中的弱势群体劳动者，这与依法保护劳动关系双方合法权益的宗旨是一致的，因为它们共同的基点是依法。

（三）及时原则

首先，劳动争议发生后，当事人应当及时协商或及时申请调解甚至申请仲裁，避免超过仲裁申请时效，丧失申请仲裁的权利。其次，劳动争议处理机构在受理案件后，应当在法定结案期限内，尽快处理完毕，以避免案无定日、久拖不决的现象。最后，对处理结果，一方当事人不履行的，另一方当事人要及时采取申请强制执行等措施，以保证案件处理结果的最终落实。

（四）着重调解原则

调解既是一道专门程序，也是仲裁与审判程序中的重要方法。进行调解应注意的问题有：

（1）必须遵守自愿原则。当事人向企业劳动争议调解委员会申请调解，必须经争议双方当事人同意，否则调解委员会不予受理。劳动争议处理机构进行调解必须是当事人真正自愿和解和自愿达成调解协议，不得对争议案件强行调解，也不得采取强迫或变相强迫的方法进行调解。

（2）必须坚持合法、公正原则。调解是建立在查明事实、分清责任的基础上，通过说服教育，使当事人在法律许可的范围内达成和解协议，并不是无原则地进行。

三、我国劳动争议处理现状及完善建议

（一）我国劳动争议处理方式的现状

我国处理劳动争议的机构有劳动争议调解组织、劳动争议仲裁委员会和人民法院三类。"一调一裁两审"劳动争议处理模式在实践中发挥了一定作用。仲裁前置原则，一方面充分发挥劳动争议仲裁机构处理劳动争议的专长，及时解决劳动争议，维护劳动者的合法权益；另一方面减轻了人民法院的工作压力，使我国有限的司法资源发挥更大的作用。而且，2008年改革后，仲裁对于企业来说相当于一裁终局，也从另一个侧面减轻了人民法院的压力。

劳动争议调解是一项被广泛运用的重要的争议处理制度，调解制度的性质在于第三方主持下的私法自治。我国的劳动争议调解组织分为企业内部的调解和社会化调解，当事人可以自愿选择是否申请调解。

劳动争议仲裁具有特殊性，仲裁机构为半官方性质，依法定原则由政府、工会和用人单位三方共同组建。另外，劳动仲裁申请可以由任何一方当事人提起，无须双方当事人合意；仲裁裁决也不具有完全意义上的终局效力，劳动者不服可以向人民法院起诉。就法律性质而言，我国的劳动仲裁不同于司法裁判和一般的民商事仲裁，它兼有半行政性和准司法性：一方面，劳动行政部门的代表在仲裁机构组成中居于首席地位，仲裁机构的办事机构设在劳动行政部门，仲裁机构要向本级政府负责，仲裁行为中还有行政仲裁的因素；另一方面，仲裁机构的设立、职责、权限、组织活动原则和方式等与司法机构有许多共同或相似之处，它是国家依法设立的处理劳动争议的专门机构，依法独立行使仲裁权，仲裁的程序和机制等与诉讼也有诸多相通的地方。

劳动争议诉讼是处理劳动争议的最后一道程序，我国现行体制是在人民法院内，由民事审判庭裁判劳动争议案件，而没有设立独立的劳动法院或专门的劳动法庭。

（二）我国现行劳动争议解决机制的缺陷

1. "一裁两审"模式周期长，不利于健康劳资关系的修复

根据我国相关法律规定，发生劳动争议时，当事人应当先向仲裁委员会申请仲裁，对仲裁裁决不服的，才可以向人民法院提起诉讼。人民法院审理劳动案件，按照普通民事诉讼程序审理，当事人对人民法院的一审判决不服的，仍然可以向上级人民法院上诉，符合相关规定的还可以启动再审程序。在这样的运行机制下，如果一个劳动争议经过调解（非必经程序）、仲裁（必经程序）、法院诉讼（两审终审），往往耗时耗力，当事人的合法权益得不到及时维护，正常的劳资关系得不到及时修复，导致劳动者的就业权受到影响，当事人和社会解决争议的成本增加，极大地浪费了司法资源。

迟到的正义非正义，迟到的公正亦非公正，当案件的胜诉判决到达当事人之手时，对于

当事人来说可能已经没有多大意义了。劳动争议的本质特征决定了劳动争议与普通的民事争议相比，更需要得到及时有效的解决。因此，从运行的实际情况来看，我国劳动争议处理制度的设置是与劳动争议的内在规律背道而驰的。

立法者在立法之初或许认为，在诉讼之前设置必经的仲裁程序，由于仲裁的效率比较高，因此有利于劳动争议的及时解决。但是，我国仲裁制度本身的缺陷，使得仲裁程序在许多案件当中沦为陪衬和形式，劳动者在最初就没指望通过仲裁程序解决问题，而是为了迎合法律的规定而不得不象征性地走走过场。在这样的情形下，我国的劳动争议处理体制实质上沦为了"三审终审制"。

2. 劳动争议时效过短，不利于当事人诉权的保护

与"一裁两审"劳动争议处理体制的周期过长相比，我国规定的劳动争议时效过短，当事人稍不注意就会超出仲裁和诉讼时效，而一旦超出时效，当事人的权益就失去了法律上的保护。时效的问题主要体现在以下两方面：第一，《中华人民共和国劳动法》规定，当事人申请仲裁的，应当在劳动争议发生之日起 60 日之内提出，在这样的情况下，如果当事人在申请仲裁之前申请调解，申请仲裁的期限就不足 60 日；第二，当事人对仲裁裁决不服的，应当在收到仲裁裁决书之日起 15 日内向法院起诉，劳动法上规定的诉讼时效与普通诉讼时效相比，明显偏短，在实务中因为错过诉讼时效而被法院驳回的劳动争议亦不在少数。这些劳动争议本来因为得不到解决而诉至法院，结果却又被重新推向社会，给社会和谐造成潜在威胁。2008 年生效的《中华人民共和国劳动争议调解仲裁法》虽然将申请仲裁的时效期间改为 1 年，但是《中华人民共和国劳动法》规定的 15 日的诉讼时效却没有修改。

3. 民事庭审理劳动争议纠纷，不利于争议的高效解决

目前多数国家设立了专门的劳动争议审判机构，一是由于劳动争议数量很多；二是由于劳动争议具有相当的专业性，需要专门的精通劳动法律法规和劳动审判的法官；三是由于劳动争议需要更加有效率解决，在程序上不同于普通民事案件；四是劳动争议具有相当的社会性，在审判庭的组成方面不同于普通民事庭。而我国当前劳动争议仍然由民事庭审判，其弊端非常明显：第一，由于我国当前正处于社会转型期、矛盾凸显期，劳资关系也处于深刻调整之中，因此劳动争议案件迅速增多，民事庭本来就业务繁忙，如果劳动争议案件再由民事庭审理，必然导致民事庭疲于应付；第二，将劳动争议当作普通的民事案件审理，抹杀了劳动争议的社会性、隶属性以及劳动争议处理的效率性、社会性、专业性等特征，不利于劳动争议迅速、公正地解决。

4. 未将劳动争议分类处置，不利于争议预防体系的构建

多数国家将劳动争议区分为权利争议和利益争议，分别采取不同的处理程序。而我国当前关于劳动争议的规定基本上都是权利争议，对利益争议的规制显然没有引起应有的重视。实际上，对利益争议及时、有效地化解是解决权利争议的基础。在双方当事人谈判阶段，相关组织介入其中，对可能出现的问题进行分析、咨询、提供建议，在出现利益争执的时候就能够及时调解、斡旋和仲裁，就可以有效预防集体合同和个别劳动合同中可能出现的问题和漏洞，从而减少权利争议的产生。

除此之外，我国劳动争议处理制度还存在没有尊重当事人的选择权、劳动争议处理模式单一、没有充分发挥调解的作用、预防性劳动争议处理机制欠缺、维权成本高昂、仲裁和诉讼适用法律不一致等问题。

（三）完善我国的劳动争议解决机制

1. 构建劳动争议多元化解决方式

当前，诉讼与非诉讼相衔接的矛盾纠纷解决机制已在全国开展，充分动员一切社会力量迅速有效地化解社会矛盾纠纷成为司法界的主旋律。要充分发挥人民法院、行政机关、社会组织、企事业单位以及其他各方面的力量，促进各种纠纷解决方式相互配合、相互协调和全面发展，做好诉讼与非诉讼渠道的相互衔接，为人民群众提供更多可供选择的纠纷解决方式，维护社会和谐稳定，促进经济社会又好又快发展。

建立健全诉讼与非诉讼相衔接的矛盾纠纷解决机制的主要任务在于充分发挥审判权的规范、引导和监督作用，完善诉讼与仲裁、行政调解、人民调解、商事调解、行业调解以及其他非诉讼纠纷解决方式之间的衔接机制，推动各种纠纷解决机制的组织和程序制度建设，促使非诉讼纠纷解决方式更加便捷、灵活、高效，为矛盾纠纷解决机制的发展提供司法保障。在设计劳动争议处理制度时，也要充分动员各种社会力量，努力使劳动争议在最短的时间有效化解，从而维护劳资关系的稳定。

我国目前的劳动争议处理方式有调解、仲裁、诉讼三类，应当充分发挥这些机制的作用，特别是非诉解决机制的作用。《中华人民共和国劳动争议调解仲裁法》将劳动争议调解主体从企业内部的劳动争议调解委员会扩展到基层的人民调解委员会等调解组织，充分发挥各种调解力量的作用，并对调解的相关程序进行了完善。下一步应当继续完善仲裁机制，充分发挥仲裁机制在处理矛盾纠纷方面的优势。

2. 实行"或裁或审、司法审查"劳动争议处理模式

近年来许多学者在借鉴国外劳动争议处理模式的基础上，提出了多种有代表性的劳动争议处理模式。

（1）"只审不裁"模式，即对劳动争议实行单一的两审终审制。这种模式主张成立专门的劳动法院或者在法院内设劳动法庭，撤销现有的劳动争议仲裁机构或将其合并至劳动法庭（法院）。劳动争议发生时，当事人直接向法院起诉，从而简化劳动争议处理程序，减少劳动争议当事人的诉累。不过，这一模式完全抹杀了劳动仲裁在解决劳动争议过程中发挥的积极作用，将所有争端的解决汇聚在法院，不仅否定了争议双方选择纠纷解决方式的权利，而且容易造成国家司法权对公民私权利的过分干预。

（2）"或裁或审"模式，即对劳动争议实行或裁或审制度。这种模式主张劳动争议发生后，当事人可自由选择劳动争议仲裁委员会进行仲裁或向人民法院提起诉讼，前者实行一裁终局制，后者实行两审终审制，即当事人在选择仲裁后不得再向法院起诉，或选择法院诉讼后不得再申请仲裁。这种"双轨制"的劳动争议处理模式，既实现了当事人在选择纠纷处理渠道时的意思自治，又体现了纠纷处理程序的快捷性要求。这种模式虽然保证了选择纠纷解决方式的自主权，却可能放任国家司法权对涉及重大法益的劳动纠纷（例如争议标的数额巨大或涉及人

数众多的集体争议）的管辖权。因为在这一模式中，涉及重大法益的劳动纠纷发生后，如果当事人没有首先选择诉讼渠道来解决纠纷，法院也就永远丧失了对它的管辖权。

（3）"只裁不审"模式，即劳动争议实行单一的"一裁（或两裁）"终局制。这种模式主张成立实体性的劳动争议委员会，法院不再承担劳动争议的处理工作。劳动争议发生时，当事人只能向劳动争议仲裁委员会申请仲裁，经过仲裁委员会的一裁或两裁后仲裁裁决即发生法律效力，即使当事人不服也不能向人民法院提起诉讼。这种模式既有利于劳动纠纷的快速解决，又解决了目前存在的劳动仲裁委员会与法院之间的衔接问题，同时降低了当事人的诉讼成本、减轻了法院的审判负担。在这种模式下，法院完全让渡出劳动争议的管辖权，劳动争议完全游离于司法管辖之外，这不仅剥夺了争议双方最后寻求司法救济的权利，而且由于丧失法院的司法监督与制约，可能会导致仲裁委员会权力的滥用。

一个良好的劳动纠纷解决模式应当首先尊重争议双方自主选择纠纷解决渠道的权利，同时应当兼顾国家对重大法益的必要司法保护和司法救济，并找到这二者之间的平衡点。因此在借鉴国外成熟立法先例的基础上，良好的劳动纠纷解决模式应当是或裁或审与司法审查相结合模式。劳动争议发生后，如当事人之间无法和解或达成调解协议，当事人可以自由选择劳动争议仲裁委员会进行仲裁或向人民法院提起诉讼，前者实行一裁终局制，后者实行两审终审制。一般情况下当事人在选择仲裁后不得再向法院起诉，或选择法院诉讼后不得再申请仲裁。但是法律明确规定了一些例外情况，例如当事人可以在仲裁后再向人民法院起诉，或当事人的劳动争议必须起诉到法院。比如说，争议双方可以基于仲裁员在仲裁过程中有徇私舞弊或仲裁程序明显违法等事由，申请法院撤销生效仲裁裁决，对该劳动纠纷重新审判；争议标的数额巨大或涉及人数众多、影响极大的集体争议案件必须由法院专属管辖。

3. 建立劳动争议分类处理机制

通过对世界各国的劳动争议处理机制进行归纳分析，可以看出，大多数国家采用分类处理机制。虽然分类的标准并不相同，如英国、法国等国以个人争议和集体争议为基本分类，而美国、日本等国则按照权利争议和利益争议的不同，选择适用的法律程序。实行分类的好处在于，既可以有效地将劳动争议分流，减轻裁决机关的压力，又可以有针对性地设置相应程序解决不同类型的争议。而在这两种主流标准中，多数学者选择倾向于将劳动争议划分为权利争议和利益争议，并分别为之设置相应的争议处理程序。这是因为两者的概念差别较为明显，容易在实践中进行确定。权利争议和利益争议最根本的区别就在于，发生争议的权利义务是否既定。

4. 建立和完善与国际接轨的"三方机制"

根据国际劳工组织 1976 年第 144 号《三方协商促进履行国际劳工标准公约》的规定，"三方机制"是指政府、雇主和工人之间，就制定和实施经济和社会政策而进行的所有交往和活动，即由政府、雇主组织和工会通过一定的组织机构和运作机制共同处理涉及劳动关系的问题，如劳动立法、经济与社会政策的制定、就业与劳动条件、工资水平、劳动标准、职业培训、社会保障、职业安全与卫生、劳动争议处理以及对产业行为的规范与防范等。1990 年 11 月 2 日，我国批准了该项公约。

2022 年 1 月 1 日实施的《中华人民共和国工会法》（简称《工会法》）第三十五条就对三方机制作了规定，即"各级人民政府劳动行政部门应当会同同级工会和企业方面代表建立劳动关系三方协商机制，共同研究解决劳动关系方面的重大问题。"这一规定使三方协商机制成为我国法律保障的、协调劳动关系的一项基本制度。2007 年 12 月 29 日通过的《中华人民共和国劳动争议调解仲裁法》第八条规定："县级以上人民政府劳动行政部门会同工会和企业方面代表建立协调劳动关系三方机制，共同研究解决劳动争议的重大问题。"这对"三方机制"作出了专门性的明确规定。这两部立法表明，我国的三方机制具有两项功能，即"解决劳动关系方面的重大问题"与"解决劳动争议的重大问题"。

5. 设立劳动法庭或者劳动争议审判庭

我国现阶段劳动诉讼审判机关仍延续传统的"民劳合一"的模式。尽管不少法院设立了劳动争议合议庭来专门处理劳动争议案件，但是与其他民事案件合议庭相比，劳动争议合议庭只不过是由几名比较固定的法官专门处理劳动争议案件而已，并没有太大的区别，也难以适应劳动争议日趋复杂的趋势。近年来，劳动争议案件数量猛增，给法院的审判工作带来极大的压力，而劳动争议又具有自身的特殊性，且专业性不断增强，对审判法官提出了更高的要求。现有模式不利于劳动争议案件审理的质量和效果。理论界为此提出几种方案，如建立一种独立于现有人民法院系统之外的劳动司法机构——劳动法院，由其专门行使劳动争议审判权；在现有人民法院内部设立劳动法庭作为审理劳动争议案件的专门机构。

建立独立的劳动法院虽然可以有效解决问题，但在我国现行法律体制和司法模式下可行性不高，反而是在各级法院内部设立专门审理劳动争议案件的劳动法庭既具有法律依据，又具有实践依据，更为可行。实务界也进行了有益的尝试。从法律依据来看，根据人民法院组织法的有关规定，基层人民法院可以成立若干个审判庭。因此，建立劳动争议审判庭符合人民法院组织法，具有合法性。从实践依据来看，在我国，成立劳动法庭的大胆设想已经通过个别试点的方式付诸实践，证明劳动法庭在实践中是行之有效的创新。如 2005 年 4 月，深圳市中级人民法院在全国首创设立民事审判第六庭——劳动争议审判庭。2010 年 1 月 29 日，北京市丰台区人民法院正式成立了劳动争议审判庭，这也是北京市法院首家劳动争议案件专业审判庭。

【任务解析】

法院审理认为，施某主张的出具解除劳动合同通知书属于劳动争议。

《中华人民共和国劳动法》第七十九条规定，劳动争议发生后，当事人可以向本单位劳动争议调解委员会申请调解；调解不成，当事人一方要求仲裁的，可以向劳动争议仲裁委员会申请仲裁；当事人一方也可以直接向劳动争议仲裁委员会申请仲裁。对仲裁裁决不服的，可以向人民法院提起诉讼。《中华人民共和国劳动争议调解仲裁法》第四十八条规定，劳动者对仲裁裁决不服的，可以自收到仲裁裁决书之日起 15 日内向人民法院提起诉讼。

法院审理认为，施某未经劳动仲裁前置程序，直接向法院提起诉讼，不符合劳动争议案件的受理条件。因此，原告的起诉不符合受理条件。

【任务拓展】

1. 张某为某物流公司员工，双方签订的劳动合同约定其从事跨省货品运送工作，月工资为 5000 元；物流公司于每月月底发放张某当月工资。受疫情影响，物流公司按照所在地区人民政府施行的防疫措施，自 2020 年 2 月 3 日起停工。2 月底，张某发现公司未发工资，便询问公司人力资源部门，人力资源部门答复："因疫情属不可抗力，公司与你的劳动合同中止，2 月停工你无须上班，公司也没有支付工资的义务。"张某对此不理解，于 3 月初通过互联网向劳动人事争议仲裁委员会（以下简称仲裁委员会）申请仲裁。仲裁委员会裁决物流公司支付张某 2020 年 2 月工资 5000 元。物流公司不服仲裁裁决起诉。

工作任务：根据本案案情，收集相关法律法规，讨论案件中仲裁委员会的裁定是否合理；物流公司向法院提起诉讼，法院会如何判决。

2. 2019 年 2 月 15 日，朱某从某创意公司离职，之后于 2020 年 4 月 20 日因与该创意公司存在劳动争议提起劳动仲裁。劳动仲裁机构以超过 1 年仲裁时效驳回，朱某遂向人民法院起诉，主张相关劳动权利。同时，朱某向人民法院提交证据证明其后入职东莞某酒店，成为该酒店员工。该酒店从 2020 年 2 月 6 日起被相关部门定点为隔离酒店，从该日起至 2020 年 4 月 13 日因疫情政府征用期间员工被要求不能外出。据此，朱某请求法院主张自己的诉求。

工作任务：根据本案案情，收集相关法律法规，讨论本案中仲裁委员会驳回仲裁申请是否合理；朱某提起诉讼后，法院应如何判决。

项目 2 劳动争议的解决途径

项目导读

劳动者与用人单位是矛盾的对立统一体，既要互相依赖，又有利益冲突，发生争议不可避免。劳动争议如果不能得到顺利解决，对劳动者来说，会影响到其劳动状态和权益维护；对用人单位来说，会影响其管理效果和生产效率；对社会来说，大规模的劳动争议会导致社会瘫痪，浪费大量的社会财富，极大地破坏生产力。因此，在劳动争议产生以后，争议解决途径强调多元化处理，包括争议的协商、调解、仲裁与诉讼。其中，协商与调解是争议解决途径中的柔性措施，仲裁具有准司法性质，而诉讼是争议解决的最终程序。

教学目标

能力目标：通过学习协商、调解、仲裁和诉讼 4 种救济途径，培养学生运用正确方式解决劳动争议的能力。

知识目标：以《劳动争议调解仲裁法》为基础，使学生了解协商，理解调解，掌握仲裁和诉讼。

思政目标：引导学生正确分析劳动争议典型案例，传承中华民族公平正义精神。

任务 1 协   商

【任务目标】

- 理解劳动争议协商的概念、特征和原则。
- 了解劳动争议协商的类型和作用。
- 了解劳动争议协商的程序。
- 掌握和解协议的法律效力和救济途径。

【任务材料】

太原某公司经与张某磋商，准备录用他，公司用电子邮件通知他携带体检表等入职资料到公司报到。后张某辞去原有工作去入职体检，因体检结果为乙肝"小三阳"，某公司拒绝与他签订劳动合同，双方为此引发劳动争议。

　　工作任务：在了解本案的基础上，收集相关的法律法规，分组讨论双方协商处理纠纷时张某应如何维护自身的合法权益。

【知识链接】

一、劳动争议协商的概念和特征

　　（一）劳动争议协商的概念

　　劳动争议的协商，是指劳动者与用人单位为解决劳动争议，通过平等自愿、互谅互让的沟通商谈，在认清事实、明辨是非的情况下，化解矛盾达成共识的过程。双方当事人这种自主化解决争议的方式是当事人解决争议的首要途径，并贯穿于争议处理全过程。

　　《中华人民共和国劳动争议调解仲裁法》第四条规定，发生劳动争议，劳动者可以与用人单位协商，也可以请工会或者第三方共同与用人单位协商，达成和解协议。同时，该法第四十一条还规定，当事人申请劳动争议仲裁后，可以自行和解。达成和解协议的，可以撤回仲裁申请。可见，协商可以贯穿于劳动争议处理的各个环节，是一种灵活便利地解决劳动争议的方式。

　　（二）劳动争议协商的特征

　　作为由争议双方自行解决纠纷的重要途径，劳动争议协商的特征包括自愿性、双方性、灵活性、非选择性等。

　　1. 协商必须出于当事人双方完全自愿

　　没有内、外压力，自愿是劳动争议协商和解的基础和前提条件。协商的自愿性主要表现在：通过协商达到消除矛盾、解决争议是当事人双方的共同意愿和要求，是双方主动的自觉行为，不受任何第三方和外界因素的制约和干扰；经协商达成的和解协议是双方意志的体现，由当事人自觉履行；当事人不愿协商或协商不成时，一方不能强迫另一方接受其不愿接受的条件；达成和解协议后，对于和解协议必须由当事人自觉自愿履行，一方不能强迫另一方履行和解协议；当事人不愿协商或者协商不成时，有权自主决定申请调解或仲裁，任何组织或个人无权干涉；如果当事人不是完全自愿的，就不可能进行协商，协商中也难以达成和解，对和解协议也不会自觉履行。

　　2. 协商应当建立在相互信任和尊重的基础上

　　相互信任和尊重是当事人协商劳动争议的必要条件。协商能够形成的重要原因之一就在于劳动争议的双方当事人主观上均不愿意使矛盾扩大，都希望经双方的共同努力，使争议及时、妥善解决，以便以后更好地合作共事。只有双方当事人在协商过程中都坦诚相见，并做到互谅互让，才能对解决争议的主张给予充分尊重，使争议在不伤和气的气氛中合理解决，从而促进双方关系的和谐融洽。因此，在协商和解过程中双方当事人只有相互信任和尊重，才能坦诚相见、互谅互让，使争议得到圆满解决。

　　3. 劳动争议的协商具有灵活性

　　劳动争议双方可以在法律规定的范围内就争议事项进行协商，只要其协商的事项不违背法律法规的强制性规定即可。也就是说，劳动争议发生后，当事人双方可以自由选择协商的方式、时间、地点，在达成和解协议后虽然要求制定书面的协议书，但不像仲裁、诉讼那样要求特定的制作格式。由于劳动争议的解决事关劳动者的就业和家庭生活、关系到用人单位正常有序的经营活动，因此灵活简便的协商方式充分体现了柔性化的原则，有利于消除对抗，营造和谐的处理气氛。由于不是法定的劳动人事争议解决步骤，因此协商也没有严格的程序化规定，劳动争议发生后，当事人双方可及时就具体事项进行协调和商谈，在较短时间内使争议得到妥善解决。

4. 协商不是处理劳动争议的必经程序

协商和解是处理劳动争议的简易程序，通过协商可以简便快捷地使一些争议得到解决，有利于企业生产和维护职工利益。国家提倡劳动关系当事人双方发生争议后，首先主动协商，但是协商并不是处理劳动争议的法定必经程序。当事人双方可以自愿协商，国家提倡但不强迫；不愿意协商或者协商不成的，争议一方可以向企业劳动争议调解委员会申请调解，或直接向劳动争议仲裁委员会申请仲裁。对于因签订集体合同发生争议，当事人协商解决不成的，应由劳动行政部门组织有关各方协调处理。

二、劳动争议协商的原则

（一）平等原则

在平等的前提下进行协商是劳动争议协商和解的重要原则和条件。根据《中华人民共和国劳动法》的规定，用人单位和劳动者作为劳动关系的主体，其法律地位是平等的，双方应互为权利与义务。当发生劳动争议并进行协商时，双方都应以平等的态度对待对方，绝不允许给对方施加压力，或以某种手段相要挟。

（二）自愿原则

自愿原则，是指劳动人事争议的协商必须以双方当事人自愿为基础，主要表现在双方是否愿意以协商方式解决争议，是否愿意达成和解协议并自愿履行，当事人有不愿意协商而申请调解、仲裁乃至诉讼的权利。

（三）合法原则

合法原则是劳动争议处理的基本原则，也是协商的基本原则之一。该原则是指劳动争议协商的当事人必须是符合劳动法律的规定，与该争议有直接利害关系的劳动关系双方，即用人单位和劳动者，当然劳动者可以要求所在基层工会参与或者协助其与用人单位协商，工会也可以主动参与劳动争议协商的处理，维护劳动者的合法权益。集体合同争议作为劳动争议的一种特殊形式，其主体一方是用人单位，另一方必须是代表劳动者利益的工会或职工代表。

三、劳动争议协商的类型

（一）个别劳动争议协商

个别劳动者与用人单位之间发生争议而协商解决的，存在劳动关系维持和终结两种情况或前提。在劳动关系维持的情况下，由于用人单位与劳动者还存在管理与被管理的关系，劳动关系的从属性决定了此种个别协商在劳动争议处理上难有很大的作为，此时的"个别协商"与人力资源管理上的"双方沟通"在本质上有相同之处。另一种是指在发生劳动争议后，并且在劳动关系终结情况下，劳动者已经摆脱与用人单位之间管理与被管理的关系，重新获得与用人单位平等的协商地位。

（二）群体性劳动争议协商

我国劳动立法中规定了群体性劳动争议，但是并没有对群体性劳动争议协商作出专门规定。群体性劳动争议协商通常是指由职工一方推选出若干名代表，代表全体发生争议的职工与用人单位进行协商。由于法律法规没有规定相应的协商程序，在代表被推选出来后，代表与用人单位依个别劳动争议协商程序进行协商。

（三）集体合同劳动争议协商

目前，我国对不同时段发生的集体合同劳动争议采取不同的处理制度：在签订集体合同过程中发生争议的，按《劳动法》和《集体合同规定》处理，由当事人双方协商解决，协商不成的，由当地人民政府劳动行政部门组织有关各方协调处理；在履行集体合同过程中发生争议的，按《劳动法》规定处理，当事人协商解决不成的，可以向劳动争议仲裁委员会申请仲裁，对仲裁裁决不服的，可以自收到仲裁裁决书之日起 15 日内向人民法院提起诉讼。上述规定表明，因集体合同的签订和履行而发生的劳动争议，当事人必须进行协商。

四、劳动争议协商的作用

（一）快速解决劳动争议

劳动争议协商并非解决劳动争议的必经程序，选择协商并达成和解协议都必须基于劳动争议双方当事人自愿。劳动争议发生后，当事人可以在完全自愿的基础上，通过互谅互让，达成一个双方都愿意接受的和解协议，然后分别履行协议的内容。以协商的方式处理劳动争议，有利于构建和谐的劳动关系，有利于纠纷的迅速解决。由于以协商的方式解决劳动争议，通常没有第三方的参与，不需要经过别人调解，也不需要经过仲裁和诉讼程序，可以大大节省争议双方的时间、财力和精力。

（二）和解协议可以作为证据使用

《企业劳动争议协商调解规定》第十一条规定："协商达成一致，应当签订书面和解协议。和解协议对双方当事人具有约束力，当事人应当履行。经仲裁庭审查，和解协议程序和内容合法有效的，仲裁庭可以将其作为证据使用。但是，当事人为达成和解的目的作出妥协所涉及的对争议事实的认可，不得在其后的仲裁中作为对其不利的证据。"由此可见，当事人双方通过协商达成的和解协议，在劳动争议仲裁审理阶段可以作为证据使用。

五、劳动争议协商的实施

作为劳动争议处理的第一道防线，劳动争议协商调解有助于将大量劳动争议案件化解于用人单位内部。2012 年 1 月 1 日，《企业劳动争议协商调解规定》施行，该规定针对企业内部劳资双方沟通机制普遍缺失、劳动者的利益诉求表达渠道不畅、企业劳动争议调解委员会作用弱化等比较突出的问题，明确提出建立企业内部劳资双方沟通协商机制，并对协商的主体、方式、时限、效力等进行细化的明确规定。

（一）劳动争议协商的程序

1. 协商和解前的准备

（1）查明争议事实。劳动争议发生后，负责协商的人员应及时查明争议产生的原因、规模、性质等，并对争议可能带来的后果作出判断。针对不同原因、不同性质的劳动争议，应采取不同的应对措施和手段。

（2）熟悉相关法律法规。我国颁布并实施的与劳动争议相关的法律、法规有很多，例如《中华人民共和国劳动法》《中华人民共和国劳动合同法》《中华人民共和国劳动争议调解仲裁法》《劳动人事争议仲裁办案规则》《企业劳动争议协商调解规定》等。发生劳动争议的双方应充分学习、了解相关的法律法规，才能在协商过程中做到有理、有据、有节，在更有效地维护自身合法权益的同时，也能考虑到对方的利益。这样，更有利于双方通过协商的方式解决劳动争议。

（3）选择协商人员。在个别劳动争议中，劳动者一方一般为发生劳动争议的当事人本人，企业一方选择的协商人员通常应考虑三点要求：尽量与劳动争议无利害关系；具备相应法律知识、经验；在企业和员工中具有一定声望。在集体争议中，劳动者一方，通常选择能够代表员工利益并且沟通、应变能力较强的劳动者作为代表。《劳动争议调解仲裁法》第七条规定：发生劳动争议的劳动者一方在十人以上，并有共同请求的，可以推荐代表参加调解、仲裁或者诉讼活动。

（4）确立协商的目标。在对劳动争议事件有了一定了解后，准备进入协商和解过程的双方当事人应初步确立其预期或期望达成的目标。我们可以将劳动争议协商和解的目标划分为三个层次：一是必须达成的目标，是协商不成也不能放弃的目标，即进行协商和解可以接受的底线；二是预期达成的目标，但是在迫不得已的情况下可以选择放弃的；三是期望达成的目标，在必要时可以放弃的。

2. 协商的具体实施

劳动争议协商的过程就是劳动争议的双方当事人表明各自观点、交换意见以达成共识的过程，可以看作双方当事人参与协调劳动关系的过程。同其他三种争议处理程序相比，协商和解目前还没有特别严格的程序和时间的规定或要求，《企业劳动争议协商调解规定》只是作了简单的规定。在实践中，协商和解往往是一个反复的过程，需要多次协商才可能达成最终的协议。

（1）协商的方式。《企业劳动争议协商调解规定》第八条规定：发生劳动争议，一方当事人可以通过与另一方当事人约见、面谈等方式协商解决。

（2）协商参与人。在劳动争议的双方当事人中，通常情况下劳方的力量较弱，因此《企业劳动争议协商调解规定》仅对劳方的协商参与人进行了规定。以个别劳动争议为例，劳方可以采用以下几种方式进行协商：劳动者本人独自参与协商；劳动者要求所在基层工会参与或者协助其参与协商；基层工会主动参与协商处理；劳动者可以委托其他组织或者个人作为其代表进行协商。

（3）协商的过程。根据《企业劳动争议协商调解规定》，一方当事人提出协商要求后，另一方当事人应当积极作出口头或者书面回应。5 日内不作出回应的，视为不愿协商。协商的期限由当事人书面约定，在约定的期限内没有达成一致的，视为协商不成。当事人可以书面约定延长期限。

本着快速方便解决问题的原则，在协商的过程中，参与协商的当事人都应当本着实事求是、相互照顾的精神，通过相互之间摆事实讲道理，力求通过协商达成和解协议。一般来说，协议双方当事人可以首先阐述己方的要求或意见，然后提出可行的具体方案。双方本着诚实善意的原则，将自己的理由和困难如实陈述，以求获得对方的谅解，赢得对方的尊重。需要注意的是，当事人在坚定自己的立场和目标的同时，应当冷静分析，避免不顾一切且于事无补地大吵大闹。

3. 协商的结果

一般来说，协商和解的结果有三种：第一种为协商失败，双方未能达成有效的协议；第二种为双方达成和解协议，但和解协议未能被有效执行；第三种为双方达成和解协议，并且和解协议得到双方的积极履行。

值得注意的是，协商双方当事人通过合意达成和解协议并不意味着协商获得了成功，因为只有当和解协议得到积极有效的履行后才能代表协商获得成功。具体来说，如果在协商的过程中，双方当事人发现分歧较大无法达成和解协议的，则协商结果为失败；如果已经达成了和解协议，但在规定期限内不履行的，则协商结果也为失败。这是因为双方达成的和解协议并不具有法定效力，一方不能申请强制执行和解协议的内容，即和解协议不履行也同样意味着协商失败。

（二）和解协议

1. 和解协议及法律效力

劳动争议协商中签订的和解协议，通常是指发生劳动争议的双方当事人在平等自愿的基础上，通过自行协商，或请工会或第三方与用人单位进行的为解决劳动争议达成的协议。

和解协议对劳动争议双方当事人具有约束力，当事人应当履行。但是，和解协议并非是在特别正式的情形下达成的，没有权威机构的参与，法律上更没有强制执行的效力。当事人如果反悔，不履行和解协议，该劳动争议即没有解决，还得需要其他方式继续解决。当事人可以申请调解，还可以直接申请仲裁。

在劳动争议仲裁阶段，《企业劳动争议协商调解规定》第十一条第二款规定，经仲裁庭审查，和解协议程序和内容合法有效的，仲裁庭可以将其作为证据使用。但是，当事人为达成和解的目的作出妥协所涉及的对争议事实的认可，不得在其后的仲裁中作为对其不利的证据。

2. 和解协议的法律救济

根据《中华人民共和国劳动争议调解仲裁法》第五条的规定，发生劳动争议，当事人不愿意协商、协商不成或者达成和解协议不履行的，可以向调解组织申请调解，不愿调解、调解不成或者达成调解协议不履行的，可以向劳动争议仲裁委员会申请仲裁，对仲裁裁决不服的，除《劳动争议调解仲裁法》另有规定外，可以向人民法院提起诉讼。

由于协商是解决劳动争议的首推程序，因此在发生劳动争议时，当事人首先应当协商，不愿协商、协商不成或者达成和解协议不履行的，可以向劳动争议仲裁委员会申请仲裁。而对于当事人达成和解协议后另一当事人不履行而向劳动争议仲裁委员会申请仲裁的，仲裁委员会会首先审查和解协议是否有效，对于有效的和解协议，仲裁委员会将裁决不履行一方当事人继续履行和解协议所约定的义务，或者依法承担违约责任。

【任务解析】

根据《中华人民共和国劳动争议调解仲裁法》第二条的规定，因订立、履行、变更、解除和终止劳动合同发生的争议属于劳动争议。本案张某与太原某公司在缔约过程中发生的争议就属于"因订立劳动合同发生的争议"。此外，本案中的邮件已经明确通知张某"来公司报到"，应视为双方的劳动合同已成立，基于劳动合同缔约过程中的信赖利益保护原则，张某可以主张太原某公司赔礼道歉、赔偿经济损失和精神损失。

【任务拓展】

1. 星期六，对于汽车 4S 店的销售员来说应该是繁忙的一天。但是，某 4S 店的几十名销售员这一天却没有去店里上班，而是聚集在附近的一个快餐店，共同签署了罢工信，要求公司更换销售总监、改变底薪结构、改善考勤制度等。参与罢工的一名销售员说，销售压力太大了，而公司的管理制度似乎也不完善，在紧张焦虑下对伤害自己利益的制度十分不满。另一名销售员认为，入职后的销售员只接受了简单的专业销售技巧和公司制度的培训就开始卖车，公司只重视销售业绩，很多管理制度没有跟上。

然而领导却认为，参与此次罢工的员工绝大多数是 2000 年后出生的，其中很多是第一次参加工作，这些员工不吃苦，做事冲动，容易走极端。

工作任务：假设 4S 店对此争议开展协商，劳动者应如何确定协商的目标？

2. 某公司与职工因解除劳动合同发生争议，职工到劳动争议仲裁机构申请仲裁。后双方达成协议，劳动合同解除，并由公司支付给职工一定的补偿，职工从劳动争议仲裁机构撤回仲裁申请。

工作任务：请同学们根据案情制作劳动争议和解协议书。

任务 2   调   解

【任务目标】

- 理解劳动争议调解的概念、特征和原则。
- 了解劳动争议调解组织的类型。

- 了解劳动争议调解的程序。
- 掌握劳动争议调解协议的履行。

【任务材料】

林某与某厂签订了劳动合同，其中有一条规定：双方若因履行劳动合同发生争议，只能通过厂内部的劳动争议调解委员会调解解决，双方不得擅自选择其他的解决途径。林某当时一心想找一份工作，因此对该条款也没有提出任何异议。林某因工厂扣发其工资一事与厂方发生争议，在协商得不到解决的情况下，厂里要求其必须到厂劳动争议调解委员会解决问题，而林某想，厂里的劳动争议调解委员会还不是厂长说了算，因此直接向当地劳动争议仲裁委员会提出申诉。工厂认为劳动合同已明确规定了双方解决争议的方式，林某也同意签字了，因此是有效的，要求当地劳动争议仲裁委员会驳回林某的仲裁申请。

工作任务：作为劳动争议仲裁委员会的仲裁员，进一步了解本案的事实，收集相关的法律法规，针对劳动争议仲裁委员会是否需要驳回林某的仲裁申请提出处理方案。

【知识链接】

一、劳动争议调解的概念和特征

（一）劳动争议调解的概念

劳动争议的调解，是指在第三方主持下，依据法律规范和道德规范，劝说争议双方当事人，通过民主协商，互谅互让，达成协议，从而消除争议的一种方法与活动。

劳动争议调解制度是我国建立的社会主义新型劳动制度的一项重要内容，也是妥善处理劳动争议的一种有效途径，它和劳动争议仲裁制度、司法裁判制度相配合，及时、有效、稳妥地处理了大量的劳动争议，为稳定劳动关系、化解劳动矛盾、构筑和谐的劳动用工关系发挥了积极作用。

（二）劳动争议调解的特征

1. 自愿性

根据《中华人民共和国劳动争议调解仲裁法》，劳动争议调解不是劳动争议处理的必经程序，当事人具有申请调解和直接申请仲裁的程序选择权。程序的启动与进行均应充分体现当事人的意愿，调解机构不得强行要求当事人进行调解，而是奉行"不告不理"原则。

2. 独立性

劳动争议调解是一种独立程序，在劳动争议处理的制度体系中与仲裁、诉讼等程序并列，并在实施主体、步骤设计、工作方法等方面有明显的区别。调解的进行不以其他程序的存在为前提，同时在时序上较仲裁、诉讼先行。

3. 群众性

劳动争议基层调解组织既不属于司法、仲裁机构，也不是行政机关。以企业劳动争议调解委员会为例，它是在职工代表大会领导下，依法成立的专门处理本企业劳动争议的职工群体性调解组织。它的组织成分及调解活动不仅建立在广泛的群众基础之上，而且需要职工的直接参与。

4．自治性

在我国，劳动者的主人翁地位决定了人民群众可以依照法律规定，通过各种途径和方式，管理国家事务，管理经济文化事业，管理社会事务。劳动争议基层调解组织的自治性便是对劳动者这一地位的体现。以企业劳动争议调解委员会为例，它具有自治属性，不受个人、企业行政和其他组织或单位的干预，是依法独立调解劳动争议的组织。企业劳动争议调解制度是企业内部群众实行自我管理、自我教育、自我服务的一种有效形式和途径，是企业民主管理的重要内容。

5．非诉讼性

劳动争议调解与仲裁、诉讼活动不同，属于诉讼外制度。其活动的开展没有严格详尽的法定程序，活动的参加人不具有诉讼活动中的权利和义务。劳动争议基层调解组织没有对劳动争议的强制处理权。经调解达成的协议在未经司法确认时不具备法律强制力，如一方当事人反悔拒不履行义务，另一方当事人与调解机构都不能强制当事人执行。

二、劳动争议调解的原则

（一）自愿原则

劳动争议调解组织应当依照法律遵循双方当事人自愿的原则进行调解。经调解达成协议的，制作调解协议书，双方当事人应当自觉履行；调解不成的，当事人在规定的期限内可以向劳动争议仲裁委员会申请仲裁。双方当事人的自愿原则体现在以下几个方面：

（1）申请调解自愿。

是否向劳动争议调解组织申请调解，由双方当事人自行决定，对任何一方不得强迫。企业及民间调解组织的调解，在我国劳动争议处理机制中不是必经程序。所以，当事人是否向调解组织申请调解，可由劳动争议双方当事人自愿选择。但是，如果一方当事人向劳动争议调解组织申请调解，另一方当事人向劳动争议仲裁机构申请仲裁，则劳动争议仲裁机构应当受理。

（2）调解过程自愿。

在调解过程中，始终贯彻自愿协商的原则。调解过程是一个自愿协商的过程，双方当事人法律地位平等，任何一方不得强迫另一方。调解组织作为调解机构，本身并无决定权，劳动争议的解决主要依靠双方自愿。经调解是否达成协议，由当事人自愿，不得强迫。调解机构在调解过程中不能强行调解或者勉强达成调解协议，更不允许包办代替。

（3）履行调解协议自愿。

经劳动争议调解组织达成的调解协议，没有强制执行的法律效力。调解协议的履行，依靠当事人的自觉，不得强制执行。如果调解违反自愿原则，不是在双方当事人自愿的基础上进行的，而是通过勉强和强制达成的，则即使达成协议，也不能发生法律效力。

（二）耐心疏导、民主说服原则

劳动争议调解组织既不是国家审判机关，也不是国家行政机关，它既没有司法审判权，也没有行政执法权和仲裁权。调解劳动争议时，劳动争议调解组织要充分听取双方当事人对事实和理由的陈述，耐心疏导，运用民主讨论的方法不断地开展说服教育，在双方认识一致的前提下，动员其自愿协商后达成协议。坚持耐心疏导、民主说服的原则，是由劳动争议调解组织的性质决定的，要反对强迫命令、用权势压服当事人的做法。

（三）公正原则

劳动争议调解组织应当坚持公正原则，这是合理解决争议的基本前提。该原则要求劳动争议调解组织在调解劳动争议时，要秉公处理，不徇私情，保证双方当事人处于平等的法律地位，具有平等的权利义务。调解结果应当合法、合情、合理，不超越本地区和企业的实际情况，切实可行。

强调坚持公正原则对正确调解劳动争议有着重要意义，这是因为在劳动关系中，劳动者与用人单位存在隶属关系，用人单位有权对劳动者进行管理和指挥，劳动者应当服从。显然，这种管理与被管理的关系使劳动者在劳动过程中处于较弱的地位，与用人单位不对等。但这种不对等的关系不能带入劳动争议调解程序，一旦发生劳动争议，进入争议调解程序，劳动者和用人单位就是平等的主体。劳动争议调解组织就要坚持公正原则，保证争议双方都能平等地享有法律赋予的权利，承担法律规定的义务，任何一方没有超越另一方的特权。这也是达成符合双方利益的调解方案的一个前提条件。

（四）及时调解的原则

劳动争议和其他争议的一个重要区别就是，劳动争议与劳动者的生活、用人单位的生产经营活动密切相关，一旦发生劳动争议，不仅影响用人单位正常的工作秩序，而且直接影响劳动者及其家人的生活，甚至影响社会的稳定。因此，对劳动争议必须及时处理，及时保护权利受侵害一方的合法权益，以协调劳动关系，维护正常的秩序。根据《劳动争议调解仲裁法》的规定，自劳动争议调解组织收到调解申请之日起 15 日内未达成调解协议的，当事人可以依法申请仲裁。这就要求劳动争议进入调解程序后，劳动争议调解组织要及时处理，不得拖延时间或阻挠当事人依法申请仲裁。

三、劳动争议调解组织

健全劳动争议调解组织是劳动争议调解作用得到充分发挥的重要保障。《中华人民共和国劳动争议调解仲裁法》的颁布推动了我国劳动争议基层调解组织的发展，明确规定了三类劳动争议调解组织，分别为企业劳动争议调解委员会、依法设立的基层人民调解组织，以及在乡镇、街道设立的具有劳动争议调解职能的组织。

（一）企业劳动争议调解委员会

1. 企业劳动争议调解委员会的设置

企业劳动争议调解委员会是在企业内部设立的调解组织，负责解决本企业发生的劳动争议。关于企业劳动争议调解委员会的设置，《中华人民共和国劳动争议调解仲裁法》并未明确规定，但是《企业劳动争议协商调解规定》第十三条规定："大中型企业应当依法设立调解委员会，并配备专职或兼职工作人员。有分公司、分店、分厂的企业，可以根据需要在分支机构设立调解委员会。总部调解委员会指导分支机构调解委员会开展劳动争议预防调解工作。调解委员会可以根据需要在车间、工段、班组设立调解小组。"第十四条规定："小微型企业可以设立调解委员会，也可以由劳动者和企业共同推举人员，开展调解工作。"

由此可见，设置企业劳动争议调解委员会，法律采取的是不干预的态度，把是否设立的决定权交予企业。随着劳动争议调解在处理劳动争议程序中发挥的作用越来越大，政府开始倡导企业设置劳动争议调解委员会，充分发挥调解环节的作用，甚至对大中型企业强制规定建立劳动争议调解委员会。不过《企业劳动争议协商调解规定》并没有对大中型企业进行明确的界定，也没有规定大中型企业不建立劳动争议调解委员会的法律责任，因此其强制程度是很有限的。

2. 企业劳动争议调解委员会的组成

《中华人民共和国劳动争议调解仲裁法》规定，企业劳动争议调解委员会由职工代表和企业代表组成。职工代表由工会成员担任或者由全体职工推举产生，企业代表由企业负责人指定。企业劳动争议调解委员会主任由工会成员或者双方推举的人员担任。

《企业劳动争议协商调解规定》第十五条进一步明确，调解委员会由劳动者代表和企业代表组成，人数由双方协商确定，双方人数应当对等。劳动者代表由工会委员会成员担任或者由全体劳动者推举产生，企业代表由企业负责人指定。调解委员会主任由工会委员会成员或者双方推举的人员担任。

在《中华人民共和国劳动争议调解仲裁法》出台以前，企业劳动争议调解委员会的组织构成实行的是"三方原则"。《劳动法》第八十条规定："劳动争议调解委员会由职工代表、用人单位代表和工会代表组成。"按照此条规定，职工代表、用人单位代表、工会代表为相对独立的三方，各自代表不同利益，从而体现了调解组织构成的三方原则。尽管这一做法发挥了一定作用，但根据《中华人民共和国工会法》（简称《工会法》）第二条的规定，"工会是职工自愿结合的工人阶级的群众组织，中华全国总工会及其各级工会组织代表职工的利益，依法维护职工的合法权益"。由此可知，工会事实上应是职工利益的代表，职工的利益与工会的利益相互统一，两者之间并无独立于对方之外的自身利益，这就与《劳动法》规定的三方原则产生了冲突。因此，《劳动争议调解仲裁法》对这一情况进行了修正，调整了企业劳动争议调解委员会的组成，使其人员构成更符合实际需要。

3. 企业劳动争议调解委员会的职责

（1）宣传劳动保障法律、法规和政策。企业劳动争议调解委员会调解劳动争议，要依据劳动法律、法规、规章和政策，其工作人员需要具有一定的法律知识和政策水平，是开展劳动保障法律、法规和政策宣传的合适人员。同时，企业是劳动争议的发源地，企业劳动争议调解委员会的宣传教育工作能够有效地预防劳动争议的发生。

（2）对本企业发生的劳动争议进行调解。劳动争议发生后，若双方当事人共同提出调解申请，劳动争议调解委员会应当及时受理，依据法律法规与相关政策，以客观事实为基础，坚持平等自愿的原则，对劳动争议进行调解，推动纠纷解决的进程。这是企业劳动争议调解委员会最基本、最重要的职责。

（3）监督和解协议、调解协议的履行情况。劳动争议双方当事人和解以后，或者在劳动争议的调解协议达成之后，企业劳动争议调解委员会可以通过回访和后续的跟进了解，检查、督促当事人执行和解协议、调解协议。当发现协议未被及时履行时，可适当采用说服教育的手段，督促双方当事人认真履行和解协议、调解协议。

（4）聘任、解聘和管理调解员。企业劳动争议调解委员会的调解员应当由公道正派、联系群众、热心调解工作，并具有一定法律知识、政策水平和文化水平的成年公民担任。企业劳动争议调解委员会应负责对调解员进行甄选，聘任合格的调解员，并对在岗的调解员加强业务培训，提高其调解水平。

（5）协助企业建立劳动争议的预防预警机制。企业劳动争议调解委员会要在日常工作中积极宣传各项劳动法律法规和相关政策，注重劳动法制观念的渗透，使企业和员工明确自己在劳动问题上享有的权利和义务。同时，还应注重观察，及时了解企业内劳动关系运行过程中出现的新问题、新情况，并采取相应措施，有针对性地加强政策法律教育，做好有关的咨询工作和说服劝导工作，防止矛盾进一步扩大，以避免和减少劳动纠纷的发生。最后还要能够从宏观、长远的角度把握企业劳动关系的运行状况及有关劳动争议的特点，及时总结经验，并将这些认识与相应采取的措施同企业劳动关系管理实践相结合，帮助企业完善各项规章制度，减少劳动争议的发生。

（二）依法设立的基层人民调解组织

1．我国法律对于设置基层人民调解组织的要求

根据我国相关法律、法规的规定，居民委员会、村民委员会下设的人民调解委员会是依法设立的基层人民调解组织。

2011 年 1 月 1 日起施行的《中华人民共和国人民调解法》是我国第一部专门、系统、完备地规范人民调解的法律，全面确立了人民调解制度，在我国人民调解制度和人民调解事业发展史上具有里程碑的意义，为人民调解工作的发展带来了新契机。目前我国人民调解委员会主要设立在下列部门或单位组织：①农村村民委员会、城市（社区）居民委员会；②乡镇、街道；③企事业单位；④行业性组织。其中第一种是传统的、基本的、狭义的人民调解组织，其他则是广义的、拓延的人民调解组织。当前，由于纠纷诉讼外解决的社会需求以及各级政府的重视，人民调解组织在社会矛盾平息、纠纷化解中发挥的积极作用日益凸显，也因此逐渐蓬勃发展。

2．基层人民调解组织的职责

（1）调解民间纠纷，借助规劝疏导等方式促使当事人互谅互让，防止矛盾激化。

（2）宣传法律、法规、规章和相关政策，教育公民遵纪守法，遵守社会公德，预防和减少民间纠纷发生，维护社会安定团结。

（3）向村民委员会、居民委员会、所在单位和基层人民政府反映民间纠纷和调解工作的情况。

（三）在乡镇、街道设立的具有劳动争议调解职能的组织

1. 我国法律有关乡镇、街道设立具有劳动争议调解职能的组织的规定

根据《中华人民共和国劳动争议调解仲裁法》的规定，可以在乡镇、街道设立具有劳动争议调解职能的组织。其目的在于赋予这些调解组织应有的法律地位，明确其基本职责，推动劳动关系领域的矛盾纠纷在基层即得到化解，从而最大限度地减少维权成本，进而促进经济发展，维护社会稳定。乡镇、街道设立的具有劳动争议调解职能的组织主要包括在小型非公有制企业和非正规就业人员比较集中、劳动争议多发的区、县、乡镇、街道、开发区、社区及行业设立的区域性、行业性劳动争议调解组织。多年来，我国在乡镇、街道设立的劳动争议调解组织得到了很大发展。2022年，《关于进一步加强劳动人事争议协商调解工作的意见》明确指出，"人力资源社会保障部门会同司法行政、工会、企业代表组织和企事业单位、社会团体，推动用人单位加大调解组织建设力度，推动大中型企业普遍建立劳动争议调解委员会，建立健全以乡镇（街道）、工会、行业商（协）会、区域性调解组织等为支撑、调解员（信息员）为落点的小微型企业劳动争议协商调解机制，推动事业单位、社会团体加强调解组织建设，规范劳动人事管理和用工行为"。为该类组织的发展提供了更为有力的指导与支持。

2. 乡镇、街道设立的具有劳动争议调解职能的组织职责

（1）指导、监督所辖区域内企业劳动争议调解委员会的工作。这包括对企业劳动争议调解委员会的劳动法律法规和政策的指导、对工作方法的指导、对具体劳动争议调解的指导和对劳动争议预防工作的指导。注重提高企业劳动争议调解委员会的法律素养、政策水平以及实际业务工作能力，引导企业劳动争议调解委员会将预防劳动争议的工作放在重要的位置，帮助企业劳动争议调解委员会解决在实践中遇到的困难。

（2）调解所辖区域内未建立企业劳动争议调解委员会的企业的劳动争议。伴随着经济的发展，全国各地的非公有制企业不断增多。在这些企业中，很多外商投资企业、私营企业和乡镇企业尚未建立内部的劳动争议调解委员会。与此同时，这些企业在员工规模不断扩大的过程中面临着劳动纠纷日渐增多的态势。因此预防和调解这一类劳动争议有着十分迫切的需要。在乡镇、街道设立的具有劳动争议调解职能的组织应积极调解这些企业的劳动争议，注意总结该类企业劳动争议发生的规律，研究预防政策，把争议解决在萌芽状态。除此之外，还应采取措施帮助企业尽快建立劳动争议调解委员会，以协调和稳定劳动关系，最大限度地防止劳动争议的发生。

（3）配合上级工会和劳动争议仲裁委员会的工作。此项工作具体内容主要包括：及时向本区域内劳动争议调解委员会传达上级工会的指导意见；如实向上级工会反映本区域内企业劳动关系状况、劳动争议情况和劳动争议调解工作的情况；推动上级工会指导意见在所辖范围内的落实等。

3. 乡镇、街道设立的具有劳动争议调解职能的组织调解作用的发挥

随着社会与经济的发展，劳动关系领域的矛盾纠纷呈现出新的特点，劳动争议案件不断增多。一些地区为适应劳动争议案件发生的新形势，及时解决事关群众切身利益的基层劳动争议，开始探索争议解决的新途径，并作出了一些有益的尝试。这些在乡镇、街道设立的不同类型的

调解组织依托各自的独特优势，从不同角度扩展了地方劳动争议调解职能的发挥，成为劳动争议调解组织的重要组成部分。当前我国以《劳动争议调解仲裁法》为主的劳动争议调解法律法规及政策体系肯定这些符合发展需要的区域性调解组织，并鼓励现行的区域性调解组织在处理劳动争议方面加强调解职能的发挥，对工作领域不断丰富、完善，以求在实践中发挥最大效用。

根据当前的人力资源和社会保障相关法律法规及指导意见的要求，我国在乡镇、街道设立的劳动争议调解组织主要包括以下 5 种模式：

（1）依托于乡镇、街道的劳动就业社会保障公共服务平台设立的调解组织。

（2）依托于地方工会设立的调解组织。

（3）依托于地方企业代表组织设立的调解组织。

（4）由地方司法部门所设立的调解组织。

（5）由地方党委、政府主导，人力资源和社会保障有关部门所设立的调解组织。

四、劳动争议调解的程序

目前我国可以调解劳动争议的组织类型呈现出多样化的特点，《企业劳动争议协商调解规定》仅以企业劳动争议调解为例规定了劳动争议调解的一般程序，其他劳动争议调解组织参照执行。

（一）申请调解

根据《中华人民共和国劳动争议调解仲裁法》的规定，当事人申请劳动争议调解可以书面申请，也可以口头申请。口头申请的，调解组织应当当场记录申请人基本情况，申请调解的争议事项、理由和时间。

《企业劳动争议协商调解规定》第二十一条也规定，发生劳动争议，当事人可以口头或者书面形式向调解委员会提出调解申请。申请内容应当包括申请人基本情况、调解请求、事实与理由。口头申请的，调解委员会应当当场记录。

通常情况下，当事人可以通过填写"劳动争议调解申请书"来提出调解申请并表达自己的利益诉求。如果当事人没有提出调解申请，则视为未申请调解。但是本着把矛盾化解在基层的出发点，《企业劳动争议协商调解规定》第二十三条规定，发生劳动争议，当事人没有提出调解申请，调解委员会可以在征得双方当事人同意后主动调解。特别要注意的是，这种所谓的"主动"，应当在征得双方当事人同意后才进行，而不是强制调解。《中华人民共和国劳动争议调解仲裁法》第七条规定，劳动争议的劳动者一方在 10 人以上，并有共同请求的，可以推举代表参加调解、仲裁和诉讼活动。

（二）调解受理

申请人以书面或口头形式向企业劳动争议调解委员会提出申请后，调解委员会应当依法进行审查，然后根据不同情况分别作出决定。《企业劳动争议协商调解规定》第二十二条规定："调解委员会接到调解申请后，对属于劳动争议受理范围且双方当事人同意调解的，应当在 3 个工作日内受理。对不属于劳动争议受理范围或者一方当事人不同意调解的，应当做好记录，并书面通知申请人。"

调解委员会审查主要应从以下几个方面着手：

（1）审查申请调解的争议是否属于劳动争议，当事人是否向对应的调解组织提出申请。

（2）审查调解申请人是否合格，即必须是与劳动争议有直接利害关系的当事人。

（3）审查申请调解的劳动争议是否符合该调解机构接受申请的范围和条件。

（4）审查是否有明确的被申请人以及具体的调解请求和理由。

（5）审查申请调解的劳动争议是否已经经过仲裁裁决或法院判决。对未经过仲裁裁决或法院判决的，需征询对方当事人的意见；对方当事人不愿调解的，应做好记录，并通知申请人。对已经过仲裁裁决或法院判决的，调解委员会不应受理，应当告知当事人按照申诉办理。

调解机构应在规定时间内作出受理或不受理申请的决定。对不受理的案件，调解机构应向申请人说明理由。

（三）调解前准备

调解委员会对决定受理的申请，应及时指派调解员对该劳动争议事项进行全面调查核实，调查应做好笔录，并由调查人签名或盖章。调解前的准备工作主要包括：了解与争议有关的劳动法律法规、规章、政策，劳动者与用人单位签订的劳动合同，以及用人单位相关的规章制度；弄清争议的基本事实，即劳动争议产生的原因、发展过程、主要的利益矛盾等；对调查中得到的材料进行综合分析研究，并结合劳动法规的有关规定和劳动合同的约定，判断其中的是非曲直，确定双方当事人各自承担的责任，拟定调解方案和调解意见；召开调解员会议，通报调查情况，讨论确定调解方案，在公平公正的基础上确定调解意见；与劳动争议当事人谈话，进行有关劳动法律法规及政策的教育，通过有针对性的说服劝导，开展耐心细致的思想工作，为调解奠定良好的思想基础。

（四）实施调解

1. 实施调解的方式

调解委员会调解劳动争议一般不公开进行。但是，双方当事人要求公开调解的除外。调解委员会根据案件情况指定调解员或者调解小组进行调解，在征得当事人同意后，也可以邀请有关单位和个人协助调解。调解员应当全面听取双方当事人的陈述，采取灵活多样的方式方法，开展耐心、细致的说服疏导工作，帮助当事人自愿达成调解协议。

2. 实施调解的程序

实施调解可通过召开调解会议的形式进行，可由调解委员会主任主持，具体可采取下列程序：

（1）会议主持人宣布会议开始，书记员向主持人报告到会人员情况。

（2）主持人宣布调解的目的和纪律，告知当事人注意事项，并宣布申请人请求调解的争议事项。

（3）当事人陈述：先由本案的申请人宣读申请书或口头陈述事实及理由，再由被申请人陈述。

（4）主持人宣讲与争议有关的法律、法规。

（5）公布调解委员会对本案的调查核实情况。

（6）由双方当事人对调解委员会宣布的事实、证据发表意见。

（7）调解委员会依据查明的事实，提出调解意见，征求双方当事人的意见。如果双方当事人均表示可以接受调解意见，可以补充内容，调解成功。如果一方当事人不能接受或双方当事人均不能接受调解意见，也未提出和达成其他一致意见，则调解不成功。

（五）调解终结

1. 调解终结的方式

调解终结的具体方式包括：

（1）当事人自行协调。在调解或仲裁过程中，双方当事人可以自行协商达成协议，劳动争议调解随即结束。经企业劳动争议调解委员会调解达成协议的，应当制作调解协议书，调解协议书对双方当事人具有约束力，双方当事人应自觉履行。

（2）当事人撤回申请。如果当事人在调解过程中撤回自己的调解申请，调解委员会应当准许，并终结调解。

（3）当事人拒绝调解。在调解过程中，当事人有权拒绝调解，这时调解委员会应当尊重当事人的权利，终止调解。

（4）当事人在法定期限内未能达成调解协议。调解委员会调解劳动争议，应当自劳动争议调解组织收到调解申请之日起 15 日内结束。15 日内未达成调解协议的，视为调解不成，当事人可以依法申请仲裁。但是，如果双方当事人调解的意愿比较强烈，《企业劳动争议协商调解规定》也允许当事人协商一致延长调解的期限。

劳动争议调解委员会调解不成的，应出具调解意见书并做好记录，在调解意见书上说明情况。调解意见书要写明当事人的姓名（单位、法定代表人）、年龄、性别、职务，争议的事实，调解不成的原因，调解委员会的意见；调解意见书由调解委员会主任签名、盖章，并加盖调解委员会印章。调解意见书一式三份（争议双方当事人、调解委员会各一份），及时送达当事人，告知当事人可以在规定的期限内向当地劳动争议仲裁委员会申请仲裁。

《中华人民共和国劳动争议调解仲裁法》第十四条规定，经调解达成协议的，应当制作调解协议书。调解协议书由双方当事人签名或者盖章，经调解员签名并加盖调解组织印章后生效，对双方当事人具有约束力，当事人应当履行。自劳动争议调解组织收到调解申请之日起15 日内未达成调解协议的，当事人可以依法申请仲裁。

2. 制作调解协议书和调解意见书应注意的问题

制作调解协议书和调解意见书要做到陈述翔实，说理清楚，适用法律正确，调解结果明确具体。

调解协议书和调解意见书通常由以下 5 个部分构成：

（1）首部。首部是对案件情况的基本说明。这部分内容要依次写明案件编号、调解参加人的基本情况，还可以写明调解委员会的组成人员。

（2）事实。事实是对调解过程中所查明的案件事实进行陈述。这部分内容应当明确揭示案件的本来面貌，确切表达案件争议的焦点。实践中，这部分内容根据需要可繁可简。

（3）理由。理由是对事实部分的综合评述，也是调解结果的重要依据。这部分要根据查明的事实和争议的焦点阐述理由，针对性要强，要注意论点和论据之间的内部联系并对此进行合理分析，适用法律要正确，防止错引或漏引。实践中，应达成一致意见的双方当事人的要求，这部分内容也可以从略。

（4）调解结果。调解结果要在查明事实和说明理由的前提下，对申请人的申请请求逐项进行调解，调解一定要明确、具体、完整，不能有遗漏或似是而非、模棱两可之处。

（5）尾部。尾部写明双方当事人的权利和义务，有调解委员会的落款和签章，并注明调解日期。

（六）调解协议的履行

《中华人民共和国劳动法》第八十条第二款规定："劳动争议经调解达成协议的，当事人应当履行"。调解协议书是在调解委员会主持下，由双方当事人经协商，按照自愿原则达成的，双方应自觉履行。

由于劳动争议调解是以双方自愿为原则，这里的自愿既包括接受调解自愿、达成调解协议自愿，也包括履行协议自愿；此外，劳动争议调解委员会只是负责单位内部劳动争议调解的群众性组织，不具有行政机关和司法机关的权力，因此，调解协议书没有强制执行的法律效力。当一方当事人不履行调解协议时，调解委员会不得强制其履行，另一方当事人也不能以此调解协议向人民法院申请强制执行。虽然调解协议不具有法律效力，但对双方仍具有约束力，当事人应自觉履行，任何一方不得随意变更或撤销。调解委员会有权对协议的执行情况进行定期检查和回访，发现当事人有不履行协议的情况应及时做当事人的思想工作，督促当事人认真履行调解协议。

对当事人不履行调解协议的，调解委员会应认真分析原因。如果属于调解协议确实存在问题的，应及时征求当事人双方的意见，愿意继续调解的，调解委员会应撤销调解协议，重新进行调解；不愿调解的，应告知当事人向当地劳动争议仲裁委员会申请仲裁。如果调解协议没有问题，当事人对达成的调解协议反悔而拒不履行的，调解委员会不能强迫当事人履行，应告知对方当事人及时向劳动争议仲裁委员会申请仲裁。此外，根据《劳动争议调解仲裁法》第十六条的规定，对于因支付拖欠劳动报酬、工伤医疗费、经济补偿或赔偿金事项达成调解协议，用人单位在协议约定期限内不履行的，劳动者可以持调解协议书依法向人民法院申请支付令。人民法院应当依法发出支付令。

【任务解析】

《中华人民共和国劳动争议调解仲裁法》第五条规定："发生劳动争议，当事人不愿协商、协商不成或者达成和解协议后不履行的，可以向调解组织申请调解；不愿调解、调解不成或者达成调解协议后不履行的，可以向劳动争议仲裁委员会申请仲裁；对仲裁裁决不服的，除本法另有规定的外，可以向人民法院提起诉讼。"实际上，申请劳动争议调解是选择性的程序，劳动争议的双方当事人都可以不经过劳动争议调解委员会处理而直接申请劳动争议仲裁。所以，林某可以不经过厂里的劳动争议调解委员会的调解而直接向当地劳动争议仲裁委员会申请仲裁，来解决双方的劳动争议。

【任务拓展】

1. 谢天（化名）是××化工厂职工。2020 年 9 月由于生产设备发生故障，需要抢修。于是车间全体员工停产抢修，所有职工都需要加班。谢天提出家住太远，小孩需要照顾，故不能加班。同时，谢天认为，加班加点应征得职工本人同意，所以不愿加班不领加班费是可以的。化工厂则认为，由于谢天的岗位职责与抢修有关，故不参加加班将影响整个抢修进度，最终谢天坚持不加班。经研究厂方给予谢天扣发半年奖金并给予警告处分的处罚。谢天对此不服。

经查谢天在厂表现较差，一贯不服从领导，与车间主任多次顶撞，车间主任多次要求厂里将谢天调离本车间，但由于谢天具有一定的技术水平，故一直未调整。2020 年 9 月在生产设备发生故障事件中，谢天提出按国家有关规定，加班须征得本人同意。而企业认为，谢天家距厂仅有骑自行车 25 分钟的路程，且小孩已满 14 岁，所以谢天的理由并不充分。而谢天所提的加班加点必须征得职工同意没有法律依据。当时厂方对谢天进行了解释和劝说，谢天置之不理，第二天谢天托人交上一张事假条就休息了 3 天。工厂无奈便未安排谢天加班。由于谢天的缺席，抢修进度受到了一定影响。经研究决定鉴于谢天拒不服从企业的工作安排，给企业造成了一定的损失，因此为严肃劳动纪律，给予谢天以警告处分并扣发其半年的奖金。

工作任务：以谢天的名义起草一份劳动争议调解申请书。

2. 某企业由于经营效益不佳，拖欠工人相某等十几人的工资达 3 个月，导致相某等工人的生活发生困难。相某等人在与企业协商不成的情况下，向企业劳动争议调解委员会提出调解申请。调解委员会对双方进行了大量耐心细致的调解工作，最后终于使双方互谅互让达成了调解协议，约定从调解书生效的当月起，企业按当地的最低工资标准发给工人工资，余下的工资于半年后按月补发。调解委员会根据双方的调解意见制作了调解书，双方在调解书上签字和盖章。但调解书生效后，企业并未按照调解书的规定如期发放工人工资。

工作任务：请以相某等人的身份，进一步了解本案的事实，收集相关的法律法规，分析调解书的效力，提出处理方案。

任务 3　仲　　裁

【任务目标】

- 理解劳动争议仲裁的概念和特征。
- 了解劳动争议仲裁组织。
- 了解劳动争议仲裁的程序。
- 掌握"一裁终局"的特别规定。

【任务材料】

在去乙服装公司上班前，小谷一直在甲服装公司工作。因为甲服装公司时有拖欠工资的情况发生，2018 年 10 月小谷跳槽到乙服装公司。2018 年 9 月 20 日小谷书面通知甲服装公司，自己将于 2018 年 10 月 20 日离职，请公司及时为其结算应发工资并办理交接手续。可是甲服装公司收到辞职信后并没有积极办理交接手续和工资结算事宜，到小谷离开甲服装公司时，甲服装公司仍拖欠小谷 3 个月工资共计 9000 元未发放。到乙服装公司上班后的 2 个月里，小谷一直向甲服装公司提出核发工资的要求，都不被理睬。有人建议小谷申请劳动仲裁，但他觉得公司会想各种各样的办法拖延，比如不管对仲裁裁决服或不服，均向法院起诉，然后上诉，一直到把自己拖垮。

工作任务：作为小谷的朋友，在了解本案事实的基础上，你会向小谷提出何种建议？

【知识链接】

仲裁是国际上比较流行的处理劳动争议的手段，与调解相比，仲裁结果具有更强的权威性和公正性，与诉讼相比，仲裁更加省时、省力。在我国，仲裁是处理劳动争议案件的必经环节，对劳动争议的解决起着重要的作用。

一、劳动争议仲裁的概念

仲裁是指争议双方将争议提交给争议之外的第三人，由第三人对双方的纠纷居中调解，并做出裁断的行为。仲裁作为解决纠纷的一种方式，有悠久的历史，并被广泛运用于很多领域，如经济纠纷仲裁、海事仲裁、国际争端仲裁等。劳动争议仲裁是解决劳动纠纷的一种重要方式，与其他仲裁制度既有共同点，又有很大的区别。劳动争议仲裁，是指劳动争议当事人依法向法定的专门处理劳动争议的劳动争议仲裁委员会提出申请，由仲裁委员会对双方的争议进行处理并做出裁决的活动。对劳动争议仲裁的概念应从下述几方面来理解。

（一）劳动争议仲裁的主体

仲裁中的"仲"，即中人的意思，是指站在中立立场调处争议的人。因此，仲裁的主体应是与争议无利害关系的第三人，这样才能保证争议处理的公正性。这也正是仲裁被广泛接受和运用的原因。劳动争议仲裁的主体也应符合仲裁这一最基本的特征，由与劳动争议无关的第三人充当仲裁者。由于劳动争议不同于一般的权利义务纠纷，它涉及劳动者的劳动权及相关权益，直接影响到劳动者及家人的基本生活和社会的稳定。因此，及时、正确地处理劳动争议关系重大，而其中确定处理的主体是保证正确处理劳动争议的关键。经过长期的实践，世界各国现在都采用根据三方原则建立的组织作为劳动争议仲裁的主体，对劳动争议进行仲裁。我国也不例外，劳动争议仲裁由争议之外的第三方——劳动争议仲裁委员会担任仲裁的主体，劳动争议仲裁委员会由劳动行政部门的代表、工会的代表和用人单位的代表三方组成。这些组成人员由于具有一定的劳动法律知识和实际工作经验，从不同的角度对劳动争议处理提出仲裁意见，因此能够保证争议合法且合理地解决。

（二）劳动争议仲裁的提起

劳动争议仲裁与法院审理案件一样，实行不告不理原则，即引起劳动争议仲裁必须有当事人的申请，由当事人自愿提交给劳动争议仲裁委员会处理，信任并且服从仲裁委员会对争议事实的认定和双方责任的裁决。自愿提交，是劳动争议仲裁的起点。一旦提交，就意味着劳动争议仲裁程序开始，意味着当事人自愿接受劳动争议仲裁调解书和裁决书的约束，履行其所确定的权利和义务。如有违反，则劳动争议仲裁委员会可申请人民法院强制执行。从不同的仲裁制度中可以看出，自愿提交是仲裁制度的基本要求，但自愿提交的方式有所不同，有双方自愿，也有单方自愿。这与争议的性质和争议的社会影响有关。由于劳动争议的特殊性，我国的劳动争议仲裁实行强制原则，即劳动争议处理必须先由劳动争议仲裁委员会进行仲裁后，不服的再申请人民法院处理。因此，目前较常见的由争议一方向劳动争议仲裁委员会提出仲裁申请，另一方由仲裁委员会通知到庭应诉的方式，应理解为单方自愿。但随着劳动合同和集体合同的普遍推行，劳动争议发生时的解决方式成为合同的内容之一，而合同中的这一条款表达了劳动关系双方解决争议的意愿，应是双方自愿的行为。

（三）劳动争议仲裁的内容

劳动争议仲裁是针对劳动争议当事人有争议的劳动权利和义务，具体说就是对双方有争议的案件事实和双方在争议中的责任进行确认，这是劳动争议仲裁的核心，当事人申请仲裁，就是请求劳动争议仲裁机构对争议的事实进行调查核实，在事实清楚的情况下，依据法律法规和双方的劳动合同，确定当事人的权利义务，从而解决劳动纠纷。

（四）劳动争议仲裁的方式及裁决的效力

劳动争议仲裁是依法进行的处理劳动争议的活动，是一项法律制度，其方式是根据法律规定的程序，对劳动争议双方争议的事实进行调查和分析判断，并依法对双方的权利义务做出裁决。由于劳动争议仲裁机构的设立，工作程序和裁决的做出必须依据法律，因此，仲裁机构对劳动争议做出的处理决定，包括仲裁调解书和仲裁裁决书均具有法律效力，对劳动争议双方当事人都具有法律约束力。当事人如不服，可以依照法律规定的程序提起诉讼，但对生效的调解书和裁决书必须执行，否则，仲裁机构可以申请人民法院强制执行。

二、劳动争议仲裁的特征

我国劳动争议仲裁制度的历史虽不及一些发达国家长，但也经历了 80 多年的发展历程。早在 20 世纪 20 年代，中华民国政府颁布的《劳资争议法》就对劳资争议的仲裁作出了相关规定。经过 80 多年的发展，我国的劳动争议仲裁制度日趋完善，特别是 2008 年起施行的《中华人民共和国劳动争议调解仲裁法》作出了重大的突破。我国当前的劳动争议仲裁制度主要具有下述几个特点。

（一）劳动人事争议仲裁是诉讼的前置程序

《中华人民共和国劳动争议调解仲裁法》第五条规定："发生劳动争议，当事人不愿协商、协商不成或者达成和解协议后不履行的，可以向调解组织申请调解；不愿调解、调解不成或者达成调解协议后不履行的，可以向劳动争议仲裁委员会申请仲裁；对仲裁裁决不服的，除本法另有规定的外，可以向人民法院提起诉讼。"从该条可以看出，协商和调解是在双方当事人自愿的原则下选择进行的，当事人也可以直接申请仲裁，但仲裁遵循的是强制仲裁的原则，是诉讼的前置程序，即不经过仲裁处理，劳动争议当事人就无权向人民法院提起劳动争议诉讼。这样做的目的在于缩短劳动争议的解决时间，减少当事人的维权成本，减轻法院的诉讼负荷，因为同诉讼程序相比，仲裁程序更为快捷便利。

（二）合理分配举证责任，特别强调用人单位的举证责任

根据《中华人民共和国民事诉讼法》的有关规定，当事人对于自己提出的主张有责任提供证据。但是在劳动争议案件中，由于劳动关系具有从属性，用人单位掌握和管理着劳动者的档案、工资、社会保险等材料，劳动者面临着举证困难的问题，如果没有强制要求，显然用人单位不愿意提供这些可能对自己不利的证据。为了保护劳动者的合法权益，我国的劳动争议仲裁制度合理地分配了举证责任，强调了用人单位的举证责任。如《中华人民共和国劳动争议调解仲裁法》第六条规定，发生劳动争议，当事人对自己提出的主张，有责任提供证据。与争议事项有关的证据属于用人单位掌握管理的，用人单位应当提供；用人单位不提供的，应当承担不利后果。

（三）部分案件实行有条件的"一裁终局"

为了防止一些用人单位通过恶意诉讼来拖延时间、加大劳动者的维权成本，《中华人民共和国劳动争议调解仲裁法》在仲裁环节规定对部分案件实行有条件的"一裁终局"。这部分案件包括：①追索劳动报酬、工伤医疗费、经济补偿或赔偿金，不超过当地月最低工资标准 12 个月金额的争议；②因执行国家的劳动标准在工作时间、休息休假、社会保险等方面发生的争议。发生这类争议时，劳动者在法定期限内不向法院提起诉讼，或者用人单位向法院提起撤销仲裁裁决申请被驳回的情况下，仲裁裁决为终局裁决，裁决书自作出之日起发生法律效力。

（四）处理案件迅速、及时，维权成本低

经济纠纷是引起劳动争议的重要原因，相对于用人单位，劳动者受维权时间和维权成本的影响更大。为了缩短维权时间、降低维权成本，我国的劳动争议仲裁制度都作了相应的安排。如《中华人民共和国劳动争议调解仲裁法》规定，劳动争议仲裁委员会收到仲裁申请之日起 5 日内要给申请人答复，予以受理的案件要在受理申请之日起 45 日内结束。这样的规定就保证了劳动争议案件能够迅速、及时地得到解决，保障当事人的合法权益。同时，《中华人民共和国劳动争议调解仲裁法》第五十三条规定：劳动争议仲裁不收费，劳动争议仲裁委员会的经费由财政予以保障。如此直截了当的规定，卸下了维权劳动者肩上的包袱，降低因高昂的费用而放弃维权的权利的可能性。

（五）劳动行政部门在劳动争议仲裁中发挥主导作用

我国的劳动行政部门在劳动争议仲裁委员会及其工作中发挥着主导作用。劳动争议仲裁委员会主任由劳动行政部门的代表担任；仲裁委员会的办事机构由劳动行政部门劳动争议处理机构或者依法设立的劳动争议仲裁院充当；省、自治区、直辖市人民政府劳动行政部门对本行政区内的劳动争议仲裁工作进行指导；在实际工作中，劳动行政部门承担着主要的工作量。这一情况是由我国的特殊国情造成的，同时也与现行工会体制不能充分发挥工会在劳动争议仲裁工作中的作用是分不开的。

三、劳动争议仲裁的受案范围

劳动争议仲裁的受案范围是指法律、法规对各级劳动争议仲裁委员会管辖哪些劳动争议案件所作的规定。《中华人民共和国劳动争议调解仲裁法》第二条对劳动争议案件的内容作了详细的规定，具体包括：①因确认劳动关系发生的争议；②因订立、履行、变更、解除和终止劳动合同发生的争议；③因除名、辞退和辞职、离职发生的争议；④因工作时间、休息休假、社会保险、福利、培训以及劳动保护发生的争议；⑤因劳动报酬、工伤医疗费、经济补偿或赔偿金等发生的争议；⑥法律、法规规定的其他劳动争议。

四、劳动争议仲裁的管辖

劳动争议仲裁的管辖是指各级仲裁委员会之间、同级仲裁委员会之间，在受理劳动争议案件上的分工和权限。明确管辖制度，有利于仲裁机关行使仲裁权和当事人行使申诉权。劳动争议仲裁管辖的原则是方便原则，为当事人的申诉、应诉提供方便，为劳动争议仲裁委员会审理案件提供方便，避免当事人因仲裁造成过重的负担，影响正常的生活。

《中华人民共和国劳动争议调解仲裁法》第二十一条规定，劳动争议仲裁委员会负责管辖本区域内发生的劳动争议。劳动争议由劳动合同履行地或者用人单位所在地的劳动争议仲裁委员会管辖。双方当事人分别向劳动合同履行地和用人单位所在地的劳动争议仲裁委员会申请仲裁的，由劳动合同履行地的劳动争议仲裁委员会管辖。《劳动人事争议仲裁办案规则》第九条规定,仲裁委员会发现已受理案件不属于其管辖范围的,应当移送至有管辖权的仲裁委员会,并书面通知当事人。对上述移送案件,受移送的仲裁委员会应依法受理。受移送的仲裁委员会认为移送的案件依照规定不属于其管辖或仲裁委员会之间因管辖争议协商不成的,应当报请共同的上一级仲裁委员会主管部门指定管辖。

五、劳动争议仲裁组织

（一）劳动争议仲裁委员会

1. 劳动争议仲裁委员会的设立

劳动争议仲裁委员会是指依法设立，依法独立地对劳动争议案件进行仲裁的专门机构。《中华人民共和国劳动争议调解仲裁法》第十七条规定：劳动争议仲裁委员会按照统筹规划、合理布局和适应实际需要的原则设立。省、自治区人民政府可以决定在市、县设立；直辖市人民政府可以决定在区、县设立。直辖市、设区的市也可以设立一个或者若干个劳动争议仲裁委员会。劳动争议仲裁委员会不按行政区划层层设立。

由于我国幅员辽阔，经济发展不平衡，东部、南部省市经济比较发达，劳动争议相对较多，争议当事人相对集中，而在广大中西部地区，劳动争议相对较少。因此，在劳动争议仲裁委员会的设立上，允许各省级人民政府根据本地区劳动争议处理工作的实际需要，统筹安排、合理布局本辖区内的劳动争议仲裁委员会。

2. 劳动争议仲裁委员会的组成

《中华人民共和国劳动争议调解仲裁法》第十九条规定：劳动争议仲裁委员会由劳动行政部门代表、工会代表和企业方面代表组成。劳动争议仲裁委员会组成人员应当是单数。在实际中，为了保证劳动争议仲裁过程的公平和公正，劳动争议仲裁委员会主要由三方组成，即人力资源和社会保障部门代表、同级工会代表和用人单位方面的代表。劳动争议仲裁委员会的主任由劳动行政部门的主要负责人担任，这种组成形式体现了劳动关系的三方协商机制。

（1）人力资源和社会保障部门代表。人力资源和社会保障部门代表了政府主管劳动和社会保障事务，在把握劳资关系的全局、协调各方利益方面具有很强的优势。以法律的形式将其作为劳动仲裁委员会的一方代表，体现了政府在处理劳资纠纷中的主导作用。

（2）工会代表。在我国，工会是职工自愿结合的工人阶级群众组织，它的性质决定了它更了解企业、职工的情况和需求，能更好地代表全体职工的根本利益。因此，工会的参与有利于保护弱势一方劳动者的合法权益。在国家层面，三方协商机制中的工会代表为中华全国总工会。

（3）用人单位方面的代表。用人单位方面的代表即雇主代表组织，在我国主要是指各种形式的企业联合组织，其中主要是中国企业联合会。用人单位方面的代表的参与，有利于对相关法律、法规的充分理解和对当事人的调解。

3. 劳动争议仲裁委员会的职责

劳动人事争议仲裁委员会的基本职责就是处理本辖区内的劳动争议案件，其裁决劳动争议案件实行仲裁庭制，由仲裁员独立仲裁。根据《中华人民共和国劳动争议调解仲裁法》第十九条第二款的规定，我国劳动人事争议仲裁委员会主要有以下几方面的职责：

（1）负责聘任、解聘专职或者兼职仲裁员。劳动人事争议仲裁委员会可以聘任符合法定条件的曾任审判员的人员、专家学者，劳动行政部门、人事行政部门或者其他有关行政部门的人员，工会工作者、律师等为专职或者兼职仲裁员，负责具体劳动争议的仲裁。

（2）负责受理劳动争议案件。受理劳动争议案件是劳动争议仲裁委员必须履行的法定职责。在受理劳动争议案件中，劳动人事争议仲裁委员会需要审查是否存在劳动争议、争议是否具备主体资格、争议是否已过仲裁时效等。根据《中华人民共和国劳动争议调解仲裁法》的规定，在收到仲裁申请之日起 5 个工作日内，劳动争议仲裁委员会审核认为符合受理条件的，应当受理，并通知申请人；认为不符合受理条件的，应当书面通知申请人不予受理，并说明理由。

（3）负责讨论重大或者疑难的劳动争议案件。劳动争议仲裁委员在履行仲裁庭职责的同时，还需要负责讨论仲裁庭提交的少数重大、疑难案件的处理问题。所谓重大案件，是指案情复杂、涉及范围广、争议标的金额较大，案发后案件处理结果影响较大的案件。所谓疑难案件，是指案件的处理依据不明确，法律适用问题存在争议的案件。这两类案件都要由劳动争议仲裁委员会负责讨论。

（4）负责对仲裁活动进行监督。我国对民商事仲裁活动和仲裁裁决的监督，除人民法院在执行程序上制约外，主要实行仲裁系统内部监督制度。仲裁委员会对决定重新审理的争议案件，有责任作出终止原裁决执行的仲裁决定。此外，仲裁委员会主任若发现本委员会已经生效的裁决确有错误的、需要复议的，有责任提交委员会讨论，仲裁委员会正、副主任有权决定是否复议。

（二）劳动争议仲裁办事机构

1. 劳动人事争议仲裁委员会办事机构的设立

劳动人事争议仲裁委员会办事机构，通常是指设立于劳动人事争议仲裁委员会之下的，负责办理劳动争议仲裁委员会日常工作的机构。劳动争议仲裁委员会虽然为常设机构，但其人员以兼职为主，不是常年集中、固定办公的机构，便设立了一个专门的办事机构，为劳动争议仲裁委员会提供服务，负责日常接待、承办受理案件、准备仲裁等工作。

2. 劳动人事争议仲裁委员会办事机构的职责

劳动人事争议仲裁委员会办事机构的双重身份决定了其双重职责，既要负责处理劳动人事争议仲裁委员会的日常事务，也要承担劳动法律、法规的研究，法律、法规、规章、政策的咨询、宣传和仲裁监督等工作。从实务来看，仲裁委员会的主要职责更多地体现出对办事机构的管理和监督，具体的劳动人事争议调解仲裁等日常工作依法由办事机构来承担，其主要职责包括：

（1）负责劳动人事争议调解仲裁法律、法规、政策的咨询和接待来访工作。仲裁委员会办事机构具有劳动行政机关和处理劳动争议专门机构的双重身份，这也决定了其担负着向广大群众和社会宣传劳动争议处理方面的法律、法规的义务。由于现阶段我国正处于社会主义市场经济体制和法律体系的建立过程之中，因此在劳动关系方面产生了许多新情况，不少企业和职工对劳动法律、法规和政策并不是十分了解，遇到问题他们首先要向劳动争议处理部门进行咨询，寻求帮助；加之目前宣传手段等方面的限制，使面对面的宣传、咨询成了各级劳动争议仲裁委员会办事机构的一项非常繁重的工作。

（2）承办劳动人事争议案件调解仲裁日常工作，就重大疑难案件向仲裁委员会提出处理意见和建议。劳动争议仲裁委员会办事机构的日常工作主要包括：接待劳动争议当事人并对其仲裁申请进行审查，确定仲裁申请是否属于受案范围；对不符合规定的仲裁申请书，应指导当事人予以修正和补充，劳动争议仲裁委员会应协助争议当事人完成相关的仲裁申请工作；对于经审查符合受理条件的案件，应当协助当事人完成立案审批表的填写工作，并及时报劳动争议仲裁委员会或其办事机构的负责人审批；完成报批工作之后，还需要指定劳动争议仲裁庭的书记员。此外，劳动争议仲裁委员会办事机构的日常工作还包括承办并审理与案件有关的文书制作和送达工作等内容，如向申诉人送交决定立案的书面通知、向被诉人送达申诉书副本等。

（3）根据仲裁委员会的授权，组织仲裁庭。劳动争议仲裁委员会办事机构对仲裁员的管理是日常性的管理，这也是办事机构的主要日常工作之一，具体来说工作内容包括对仲裁员登记建档、组织有关人员参加仲裁员的培训和资格考核、为仲裁员制发证书等。

组织仲裁庭是仲裁委员会的另一项重要工作内容，劳动争议仲裁委员会办事机构可以充分利用其受理当事人申诉和审批申诉申请的便利条件，针对具体案情选择不同的仲裁员组成各具特色的劳动争议仲裁庭。这既可使劳动争议仲裁委员会摆脱过多的行政性、事务性工作，又可提高劳动争议仲裁庭的办案效率，同时还能使仲裁员能够在案件处理中发挥自己的专业特长，并保证仲裁过程的专业性和公平性。而对于未经劳动争议仲裁委员会授权或重大、疑难案件的组庭工作，仍要由劳动争议仲裁委员会直接负责。

（4）负责管理仲裁委员会的文书、档案、印鉴，定期向同级仲裁委员会汇报、请示工作。在日常工作中，仲裁委员会办事机构需要处理劳动争议仲裁案件过程中产生的大量仲裁文书，如申诉书、答辩书、授权委托书、调查证据、勘验笔录、谈话笔录、开庭通知、仲裁建议书、仲裁决定书、仲裁调解书、仲裁裁决书、立（结）案审批表、请示报告、上级批示，以及与案件有关的劳动争议仲裁委员会会议记录等。上述文书的建档工作由劳动争议仲裁委员会办事机构承担，同时为了给有关人员查阅案卷提供方便，办事机构还必须做好仲裁案卷管理、统计和归档工作。

此外，作为劳动争议仲裁委员会的下属机构，劳动争议仲裁委员会办事机构必须向委员会负责，它的各项工作应定期向劳动争议仲裁委员会汇报。当遇到案情复杂、争议双方规模较大或涉及利益者较多的特殊劳动争议时，办事机构须及时向仲裁委员会做好汇报和请示工作。

（5）办理仲裁委员会交办或授权的其他事项。劳动争议仲裁委员会办事机构还要承担劳动争议仲裁委员会交办或授权的其他工作，如收缴仲裁费、管理劳动争议仲裁委员会的经费开支，办事机构需做好仲裁委员会及下属机构或个人的费用管理工作。此外，经劳动争议仲裁委员会授权，办事机构还需要开展对企业劳动争议调解委员会的业务指导工作，帮助企业劳动争议调解委员会做好劳动争议的预防和调解工作。

（三）仲裁庭和仲裁员

1. 仲裁庭的组成

仲裁庭是仲裁委员会处理劳动争议案件的基本组织形式，代表仲裁委员会对具体劳动争议案件行使仲裁权，是经一定程序选出的仲裁员组成的非常设性的处理劳动争议的专门机构。仲裁委员会处理劳动争议案件实行仲裁庭制度，即按照"一案一庭"的原则组成仲裁庭。

仲裁庭的组织形式可分为独任制和合议制两种。独任制是由仲裁委员会指定一名仲裁员独任审理仲裁，适用于事实清楚、案情简单、法律适用明确的劳动争议案件。合议制是指由一名首席仲裁员和两名仲裁员组成仲裁庭，共同审理劳动争议案件。仲裁庭的首席仲裁员由仲裁委员会负责人或其授权其办事机构负责人指定，另两名仲裁员由仲裁委员会授权其办事机构负责人指定或由当事人各选一名。其中不符合规定的，由仲裁委员会予以撤销，重新组成仲裁庭。

2. 仲裁庭的职责

劳动争议仲裁庭在处理劳动争议案件时，应依照法定程序实施仲裁活动并正确地行使职权。劳动争议仲裁庭的职责体现在处理劳动争议案件的整个过程中。劳动争议仲裁庭并非常设机构，劳动争议仲裁委员会在接受立案后自然成立劳动争议仲裁庭，结案后仲裁庭将自然撤销，劳动争议仲裁庭的职责主要是案件本身的裁决工作。根据《中华人民共和国劳动争议调解仲裁法》及其他相关规定，劳动争议仲裁庭的职责主要包含以下几个方面：

（1）依法进行开庭前的各项准备工作。这些准备工作包括通知当事人仲裁庭组成情况、送达各种仲裁文书（受理、应诉通知书、开庭通知）、组织证据交换等。

（2）先行调解。依照劳动争议处理着重调解的基本原则，仲裁庭应将调解贯穿于案件处理的全过程之中，在开庭前应组织当事人调解。

（3）依法审理劳动争议案件。仲裁庭在处理劳动争议时，应依法定程序公开开庭审理劳动争议案件，通过对当事人提交的证据进行质证、认证，查明案件事实和争议焦点，在开庭过程中组织当事人调解，并如实将开庭情况记入笔录。

（4）及时对劳动争议进行裁决。对于开庭后仍调解不成的案件，仲裁庭应依法及时裁决，制作裁决书，依法定程序上报仲裁委员会主任审批。对于重大、疑难的案件及经仲裁庭合议后作出结论的案件，应提出裁决意见上报仲裁委员会讨论决定。

（5）应在法定审理期限内审结案件。《中华人民共和国劳动争议调解仲裁法》第四十三条规定：仲裁庭裁决劳动争议案件，应当自劳动争议仲裁委员会受理仲裁申请之日起 45 日内结束。案情复杂需要延期的，经劳动争议仲裁委员会主任批准，可以延期并书面通知当事人，但是延长期限不得超过 15 日。逾期未作出仲裁裁决的，当事人可以就该劳动争议事项向人民法院提起诉讼。

（6）依法部分先行裁决。部分先行裁决是指仲裁庭在审议争议案件时，对其中已经查明的一部分事实，预先就该部分先行裁决。此职责对保护弱势劳动者当事人的权益尤为重要。在仲裁实务中，有的用人单位无故拖欠、克扣甚至停发劳动者的工资，致使劳动者的基本生活难以保障，还有的用人单位拖欠支付甚至拒不支付劳动者的医疗费用，造成劳动者生活严重困难，这些争议属于用人单位明显违反国家法律、法规规定，事实非常清楚，有充分证据证明，则仲裁庭应就该部分先行裁决，以保障劳动者的基本合法权益。

（7）对符合条件的案件裁决先予执行。仲裁庭对于追索劳动报酬、工伤医疗费、经济补偿金或赔偿金的案件，根据当事人的申请，可以裁决先予执行，移送人民法院执行。裁决先予执行的案件有两种：一是当事人之间权利义务关系明确的；二是申请人的生活严重困难的。对于符合裁决先予执行的案件，经当事人申请，仲裁庭应裁决先予执行，从而对弱势劳动者的合法权益给予及时、有效的保护。

3. 仲裁员的任职条件

仲裁员是指由劳动争议仲裁委员会依法聘任的，可以成为仲裁庭组成人员而从事劳动争议处理工作的人员。根据《中华人民共和国劳动争议调解仲裁法》的规定，劳动争议仲裁员应符合道德条件和专业条件两方面的要求。

（1）道德条件。劳动争议仲裁员应当具备道德素养，并将其作为履行职责时应遵守的信念和原则。对于劳动争议仲裁，只有做到品德高尚、秉公执法、勤政廉洁、作风正派、善于体察民意，同时积极拥护党的路线、方针、政策，才能保证仲裁裁决的质量和公信力。

（2）专业条件。劳动争议仲裁员必须具有一定的法律、劳动关系等专业知识及分析问题、解决问题的能力，因此，在符合道德条件的基础上还应具备以下 4 个条件之一：

①曾任审判员的。对于曾担任过人民法院审判员的人员，在以往的工作中长期接触各种权益纠纷案件，具有较高的法律专业素质和丰富的纠纷处理经验，因此对其任职年限没有提出要求，只要其曾经担任过人民法院的审判员即可。这一条件鼓励了全国各级人民法院曾担任过

审判员的退休人员广泛地参与到劳动争议仲裁工作中，从而提升了仲裁员队伍的业务素质，尤其是基层仲裁员的素质。

②从事法律研究、教学工作并具有中级以上职称的。从事法律研究、教学工作并具有中级以上职称的专家、学者，在其研究领域积累了丰富的专业知识，具有扎实的理论功底和专业背景，将其聘任为仲裁员可以充分发挥其理论和专业优势，灵活、有效地解决现实中大量复杂的劳动争议案件。

③具有法律知识、从事人力资源管理或者工会等专业工作满5年的。具有一定法律知识，在劳动行政管理部门、人事行政管理部门、工会或企业联合会等机构工作满5年的人员，可以聘任为劳动争议仲裁员。长期从事人力资源管理、工会维权等工作的人员，在日常工作中会经常涉及劳动争议、纠纷的处理，具有相应的专业能力，同时具有丰富的处理劳动纠纷的实践经验，能够有效地解决实际中的劳动争议、纠纷。

④律师执业满3年的。从事律师工作并执业满3年的人员，不仅具有丰富、扎实的法律专业知识，同时具有较强的思辨能力和灵活、公正解决具体案件的实践能力。同时，其职业特点又能保证担任劳动争议仲裁员的时间和精力。因此，聘任律师执业满3年的人员作为劳动争议仲裁员，不仅能够有效地解决实际的劳动纠纷案件，还有助于提高仲裁员队伍的整体素质和业务水平。

4. 仲裁员的聘任

劳动争议仲裁委员会成员，自任命之日起即具备了仲裁员资格，可由劳动争议仲裁委员会根据需要聘任为专职仲裁员或兼职仲裁员，并将聘任的仲裁员按照不同专业设置仲裁员名册。其中，专职仲裁员由劳动争议仲裁委员会从劳动争议仲裁委员会从事劳动争议处理工作的人员中聘任；兼职仲裁员由劳动争议仲裁委员会从劳动行政部门、人事行政部门或者其他行政部门的人员，曾任审判员的人员，工会工作者、专家、学者和律师中聘任。

另外，由于劳动人事争议仲裁是一项准司法性工作，因此不仅要求仲裁员具备一定的法律知识，还需要他熟练掌握劳动人事管理方面的法律、法规和政策。为了保证新聘任的仲裁员能更好地胜任工作，人力资源和社会保障部在其制定的《劳动人事争议仲裁组织规则》中规定，要对仲裁员进行聘前培训。

六、劳动争议仲裁的程序

（一）申请

劳动争议申请仲裁的时效期间为1年。仲裁时效期间从当事人知道或者应当知道其权利被侵害之日起计算。仲裁时效因当事人一方向对方当事人主张权利，或者向有关部门请求权利救济，或者对方当事人同意履行义务而中断。从中断时起，仲裁时效期间重新计算。因不可抗力或者有其他正当理由，当事人不能在仲裁时效期间申请仲裁的，仲裁时效中止。从中止时效的原因消除之日起，仲裁时效期间继续计算。劳动关系存续期间因拖欠劳动报酬发生争议的，劳动者申请仲裁不受1年的劳动争议仲裁时效期间的限制。但是，劳动关系终止的，应当自劳动关系终止之日起1年内提出。

　　申请人申请仲裁应当提交书面仲裁申请，并按照被申请人人数提交副本。仲裁申请书应当载明下列事项：①劳动者的姓名、性别、年龄、职业、工作单位和住所，用人单位的名称、住所和法定代表人或者主要负责人的姓名、职务；②仲裁请求和所根据的事实、理由；③证据和证据来源、证人姓名和住所。书写仲裁申请确有困难的，可以口头申请，由劳动争议仲裁委员会记入笔录，并告知对方当事人。

　　（二）受理

　　劳动争议仲裁委员会自收到仲裁申请之日起 5 日内，认为符合受理条件的，应当受理，并通知申请人；认为不符合受理条件的，应当书面通知申请人不予受理，并说明理由。对劳动争议仲裁委员会不予受理或者逾期未作出决定的，申请人可以就该劳动争议事项向人民法院提起诉讼。劳动争议仲裁委员会受理仲裁申请后，应当在 5 日内将仲裁申请书副本送达被申请人。被申请人收到仲裁申请书副本后，应当在 10 日内向劳动争议仲裁委员会提交答辩书。劳动争议仲裁委员会收到答辩书后，应当在 5 日内将答辩书副本送达申请人。被申请人未提交答辩书的，不影响仲裁程序的进行。

　　（三）开庭

　　1. 仲裁庭审流程

　　劳动争议仲裁案件开庭审理时，仲裁员应当听取申请人的陈述和被申请人的答辩，主持庭审调查、质证和辩论，征询当事人的最后意见，并进行调解。

　　庭审过程是围绕案件事实进行调查的过程，重点有以下几个环节：

　　（1）举证。当事人提供的证据必须真实，如果提供虚假的证据要承担相应的法律责任；提供的证据要与案件争议的焦点有关，不要提供与案件无关的证据；证据的来源应当合法。另外，当事人在庭审过程中举证时，要说明证据的名称、要证明的问题和证明目的等。

　　（2）质证。质证是指一方当事人对另一方当事人提供证据的真实性、关联性、合法性发表意见，进行质疑、说明和辩驳；在质证过程中要尊重对方举证和质证的权利，不要打断对方，也不得对对方进行人身攻击。

　　（3）辩论。在辩论过程中要注意围绕案件争议的焦点进行辩论，已经陈述过的意见不要反复说，要尊重对方，禁止发表攻击对方人格的言论。

　　（4）调解。在辩论程序终结后，当事人各方可以选择调解程序，调解达成协议的，仲裁庭应当制作调解书。调解书一经双方当事人签收后就发生法律效力。如果调解不成，仲裁庭还会依法裁决。有的人认为调解不如裁决的法律效力高，其实调解与裁决是处理劳动争议的两种方式，二者具有同等的法律效力。

　　2. 庭审中的注意事项

　　仲裁庭应当将开庭情况记入笔录。当事人或者其他仲裁参加人认为对自己陈述的记录有遗漏或者差错的，有权申请补正。仲裁庭认为申请无理由或者无必要的，可以不补正，但应当记录该申请。仲裁员、记录人员、当事人和其他仲裁参加人应当在庭审笔录上签名或者盖章。当事人或者其他仲裁参加人拒绝在庭审笔录上签名或者盖章的，仲裁庭应在附卷中记明情况。

仲裁庭对专门性问题认为需要鉴定的，可以交由当事人约定的鉴定机构鉴定；当事人没有约定或者无法达成约定的，由仲裁庭指定的机构鉴定。根据当事人的请求或者仲裁庭的要求，鉴定机构应当派鉴定人参加开庭。当事人经仲裁庭许可，可以向鉴定人提问。

当事人申请仲裁后，可以自行和解。双方达成和解协议的，申请人可以撤回仲裁申请，当事人也可以请求仲裁庭根据和解协议制作仲裁调解书。

3. 自行和解和仲裁调解

（1）自行和解。劳动争议自行和解是指当事人双方通过自行协商，最终达成解决劳动争议的协议，从而解决劳动争议的一种方式。《劳动争议调解仲裁法》第四十一条规定：当事人申请劳动争议仲裁后，可以自行和解。达成和解协议的，可以撤回仲裁申请。当事人自行和解是当事人对自己实体劳动权利的处分，但和解内容必须符合法律、法规的规定。当事人和解后，申请人应当向劳动争议仲裁委员会提出撤诉申请。劳动争议仲裁委员会收到撤诉申请后，应当制作劳动争议仲裁决定书予以撤诉。当事人自行和解，只要符合法律、法规规定，仲裁机构都会予以批准。

劳动争议的和解与民事争议的和解等同，无法定的规则和程序，无第三人参与。协议的达成和遵守完全由双方自愿，换言之，对达成的和解协议，当事人可以履行，也可以不履行。

（2）仲裁调解。在劳动争议仲裁的过程中，仲裁调解是劳动争议仲裁委员会处理劳动争议的重要方式。《中华人民共和国劳动争议仲裁调解法》第四十二条规定：仲裁庭在作出裁决前，应当先行调解。调解达成协议的，仲裁庭应当制作调解书。调解书应当写明仲裁请求和当事人协议的结果。调解书由仲裁员签名，加盖劳动争议仲裁委员会印章，送达双方当事人。调解书经双方当事人签收后发生法律效力。调解不成或者调解书送达前，一方当事人反悔的，仲裁庭应当及时作出裁决。

该条法律所说的先行调解是指在劳动争议仲裁委员会受理案件后，在作出裁决之前，由仲裁员一人或仲裁庭主持双方进行协商，促使双方相互谅解，达成协议，以结束劳动争议仲裁的过程。先行调解是仲裁程序中的必经程序。仲裁调解不同于自行和解，自行和解是双方自行达成和解协议，而仲裁调解则是在第三方即仲裁委员会的主持、斡旋、劝导下达成的。

根据法律规定以及仲裁实践经验，仲裁调解应包含以下几个程序：①在查明案情、分清责任的基础上，仲裁委员会提前拟订调解方案，并将调解的时间和地点通知当事人双方；②由一名仲裁员或仲裁庭主持调解，向当事人说明调解的好处和意义，进行疏导工作，并提出拟订的调解方案，组织双方就调解方案进行协商，对有关问题进行讨论；③调解结束有两种情况：一是当事人经过协商达成了调解协议；二是未达成调解协议，或虽达成协议，但在调解书送达前一方反悔，这时仲裁委员会应及时以裁决的方式结束案件。

（四）裁决

仲裁裁决是劳动争议仲裁委员会处理劳动争议的最终解决方式。《中华人民共和国劳动争议调解仲裁法》第四十五条规定："裁决应当按照多数仲裁员的意见作出，少数仲裁员的不同意见应当记入笔录。仲裁庭不能形成多数意见时，裁决应当按照首席仲裁员的意见作出。仲裁庭作出裁决后，应当制作仲裁裁决书，送达双方当事人。当事人对仲裁裁决不服的，自收到仲裁裁决之日起 15 日内可以向人民法院起诉，期满不起诉的，仲裁裁决书即发生法律效力。如一方当事人不执行的，另一方当事人可申请人民法院强制执行。"

仲裁裁决书是劳动争议仲裁委员会依法对劳动争议案件进行裁决，并制作的对当事人双方及有关单位或个人具有法律约束力的文书。《劳动争议调解仲裁法》第四十六条规定："裁决书应当载明仲裁请求、争议事实、裁决理由、裁决结果和裁决日期。裁决书由裁决员签名，加盖劳动争议仲裁委员会印章。对裁决持不同意见的仲裁员，可以签名，也可以不签名。"仲裁裁决书由三部分组成：①当事人双方的基本情况、申诉的理由、争议的事实和要求；②审理过程和裁决意见，包括裁决认定的事实，适用的法律、法规及规范性文件，裁决的理由，裁决的结果，当事人的是非责任等；③裁决日期、全体仲裁员的签名、劳动仲裁委员会的印章及其他说明。

【任务解析】

在《劳动争议调解仲裁法》实施前，劳动者与用人单位发生任何争议，必须先经劳动争议仲裁委员会仲裁，不服仲裁裁决的于法定期限内诉至法院，经法院判决后，当事人不服一审判决的，可向上级法院上诉。此种解决劳动争议的程序不可避免地造成处理周期过长的问题，一些用人单位借机搞恶意诉讼，以拖延支付劳动者相应赔付，而相对于单位，劳动者属弱势群体，是经不起拖延的。

为减少劳动者的维权成本，《劳动争议调解仲裁法》第四十七条规定："下列劳动争议，除本法另有规定的外，仲裁裁决为终局裁决，裁决书自作出之日起发生法律效力：（一）追索劳动报酬、工伤医疗费、经济补偿或赔偿金，不超过当地月最低工资标准 12 个月金额的争议；（二）因执行国家的劳动标准在工作时间、休息休假、社会保险等方面发生的争议。"

本案中小谷追索劳动报酬即属于典型的一裁终局案例。他向甲服装公司追索 3 个月工资，该争议属于不超过公司所在市的月最低工资标准 12 个月金额的争议，也就是说，属于劳动争议仲裁委员会一裁终局的案件。

【任务拓展】

1. 于某（女）是某公司财务处的一名会计，与本部门出纳张某（男）素来不和。于某的丈夫认为张某总是欺负于某，决定找个机会教训一下张某。怕于某阻拦，于某的丈夫特地在 2018 年 3 月 16 日下午来到某公司，因为他知道这天下午于某会去银行办事，自己可以趁此机会好好教训一下张某。于某的丈夫来到财务处找到张某，不问青红皂白便给了张某一拳，周围的同事赶紧把他俩拉开。正在此时，于某从银行回来，赶紧把丈夫拉回了家。

第二天，于某一上班就得到一份通知，被告知由于教唆家属到公司殴打同事，已经严重违反劳动纪律，公司决定解除于某的劳动合同，并让她立即办理工作交接手续。

于某不服，认为丈夫来单位打人自己并不知情，更谈不上教唆，况且自己在事发后及时制止了丈夫的行为，并且于某认为，自己可以就打人一事向张某道歉，公司解除劳动合同的处理太过严重。于是，于某向劳动争议仲裁机构申请仲裁。

工作任务：请帮于某写一份"劳动争议仲裁申请书"。

2. 小雨于 2020 年 6 月应聘进入上海某外资企业公关部工作，双方签订了为期两年的劳动合同。2022 年 5 月底，公司人力资源部经理召集小雨等几位合同即将到期的员工征询续签合同的意见，小雨表示愿意与公司续签合同，双方还就续签合同的期限等进行了沟通。

6 月初，公司人力资源部获悉小雨已与男友领取结婚证的消息，遂与小雨谈话确认，小雨如实告知经理，她与男友两个月前领了结婚证。一周后，小雨接到公司要求其做怀孕检查的通知，她对此感到有些愤怒，她认为自己并未宣布结婚且未举行结婚仪式，公司的要求令她难堪，于是未予理会。6 月 25 日，公司再次书面通知小雨 5 天内提供医院出具的是否怀孕的证明。小雨生气地致电人力资源部经理表示，自己没有怀孕，也绝对不会去做检查。

6 月 30 日，公司书面通知她双方的劳动合同到期，公司将不再续约，要求她按期办理退工手续。7 月 1 日，公司以合同终止为由开具了退工单，并于 7 月 5 日将退工单送达她。

7 月 5 日，小雨到医院看病，经查确诊已怀孕。获此消息，她的父母开始担心怀孕后的小雨找新工作将会比较困难，略懂劳动法的他们让小雨与公司联系，要求恢复劳动关系。公司对此未予理会。

工作任务：请进一步了解本案的事实，收集相关的法律法规，为小雨提出处理方案。

任务 4　诉　　讼

【任务目标】

- 理解劳动争议诉讼的概念、受案范围。
- 掌握劳动争议诉讼的程序。

【任务材料】

饶某 2016 年 4 月 15 日入职某清洗服务公司，该公司未为饶某缴纳社会保险。2016 年 9 月 14 日，饶某在工作时受伤。2018 年 7 月 26 日，苏州工业园区劳动和社会保障局判定饶某 2016 年 9 月 14 日所受伤害为工伤。2018 年 11 月 24 日，某清洗服务公司在扬子晚报刊登注销公告。2019 年 4 月 15 日，苏州市劳动能力鉴定委员会鉴定饶某受伤伤残等级为八级。2019 年 5 月 7 日，某清洗服务公司因股东会决议解散而注销。工商档案材料显示企业注销登记申请书记载无债权债务，清算报告显示债权债务均为零，清算组成员为缪某某、姚某。后饶某申请劳动仲裁，请求裁令缪某某、姚某支付医药费、护理费等相应损失。仲裁委不予受理，饶某诉至法院。法院认为，因某清洗服务公司未依法为饶某缴纳社会保险，故相应工伤保险待遇赔偿责任应由某清洗服务公司承担。某清洗服务公司清算组成员缪某某为清洗服务公司法定代表人，缪某某、姚某均系公司股东，其在公司清算时已明知饶某在 2016 年 9 月 14 日工作中所受伤害构成工伤且相应工伤保险待遇未予给付，即清洗服务公司清算组明知公司对第三人负有债务，却未依法将公司解散清算事宜书面通知债权人，存在重大过失甚至故意。一审法院判决清算组成员缪某某、姚某对饶某的损失承担赔偿责任。缪某某、姚某不服上诉，二审法院审理后作出终审判决：驳回上诉，维持原判。

工作任务：进一步了解本案的事实，收集相关的法律法规，提出解决方案。

【知识链接】

一、劳动争议诉讼的概念

劳动争议诉讼是争议当事人就争议事项向法院起诉，法院依据相关的法律、法规对争议进行审理作出判决的司法解决方式。劳动争议诉讼程序的作用是确保当事人获得司法救济，保障当事人的权利，以及对争议仲裁裁决进行一定的监督和审查，保障裁决书、调解书的执行。

我国现行的劳动争议处理体制可以概括为"协商、调解、一裁、两审"。《中华人民共和国劳动争议调解仲裁法》第五条规定："发生劳动争议，当事人不愿协商、协商不成或者达成和解协议后不履行的，可以向调解组织申请调解；不愿调解、调解不成或者达成调解协议后不履行的，可以向劳动争议仲裁委员会申请仲裁；对仲裁裁决不服的，除本法另有规定的外，可以向人民法院提起诉讼。"可见，劳动争议仲裁是争议诉讼的强制前置程序，劳动争议诉讼是解决争议的最终方式。

二、劳动争议诉讼的受案范围

根据最高人民法院《关于审理劳动争议案件适用法律若干问题的解释》的规定，人民法院受理以下劳动争议：

（1）因企业开除、除名、辞退职工和职工辞职、自动离职发生的争议。

（2）因执行国家有关工资、保险、福利、培训、劳动保护的规定发生的争议。

（3）因履行劳动合同发生的争议。

（4）劳动者与用人单位之间没有订立书面劳动合同，但已形成劳动关系后发生的争议。

（5）劳动者退休后，与尚未参加社会统筹的原用人单位因追索养老金、医疗费、工伤保险待遇和其他社会保险费而发生的争议。

（6）法律、法规规定应当依照本条例处理的其他劳动争议。

三、法院受理劳动争议案件的条件

（一）起诉人必须是劳动争议当事人，并有明确被告

1. 确定劳动争议诉讼当事人的一般原则

劳动争议的诉讼当事人简单来说就是用人单位和劳动者，不服仲裁裁决的劳动者和用人单位只能以仲裁阶段的对方当事人为被告向法院起诉，而不能以劳动仲裁机构为被告人。

2. 确定劳动争议诉讼当事人的具体情形

（1）劳动者和用人单位均不服劳动争议仲裁委员会的同一裁决，向同一人民法院起诉的，

人民法院应当并案审理，双方当事人互为原告和被告。在诉讼过程中，一方当事人撤诉的，人民法院应当根据另一方当事人的诉讼请求继续审理。

（2）劳动者与起有字号的个体工商户产生的劳动争议诉讼，人民法院应当以营业执照上登记的字号为当事人，但应同时注明该字号业主的基本情况。

（3）劳动者因履行劳动力派遣合同产生劳动争议而起诉的，以派遣单位为被告；争议内容涉及接受单位的，以派遣单位和接受单位为共同被告。

（4）用人单位与其他单位合并的，合并前发生的劳动争议，由合并后的单位为当事人；用人单位分立为若干单位的，其分立前发生的劳动争议，由分立后的实际用人单位为当事人。用人单位分立为若干单位后，对承受劳动权利义务的单位不明确的，分立后的单位均为当事人。

（5）用人单位招用尚未解除劳动合同的劳动者，原用人单位与劳动者发生的劳动争议，可以列新的用人单位为第三人。原用人单位以新的用人单位侵权为由向人民法院起诉的，可以列劳动者为第三人。原用人单位以新的用人单位和劳动者共同侵权为由向人民法院起诉的，新的用人单位和劳动者列为共同被告。

（6）劳动者在用人单位与其他平等主体之间的承包经营期间，与发包方和承包方双方或者一方发生劳动争议，依法向人民法院起诉的，应当将承包方和发包方作为当事人。

（二）必须已经经过仲裁程序

我国现行的"一裁两审"机制将仲裁前置，即经过仲裁审理的劳动人事争议案件，当事人不服裁决，才能向法院起诉，法院依法受理后，才真正进入诉讼程序。固然仲裁前置存在一些弊端，但由于劳动争议仲裁委员会作为劳动争议案件的纠纷处理前沿机构能发挥其专业性、便捷性的特点，在双方当事人第一次对簿公堂的时候将纠纷化解掉，避免了劳资矛盾长期存在而致突出尖锐的倾向，仲裁前置在劳动人事争议处理机制中还是占有重要地位的。

仲裁程序与诉讼程序具有同等重要的作用，仲裁与诉讼两者协同联动运行才能构建高质量、高效率的劳动争议纠纷处理机制。

（三）必须在法律规定的时限内

劳动争议当事人对仲裁裁决不服的，有权在收到裁决书之日起 15 日内向法院起诉，超过这个时限的，裁决书即发生法律效力，当事人无权再向人民法院起诉。

（四）起诉必须向有管辖权的法院提出

劳动争议诉讼管辖是指法院受理第一审劳动争议案件的分工和权限。最高人民法院规定的我国现行劳动争议诉讼的管辖规则是：在级别管辖上，均由基层人民法院管辖；在地域管辖上，由用人单位所在地或者劳动合同履行地人民法院管辖，劳动合同履行地不明确的，由用人单位所在地人民法院管辖。

但在实践中各地做法不一，特别是在级别管辖问题上，许多地区采用了区分级别管辖的做法，即县（区）级以下（含县区级）的用人单位及其他用人单位与劳动者之间发生的劳动争议案件由被告所在地基层人民法院管辖；市（地区）级以上的用人单位与劳动者之间发生的劳动争议案件由被告所在地中级人民法院管辖。

四、劳动争议诉讼一审程序

劳动争议诉讼在程序上适用《中华人民共和国民事诉讼法》规定的程序。人民法院对劳动争议诉讼案件依照《中华人民共和国民事诉讼法》规定的诉讼程序进行审理。首先，由一审人民法院审理、判决，当事人不服的，可以向上一级人民法院上诉，上一级人民法院的判决是终审判决，当事人不得再上诉。

（一）起诉与受理

1. 诉讼时效与仲裁时效的衔接

由于在劳动争议处理过程中存在仲裁前置程序，因此劳动争议诉讼中的诉讼时效是与劳动争议的仲裁时效紧密相关的。当然，由于分属于不同的程序，在诉讼时效与仲裁时效的衔接问题上还存在一些值得特别注意之处。

（1）劳动争议诉讼时效的原则规定。劳动争议仲裁委员会根据《中华人民共和国劳动法》第八十二条之规定，以当事人的仲裁申请超过 60 日期限为由，作出不予受理的书面裁决、决定或者通知，当事人不服，依法向人民法院起诉的，人民法院应当受理；对确已超过仲裁申请期限，又无不可抗力或者其他正当理由的，依法驳回其诉讼请求。此规定确立了劳动争议诉讼时效与仲裁时效一致的原则，当《中华人民共和国劳动争议调解仲裁法》将仲裁时效修订为 1 年时，诉讼时效自然也适用 1 年的规定。

（2）劳动争议诉讼时效的特殊规定。

①因拖欠劳动报酬发生争议的诉讼时效。根据《中华人民共和国劳动争议调解仲裁法》第二十七条的规定，劳动关系存续期间因拖欠劳动报酬发生争议的，劳动者申请仲裁不受"1 年"的仲裁时效的限制，但是劳动关系终止的应当自劳动关系终止之日起 1 年内提出。

②主张未签订书面劳动合同的二倍工资差额的争议。对于未签订书面劳动合同的二倍工资差额的诉讼请求，从字面意义上解释，也属于"劳动报酬"，因此司法实践中有人认为也适用拖欠劳动报酬的时效规定。但是，从该项法律规定的立法本意而言，用人单位因未签订书面劳动合同而向劳动者支付二倍的工资，属于对用人单位的惩罚，并非劳动者提供正常劳动后的工资所得。因此，主张未签订书面劳动合同的二倍工资差额的争议不属于拖欠劳动报酬的争议，诉讼时效的起算不应当考虑劳动者是否持续提供劳动。而应当按照"从当事人知道或者应当知道其权利被侵害之日起 1 年"的规定执行，即不能以劳动关系的解除或终止作为计算时效的起点，而应当以未签订书面劳动合同的行为发生的时间作为计算时效的起点。

③法院对诉讼时效不能主动审查。根据《最高人民法院关于审理民事案件适用诉讼时效制度若干问题的规定》第三条的规定，当事人未提出诉讼时效抗辩，法院不应对诉讼时效问题进行释明并主动适用诉讼时效进行裁判。也就是说，即使在劳动争议仲裁阶段，存在一方当事人的请求超过仲裁时效的情形，且仲裁机构据此作了相应的处理，也不必然导致该案件的诉讼请求在法院就一定被驳回。法院对于诉讼时效并没有主动审查的权限。只有在案件进入到诉讼程序后，当事人主动提出超过诉讼时效的抗辩事由时，法院才能对诉讼时效进行审查。因此可能出现这样的情形：劳动争议在仲裁阶段，因超过仲裁时效而未获得支持的申请请求，在诉讼

过程中，又可能因为对方当事人未提出超过时效的抗辩而获得法院支持。

2. 起诉

起诉是指公民、法人或其他组织认为自己的或依法由自己管理、支配的劳动权益受到侵害或与他人发生争议，以自己的名义请求人民法院行使审判权以保护自己合法权益的诉讼行为。《劳动争议调解仲裁法》规定，当事人对劳动争议案件的仲裁结果不服的，可以自收到仲裁裁决书之日起 15 日内向人民法院提起诉讼。

3. 受理

人民法院对于当事人的起诉经过审查后，认为符合法定条件的，应当受理，并在当事人起诉的 7 日内立案；认为不符合起诉条件的，也应当在 7 日内裁定不予受理。劳动争议当事人不服人民法院作出的不予受理或驳回起诉的裁定的，可以自收到裁决书之日起 10 日内向有管辖权的上一级人民法院提起上诉。

（二）准备与调查

这一阶段的任务主要包括：送达起诉状副本和答辩状副本；告知权利和组成合议庭；审核资料和调查取证。

1. 送达起诉状副本和答辩状副本

人民法院应当在立案之日起 5 日内将劳动人事争议起诉状副本发送被告，被告在收到之日起 15 日内提出答辩状；被告提出答辩状的，人民法院应当在收到之日起 5 日内将答辩状副本发送原告。被告不提出答辩状的，不影响人民法院审理。

2. 告知权利和组成合议庭

人民法院对决定受理的案件，应当在受理案件通知书和应诉通知书中向当事人告知有关的诉讼权利义务，或者口头告知。合议庭组成人员确定后，应在 3 日内告知当事人。

3. 审核资料和调查取证

调查取证是这个阶段的重要工作，法院必须坚持重证据、重调查研究的原则，对与案件有关的事实要查清，与案件有关的数据要计算准确，尤其对劳动报酬、加班费、补偿金等的金额要核清，对发生争议的前因后果要搞明。调查取证涉及诉讼举证责任的分配问题。举证责任分配是指在案件事实真伪不明的情况下，法官为依据事实进行认定并作出判决而对证明责任在当事人之间分配的行为。劳动争议案件的处置，一般遵循"谁主张、谁举证"的证据规则。但在下列特殊情形下，由用人单位承担举证责任：

（1）劳动关系的举证。实践中，由于用人单位没有与劳动者签订劳动合同，往往造成劳动关系的认定困难，原劳动和社会保障部发布的《关于确立劳动关系有关事项的通知》（劳社部发〔2005〕12 号）规定，认定双方存在劳动关系时可参照下列凭证：工资支付凭证或记录（职工工资发放花名册）、缴纳各项社会保险费的记录；用人单位向劳动者发放的"工作证""服务证"等能够证明身份的证件；劳动者填写的用人单位招工招聘"登记表""报名表"等招用记录；考勤记录；其他劳动者的证言等，且明确规定用人单位对除最后一项外的有关凭证负举证责任。

（2）开除、除名等用工行为的举证。《最高人民法院关于审理劳动争议案件适用法律若干问题的解释（一）》第十三条规定，如果劳动者因用人单位作出的开除、除名、辞退、解除劳动合同、减少劳动报酬、计算劳动者工作年限等决定而发生的劳动争议，用人单位负举证责任。因为这些决定是用人单位作出的，用人单位自然拥有这些证据，理应承担举证责任。

（3）加班费的举证。实践中劳动者常提出要求用人单位支付加班费的请求，但往往难以确切地证明加班的时间。《最高人民法院关于审理劳动争议案件适用法律若干问题的解释（三）》第九条规定，劳动者主张加班费的，应当就加班事实的存在承担举证责任。但劳动者有证据证明用人单位掌握加班事实存在的证据，用人单位不提供的，由用人单位承担不利后果。

（4）工伤认定的举证。根据《工伤保险条例》第十九条第二款的规定，在工伤认定中，职工或者其近亲属认为是工伤，用人单位不认为是工伤的，由用人单位负举证责任。

（三）开庭审理

1. 开庭准备

这是开庭的预备阶段，具体准备内容包括：①查明当事人和其他诉讼参与人是否到庭，宣布法庭纪律；②核对当事人，宣布案由、合议庭组成人员及书记员名单，告知当事人诉讼权利义务，询问当事人是否申请合议庭成员回避。

2. 法庭调查阶段

法庭调查是开庭审理的中心环节，是对案件进行实体性审理的重要阶段。法庭调查主要采用当事人陈述、证据质证、法律依据审查，并结合法庭询问的方式进行。

在法庭调查阶段，首先由原告陈述起诉的事实、理由及诉讼请求。原告陈述完毕后，再由被告针对原告的诉讼请求进行答辩。

被告答辩完后，进入法庭举证质证阶段。首先由原告出示其主张权利的证据，再由被告对原告出示的证据发表质证意见。原告出示完证据后，被告出示支持自己观点的证据，由原告进行质证。通过法庭质证，双方当事人还需要继续搜集证据的，可以向法庭申请举证期限，如果在举证期限内提交证据材料确有困难的，应当在举证期限内向法官提出申请延期举证，经法庭准许，可以适当延长举证期限。

如果有证人出庭作证，也在法庭调查阶段进行。庭审时，证人不得旁听案件审理过程，只能在发表证人证言的时候进入法庭，结束证词后应离开法庭。在证人有正当理由不能到庭的情况下，证人可以提交书面的证人证言。

如果当事人及其诉讼代理人确实因客观原因不能自行搜集证据的，可以申请法院调查搜集。法院认为审理案件需要的证据，如果是涉及可能有损害国家利益、社会公共利益或者他人合法权益的事实，涉及依职权追加当事人、中止诉讼、终结诉讼、回避等与实体争议无关的程序事项，法院可以不依当事人的申请，直接进行调查搜集。法院依职权调查搜集的证据，也需要在举证质证环节向双方当事人出示，并由双方当事人质证。如果还有鉴定结论和勘验笔录，则需要审判员在法庭调查阶段宣读，当事人也有权对这些证据发表质证意见。

3. 法庭辩论阶段

法庭调查结束后，庭审进入法庭辩论阶段。审判员会告知双方应当围绕本案争议的焦点进行辩论。首先由原告及其诉讼代理人发表意见。原告发表完意见后，由被告及其诉讼代理人发表意见。法庭辩论阶段，审判员可能会根据双方的辩论意见恢复法庭调查，继续询问双方有关案件事实的问题。

4. 法庭调解阶段

根据法律规定，在庭审中，法庭辩论终结后，审判员应当询问双方当事人是否同意调解，如果同意调解，则进入调解程序，由双方协商确定调解方案。达成调解协议，再由审判员确定双方应负担的诉讼费比例，制作民事调解书。如果当事人不同意调解，或者无法当庭形成一致调解方案，双方当事人希望法院作出判决的，则庭审进入下一阶段。

5. 最后陈述阶段

法庭辩论终结，由审判长按照原告、被告、第三人的先后顺序征询各方最后意见。此阶段是法庭审理的最后一个阶段，仍然由原告首先发表最后陈述意见，再由被告发表最后陈述意见。最后陈述结束后，审判长宣布休庭，让当事人查阅庭审笔录后签字，至此庭审阶段全部结束。

（四）判决和裁定

法院对当事人提起的劳动争议诉讼，经过审查，根据不同的情况会作出相应的裁判处理。一般而言，民事诉讼中的裁判包括判决、裁定和决定。劳动争议诉讼一审程序中，常见的裁判结果是判决和裁定两种。判决是法院对案件的实体问题作出的判断，裁定是法院对案件的程序问题作出的判定。

1. 判决

劳动争议诉讼中的判决是指法院对劳动争议诉讼案件进行审理后，根据认定的事实和适用的法律规定，对诉讼当事人之间的纠纷作出的权威性判断。对一审判决书而言，判决作出后，如果双方当事人均未在法定时间内提起上诉，则一审判决生效。

2. 裁定

民事裁定是指法院对民事审判中和执行程序中的程序性问题作出的具有结论性、权威性的判定。

在劳动争议诉讼中，裁定书主要适用的范围包括：

（1）不予受理裁定。原告向法院起诉，必须符合法定条件，不符合法定条件的案件法院将不予受理。法院作出不予受理的书面裁定并送达当事人后，当事人对此裁定不服的，在收到裁定书 10 日内可以上诉。劳动争议中常见的出具不予受理裁定的情形主要包括：①劳动争议仲裁机构以申请事项不属于劳动争议仲裁受案范围或申请仲裁的主体不适格等理由，作出不予受理的书面裁决、决定或通知，当事人不服向法院起诉，经审查，也不属于法院受案范围的，法院裁定不予受理；②劳动争议仲裁机构作出裁决，当事人不服向法院起诉，但经审查仲裁的事项不属于法院的受案范围的，法院裁定不予受理。

（2）对当事人提出的管辖异议的裁定。劳动争议案件被法院受理后，当事人认为受诉法院行使管辖权有错误的，有权提出异议。法院对于当事人的异议应当以法律规定为依据进行审查。经审查认为异议成立的，应当作出裁定将案件移送到有管辖权的法院；经审查认为异议不成立的，裁定驳回当事人的异议。对此裁定，当事人不服的，可以上诉。

（3）驳回原告起诉的裁定。法院在受理原告起诉后，发现原告的起诉不符合法律规定的条件的，对案件的实体争议不进行审理，作出裁定驳回起诉。对于此类裁定，当事人不服的，可以上诉。劳动争议诉讼案件中，作出驳回原告起诉的裁定和作出不予受理的裁定的情形类似。不同之处在于，作出不予受理的裁定的时间在立案审查阶段，作出裁定后，该案件将不再进入法院的审理程序；而作出驳回原告起诉的裁定的时间，则在案件已经受理并进入审判程序之后。

（4）其他适用裁定的情形。根据《中华人民共和国民事诉讼法》第一百五十四条规定，其他适用裁定的情形还包括保全和先予执行、准许或者不准许撤诉、中止或者终结诉讼、补正判决书中的笔误、中止或者终结执行、撤销或者不予执行仲裁裁决、不予执行公证机关赋予强制执行效力的债权文书以及其他需要裁定解决的事项。对于这些情形的裁定，当事人并不享有上诉的权利。

五、劳动争议诉讼其他程序

（一）劳动争议诉讼二审程序

劳动争议当事人对于一审判决和裁定不服的，可以提起上诉。当事人在规定的期限内提起上诉的，劳动争议诉讼二审程序启动。

二审案件的审理围绕当事人上诉请求的范围进行，当事人没有提出请求的，不予审查。也就是说，二审只解决一审已经审理，但仍存在争议的问题。二审法院一律组成合议庭审理上诉案件，原则上开庭审理。如果经过阅卷和调查、询问当事人后，事实清楚，合议庭认为不需要开庭审理的，也可以径行判决、裁定。二审法院对于上诉案件，经过审理，按照以下情形分别处理：

（1）原判决认定事实清楚，适用法律正确的，判决驳回上诉、维持原判决。

（2）原判决适用法律错误的，依法改判。

（3）原判决认定事实错误，或者原判决认定事实不清，证据不足，裁定撤销原判决，发回原审法院重审，或者查清事实后改判。

（4）原判决违反法定程序，可能影响案件正确判决的，裁定撤销原判决，发回原审法院重审。

二审法院审理上诉案件，可以进行调解。调解达成协议的，应当制作调解书。调解书送达后，原审法院的判决即视为撤销。

劳动争议案件经过二审法院的审理，当事人对二审法院的判决或裁定不服的，不能再提起上诉。需要指出的是，二审程序并不是劳动争议审理的必经程序。如果劳动争议当事人在一审法院判决或裁定后，没有在规定的期限内提起上诉，那么一审法院的判决或裁定即发生法律效力，二审程序将不会再产生。

（二）劳动争议诉讼审判监督程序

审判监督程序是指法院对于已经发生法律效力的判决、裁定，但认为确有错误而进行重新审理的活动。劳动争议案件的再审不是处理劳动争议的必经程序。只有符合一定条件的案件，才可以进入审判监督程序。

审判监督程序的启动通常有三种方式：一是法院发现已经发生法律效力的判决或裁定确有错误，决定再审；二是检察院发现法院已经发生法律效力的判决或裁定确有错误，通过抗诉程序提出再审；三是当事人对于已经发生法律效力的判决、裁定和调解协议，认为确有错误的，向法院提出再审申请，由法院决定是否进行再审。

（三）劳动争议案件的执行程序

执行程序是指法院依法对生效的法律文书，通过强制措施迫使当事人履行法律文书规定义务的诉讼活动。申请执行劳动争议法律文书的期限为1年，从法律文书规定履行期间的最后一日起计算。

《中华人民共和国民事诉讼法》第二百三十一条规定："发生法律效力的民事判决、裁定，以及刑事判决、裁定中的财产部分，由第一审人民法院或者与第一审人民法院同级的被执行的财产所在地人民法院执行。法律规定由人民法院执行的其他法律文书，由被执行人住所地或者被执行的财产所在地人民法院执行。"根据这一规定，劳动争议诉讼案件的执行管辖有下列情况：

（1）人民法院制作的劳动争议案件的判决书、裁定书、调解书和支付令，由第一审人民法院负责执行，而无论这些案件是否经过第二审人民法院的审理。确定如此管辖的目的，是为方便当事人就近行使申请执行权，同时也便于人民法院的就近执行。

（2）人民法院制作的财产保全、先予执行的裁定书，由制作该裁定书的人民法院执行。财产保全和先予执行是人民法院在特殊情况下采取的紧急措施，由制作裁定书的人民法院执行，可以减少中间环节，便于这些措施及时执行。

（3）劳动争议仲裁机构制作的裁决书、调解书，由被执行人住所地或者被执行财产所在地的基层人民法院执行。

（4）两个人民法院都有管辖权的执行案件，申请执行人可以向其中一个人民法院申请执行，申请执行人向两个以上有管辖权的人民法院申请执行的，由最先立案的人民法院管辖。

【任务解析】

用人单位作为劳动力使用者和劳动组织者，负有保护劳动者在劳动过程中身体健康和生命安全的法定义务。如果劳动者发生工伤，用人单位应依法承担工伤赔偿责任，即劳动者对用人单位形成工伤赔偿的"劳动债权"，在用人单位发生破产、注销或者解散等法人资格灭失时，该"劳动债权"与其他债权一样受公司法、企业破产法等相关法律的调整和保护。本案中劳动者发生工伤事故后，经历过仲裁与诉讼，作为用人单位法定代表人和股东的清算组成员明知工伤劳动者尚未获得理赔，该劳动债权尚未处置，却未依法将公司解散清算事宜书面通知劳动者，存在重大过失甚至是故意。《中华人民共和国公司法》第一百八十九条第三款规定，"清算组成员因故意或者重大过失给公司或者债权人造成损失的，应当承担赔偿责任"，故判决清算组成员对劳动者的损失承担赔偿责任。

【任务拓展】

1. 小金于2014年12月入职一家超市，双方连续签订了五份固定期限劳动合同，最后一份合同期限至 2020 年 12 月，其中"工作内容"部分约定为"聘任小金担任该超市十里河店防损组长"。劳动合同到期后，超市要求小金与另一家公司签订该公司聘任小金担任防损组长的两年期劳动合同，"东家"变了，但小金的工作地点及工作内容没变。2021 年 7 月 29 日，公司对小金调岗、降薪，双方产生争议。

工作任务：分组讨论清零劳动者工龄是否违法。

2. 小王于 2021 年 9 月到一家体育用品公司工作，一天晚上，小王外出遭遇意外，被人砍伤，此后再未到公司工作。该公司给小王发了工作期间工资但并未给他缴纳社保。小王因伤住院治疗了 10 天花去医药费 6000 多元。小王认为所在公司应该为其支付医疗费且发放病假工资，但该公司不同意。双方为此诉至法院。

工作任务：在收集相应法律法规的基础上，提出保障小王合法权益的方案。

项目 3　劳动合同的订立

项目导读

劳动法律关系同其他法律关系一样，是以合同当事人双方的权利、义务为内容的。订立劳动合同，能明确双方当事人的权利和义务。依法订立的劳动合同对双方当事人产生法律约束力，同时也是处理劳动争议的重要依据。

教学目标

能力目标：培养学生理解和运用知识的能力。结合所学知识，要求学生根据个人将来可能从事的职业，模拟个人与单位订立一份劳动合同。

知识目标：要求学生掌握劳动者与用人单位签订的劳动合同的基本内容、形式、类型、约定条款、解除，理解签订劳动合同的必要性和意义。

思政目标：培养学生的法治观念，自觉守法用法。

任务 1　劳动关系与劳动法律关系

【任务目标】

- 掌握劳动关系、劳务关系和雇佣关系的区别与联系。
- 了解事实劳动关系产生的法律后果。
- 明确辨别劳动关系时可以采取的法律手段和可以主张的权利。
- 训练学生处理劳动关系、确认争议的能力。

【任务材料】

周某于 2019 年 11 月至 2020 年 7 月在某工地干活，受自然人林某（包工头）直接管理及安排工作，林某与周某约定了每日的工资标准，并由林某直接发放工资。自 2020 年 2 月以来，林某一直拖欠周某工资共 21115 元，并写下署名为林某的欠条。经周某多次催要，林某拒不支付，无奈之下周某向北京市某区劳动争议仲裁委员会提起仲裁申请，要求林某支付拖欠工资并支付未缴纳的社会保险。

工作任务：周某与林某之间是否存在劳动关系？

【知识链接】

一、劳动关系的概念

劳动关系是劳动者与用人单位之间在实现社会化劳动过程中产生的社会关系。

二、劳动关系的特点

（一）主体资格法定

劳动关系双方主体的资格必须由劳动法确认。我国劳动法关于劳动者主体资格的年龄标准，除国家另有规定外，必须年满 16 周岁。我国劳动法对用人单位主体资格的认定标准是有关机关的审批或登记，经批准或登记设立的法人、非法人组织、个体工商户等依法取得用人单位主体资格，享有用工权利。

（二）产生于社会化生产过程中

劳动法调整的劳动关系，不仅具有劳动给付与劳动报酬对价的市场性质，而且必须具备产业关系的社会化属性。

（三）具有财产与人身双重属性

首先劳动关系是以财产性为基础的，用人单位雇用劳动者实现社会化劳动的利益目标，劳动者为了获得生存的物质资料，这种相互间的对价只能以财产性为表现形式。同时，劳动关系也有人身属性，劳动者在给付劳动的过程中，人身也受到一定程度的限制，使劳动关系具备了典型的人身属性。

（四）平等性与从属性相互交织

劳动关系的目的性和劳动过程实现的特殊性，产生了用人单位对劳动者的控制权。一方面，用人单位以实现正常劳动秩序为目的，合理调配劳动者；另一方面，用人单位合理行使控制权也是劳动者服从其组织、指挥和管理的基础。

三、劳动关系与劳务关系、雇佣关系的区别

（一）劳动关系与劳务关系的区别

（1）主体不同。劳动关系的一方必须是劳动者，另一方是用人单位；劳务关系的双方可能都是个人，或者都是单位，也可能一方是单位，一方是个人。

（2）用工双方的关系不同。劳动关系中的劳动者与用人单位有隶属关系（不对等），是管理与被管理、支配与被支配的关系，劳动者从事用人单位分配的工作和服从用人单位的人事安排，劳动者是用人单位的成员；劳务关系是对等关系，没有管理与被管理、支配与被支配的权利和义务，劳动者不是用人单位的成员。

（3）报酬支付形式不同。劳动关系支付报酬的形式多以工资的方式定期支付，有规律性；劳务关系多为一次性的及时清结或按阶段按批次支付，没有一定的规律性。

（4）法律的适用不同。劳动关系中产生的纠纷是用人单位与劳动者之间的纠纷，应由劳动法来调整；劳务关系中产生的纠纷是平等主体的双方在履行合同中所产生的纠纷，应由民事法律制度或经济法律制度来调整。

（5）两者产生的依据不同。劳动关系是基于用人单位和劳动者之间生产要素的结合而产生的关系；劳务关系产生的依据是双方的约定。

（6）关系的稳定性不同。事实劳动关系当事人之间关系较为稳定、长久，反映的是一种持续的生产资料、劳动者、劳动对象之间结合的关系；而劳务关系当事人之间体现的是一种即时清结或者延时清结的关系。

（二）劳务关系与雇佣关系的区别

（1）主体不同。雇佣关系对主体双方无特殊规定，但雇员一方只能为具有民事行为能力的自然人。

（2）隶属关系不同。雇佣关系中雇主与雇员之间的地位是不平等的，双方之间具有支配与服从的关系，雇用人必须为受雇人提供合理的劳动条件和安全保障，同时对其工作进行监督管理，受雇人则需听从雇用人的安排，按其意志提供劳动。劳务关系中双方并不存在服从管理与被服从管理关系，主体之间只存在经济关系。提供劳务者自主提供劳务活动，用工者支付报酬，双方地位关系平等。

（3）受到人身损害时的责任不同。在双方均是自然人的劳务关系中，接受劳务的一方对于提供劳务的一方因劳务自身受到伤害的，应承担过错责任。但是在雇佣关系中，雇主对雇员因雇佣活动遭受人身损害的，承担无过错责任。

四、与劳动关系密切联系的其他社会关系

劳动法不仅调整劳动关系，而且调整与劳动关系密切联系的其他社会关系。具体包括以下几类：

（1）因劳动争议调解和仲裁而发生的社会关系。

（2）因工会组织职工参与民主管理、维护职工合法权益而发生的社会关系。

（3）因劳动安全卫生管理和服务而发生的社会关系。

（4）因对劳动力市场监督管理而发生的社会关系。

（5）因实施社会保险制度而发生的社会关系。

（6）因用人单位工资总量宏观调控和实施最低工资保障而发生的社会关系。

（7）因监督检查劳动法律法规执行情况而发生的社会关系。

五、劳动法律关系

（一）概念

劳动法主体之间以劳动为纽带产生的社会关系经由劳动法调整形成的权利义务关系，称为劳动法律关系。

（二）劳动关系与劳动法律关系的区别与联系

1. 联系

劳动关系是劳动法律关系产生的基础，只有劳动法律规范对特定劳动关系进行法律调整才能形成劳动法律关系。

2. 区别

（1）性质不同。劳动关系是特定的社会关系，属于经济基础范畴；劳动法律关系，是国家意志的体现，属于上层建筑范畴。

（2）范围不同。劳动关系是一类广泛的社会关系，劳动法并不全部调整，劳动法将哪些具体的劳动关系纳入其调整范围是由劳动法的价值目标、劳动关系特点、不同历史发展时期社会需要等因素综合决定的。

（3）效果不同。劳动关系体现的是劳动过程中参与主体相互联系的社会关系；劳动法律关系是被赋予了法律拘束力的权利义务关系。

（三）特点

（1）主体之间的从属性。劳动者与用人单位在劳动法律关系中，双方法律地位平等，但劳动法律关系一旦成立，劳动者便成为用人单位的一员，用人单位对劳动者有组织、指挥的权利，劳动者负有服从义务。

（2）权利义务的强制性。虽然双方在平等、自愿的基础上通过协商约定权利义务内容，但许多内容在约定时会受到劳动基准法律规范的严格限制。

（3）客体的相对单一性。劳动法律关系的客体具有单一性，即劳动者向用人单位提供劳动的行为。

（四）种类

（1）双重劳动法律关系。双重劳动法律关系是指劳动者同时与两个或两个以上用人单位形成的劳动法律关系。应当建立与之相适应的法律规则。

（2）试用劳动法律关系。试用劳动法律关系是指劳动者与用人单位初次订立劳动合同时，依法约定在特定期限内双方权利义务受到一定限制的劳动法律关系。

（3）劳务派遣法律关系。劳务派遣法律关系是指劳务派遣单位为满足其他用工单位劳动力需要而与劳动者建立的劳动法律关系。

（4）借用劳动法律关系。借用劳动法律关系是用人单位将已经形成劳动关系的劳动者在一定时期内借用给另一用人单位而形成的劳动法律关系。

（5）非全日制劳动法律关系。非全日制劳动法律关系是指不以标准劳动时间为基础建立的劳动法律关系。

（五）构成要素

任何法律关系都由主体、内容和客体三要素构成。

1. 劳动法律关系的主体

劳动法律关系的主体是指劳动法调整的社会关系的各方当事人，包括劳动者、用人单位及其他主体。

（1）劳动者。劳动者是指达到法定就业年龄，具有一定劳动能力，依法具有订立劳动合同的主体资格，并在具体的劳动法律关系中享受权利和承担义务的自然人。

1）作为主体资格的劳动者，必须具备一定的劳动权利能力和劳动行为能力。劳动者的劳动权利能力是指依法能够享有劳动权利和承担劳动义务的资格，也就是能够作为劳动合同的劳动者的主体资格。劳动者的劳动行为能力是指公民能够以自己的行为实际行使劳动权利和承担劳动义务的能力。两者是统一的、不可分割的，不能由他人代理行使，必须由劳动者亲自实施。

①就业年龄：16 周岁，特殊职业除外。

②劳动能力：劳动者必须具有劳动能力，同时还必须行为自由。被依法剥夺人身自由的公民，不能与用人单位建立劳动关系。

2）作为劳动合同法律关系中的劳动者，是劳动关系成立后，在具体的劳动合同中享受劳动权利和承担劳动义务，具有从属性质的主体，又称职工、雇员。

（2）用人单位。用人单位是指能够依法以自己的名义签订劳动合同，并在劳动合同法律关系中享受用工权利并承担用工义务的主体。用人单位也需要具备相应的劳动权利能力和劳动行为能力。

我国的用人单位主要包括在中国境内的以下几类主体：①依法设立的企业；②个体经济组织；③民办非企业单位；④国家机关、事业单位、社会团体（采用劳动合同制方式招聘劳动者的）。

（3）其他主体。劳动法上的其他主体是指劳动法调整的与劳动关系密切联系的其他社会关系的主体，主要包括劳动组织、政府和劳动服务主体。

①劳动组织：包括工会和雇主两类，分别代表劳方和资方的利益，是劳资双方实现各自权益的组织形式。

②政府：需要政府对劳动力市场和劳动关系进行调整和干预。

③劳动服务主体：是为劳动者与用人单位就实现劳动力与生产资料相结合以及其他合法权益提供服务的主体。

2. 劳动法律关系的内容

劳动法律关系的内容是指劳动法律关系当事人的权利和义务，核心是劳动者与用人单位的权利和义务。

（1）劳动者的权利。

①就业权。就业权是指劳动者能够获得从事有报酬的职业性劳动机会的权利。就业权包括择业自由、平等就业、就业促进和职业保障四项权利内容。

择业自由是指劳动者有权按照自己的意愿选择职业，包括是否从事职业劳动、从事何种职业劳动、何时从事职业劳动、在哪一类或者哪一个用人单位从事职业劳动等。

平等就业是指劳动者平等地获得就业机会，反对任何形式的歧视。

就业促进是指国家应当通过实施各种积极的就业政策为劳动者提供就业机会，以及应当为劳动者提供职业训练的条件，健全职业训练体系。

职业保障是指劳动者在失业时有权要求国家提供失业救济，免于因失业而丧失生存保障。

国家既应当通过失业保险制度向失业者提供失业保险金,又应当积极地对失业人员的再就业加以扶持。

②劳动报酬权。劳动报酬权是指劳动者通过劳动义务的履行,从用人单位处获得相对公平合理的物质报酬的权利。其表现在四个方面:第一,依据按劳分配原则,取得应有的劳动报酬的权利;第二,通过劳动,取得不低于国家规定的最低工资的权利;第三,劳动者以货币的形式取得劳动报酬的权利;第四,在法律规定的时间内领取劳动报酬的权利。

③休息权。休息权是指劳动者在劳动消耗一定体力和脑力之后,依法享有的恢复体力、脑力以及用于娱乐和自己支配的必要时间的权利。

④劳动安全卫生权。劳动安全卫生权是指劳动者享有的在劳动过程中保护其生命安全和身体健康的权利。

⑤职业培训权。劳动者依照法律规定和劳动合同约定,有权要求用人单位在劳动用工过程中根据工作需要提供职业培训,以提升工作效率。

⑥社会保险和福利权。

⑦提请劳动争议处理权。提请劳动争议处理权是指劳动者因劳动权益与用人单位发生争议时享有的请求有关部门对争议进行处理的权利。

(2)用人单位的权利。

①用工自主权。用工自主权是指面向社会自主招收劳动者,招工条件、招工标准自主制定,用工选录的权利。

②组织管理权。任何生产经营活动都是基于用人单位的需求而发起的,用人单位对其生产经营秩序的正常化有当然的责任。

③奖惩权。用人单位有权依照法律、劳动合同以及制定的规章制度,对劳动者遵守法律、劳动合同和企业规章制度的行为进行奖励,对违反者进行处罚,对严重违反者予以辞退。

3. 劳动法律关系的客体

劳动法律关系的客体是指劳动权利和劳动义务共同指向的对象,即劳动行为。劳动法律关系中产生的劳动报酬、劳动条件、劳动用品等都是由劳动行为派生出来的。只要有劳动行为,就必然有作为劳动报酬的法定货币、劳动工具和劳动条件。所以,劳动法律关系的客体具有单一性,只有劳动行为。

【任务解析】

本案中周某与林某均系自然人,林某没有个体经济组织主体资格。根据《中华人民共和国劳动合同法》第二条的规定:"中华人民共和国境内的企业、个体经济组织、民办非企业单位等组织(以下称用人单位)与劳动者建立劳动关系,订立、履行、变更、解除或者终止劳动合同,适用本法。国家机关、事业单位、社会团体和与其建立劳动关系的劳动者,订立、履行、变更、解除或者终止劳动合同,依照本法执行。"由此可见,能够与劳动者建立劳动关系的主体为中华人民共和国境内的企业、个体经济组织、民办非企业单位等组织,而自然人不能成为与劳动者建立劳动关系的用人单位。

因此，劳动争议仲裁委员会做出了不予受理周某仲裁申请的裁定。理由为林某不具备劳动关系主体资格，周某与林某之间不存在劳动关系。

【任务拓展】

1. 小王大学毕业后没有找到工作，而是待业在家。为了维持生计，他暂时选择做份兼职。通过一家知名网站，小王找到一份文化传播公司的兼职校对工作，在家即可自由开展，主要校对当下流行的司法考试教辅读物，约定按成果计费。一个月后，小王将自己的劳动成果上交，此后一直没有得到相应的报酬。小王一再催要也没有任何结果，便将该争议提交到劳动争议仲裁委员会。

工作任务：

（1）小王的劳动行为属于何种法律关系？

（2）小王应该寻求何种途径解决自己的纠纷？

2. 小孔是北京某汽车修理厂的一名汽修工人，该修理厂系个体工商户（以下简称修理厂）。小孔于 2019 年 12 月 3 日进入修理厂工作，入职后单位一直没有与其签订书面的劳动合同。双方约定月工资为 2300 元。2020 年 7 月 4 日，修理厂因为业务较少，效益较差，于是想出变相裁员的方法，首先适当调低工人的劳动报酬，不同意者就被辞退。小孔对此非常生气，自己原本就不多的工资还要被调低，于是不同意调低工资的事。后修理厂在 2020 年 7 月 9 日为小孔支付了当月工资，随后通知小孔离开修理厂。小孔因此诉至修理厂所在地劳动争议仲裁委员会，要求修理厂支付 2020 年 1 月 3 日至 2020 年 7 月 9 日期间的未签订劳动合同双倍工资差额、2019 年 12 月 3 日至 2020 年 7 月 9 日期间的社会保险补偿，以及违法解除劳动关系赔偿金。仲裁委员会经过审理依法支持了小孔的全部仲裁请求。修理厂不服该裁决向法院起诉。

工作任务：将学生分为 3 组，第一组为小孔的代表方，第二组为修理厂代表方，第三组为仲裁员代表方，通过仲裁方式解决本案，并说明各自的理由。

3. 2018 年 6 月，李女士经朋友介绍到北京市某公司当驾驶员，公司未与其签订书面劳动合同，也未缴纳各种社会保险。之后，李女士多次要求公司签订劳动合同并为其缴纳社会保险，公司以各种理由推脱。2018 年 10 月李女士在为公司送货途中遇交通事故死亡，李女士家属找到公司要求赔偿损失。公司认为李女士不是公司员工，死亡不是工亡，且责任方已按交通事故处理的有关规定支付了赔偿金，因此拒绝给李女士家属任何赔偿。李女士家属找到律师进行法律咨询，律师询问有何证据能证明双方的劳动关系，家属称在处理后事时发现了一些盖有公司公章的介绍信，写明指派职工李女士处理公司业务。律师叮嘱家属将介绍信作为重要证据加以保存，同时向仲裁委员会申请仲裁。

工作任务：分析用人单位和劳动者未签订书面劳动合同形成的事实劳动关系是否受到法律保护。

4. 2019 年 2 月，小丽拿着学校发的就业推荐表前去 A 公司应聘办公室文员，此时她的论文答辩尚未完成。A 公司经过审核和面试后，便通知小丽去上班。一上班，A 公司就与小丽签订了劳动合同协议书，该协议书约定：小丽担任的职务为办公室文员，合同期限为 1 年，其中试用期为 3 个月，试用期月薪为 1500 元，试用期满后，按照小丽的技术水平、劳动态度、工作效益评定，根据评定的级别或职务确定月薪。

2019 年 4 月，小丽发生了交通事故，遂请假进行治疗。休假期间，经学校同意小丽以邮寄的方式完成了论文及答辩，于 2019 年 7 月正式毕业。

同年 8 月，伤愈后的小丽多次与 A 公司进行交涉，认为双方既然签订了劳动合同协议书，其身份属于公司的员工，应该享受工伤待遇，但遭到 A 公司的拒绝。11 月，小丽向社会保险行政部门提出认定劳动工伤申请，A 公司也向当地的劳动争议仲裁委员会提出仲裁申请，要求确认 A 公司与小丽签订的劳动合同协议书无效。小丽则针对 A 公司的仲裁申请提起反请求，请求确认合同约定试用期为 3 个月、试用期月薪 1500 元等条款违法，要求月薪按照社会平均工资标准执行，同时要求 A 公司为自己办理社会保险，并缴纳社会保险费。

工作任务：将学生分为 3 组，第一组以 A 公司人力资源管理人员的身份担任 A 公司的代理人，第二组担任小丽的代理人，第三组担任劳动仲裁员，通过劳动争议仲裁方式解决本案。

任务 2　试　用　期

【任务目标】

- 掌握用人单位与劳动者签订劳动合同时试用期的约定方式。
- 掌握在试用期不符合法律规定时劳动者可以采取的法律手段和可以主张的法律权利。
- 训练学生处理试用期劳动争议的能力。

【任务材料】

张某强于 2020 年 4 月 1 日正式到某技术公司工作，双方没有签订劳动合同，但双方口头约定试用期为 3 个月，试用期为 2020 年 4 月 1 日至 6 月 30 日，该技术公司以"张某强在试用期内试用结果为 55 分"的考核意见为停止试用的理由，根据《员工转正考核审批表》规定，认定张某强试用期内的表现为不合格，于 2020 年 7 月 17 日终止了与张某强的劳动关系。张某强提起仲裁，仲裁委员会认定该技术公司违法解除了与张某强的劳动关系，技术公司不服裁决，起诉至法院。

法院经审理认为，张某强试用期为 2020 年 4 月 1 日至 6 月 30 日，但技术公司却于 2020 年 7 月 17 日通知张某强终止试用，故技术公司违法解除了与张某强的劳动关系，应向张某强支付违法解除劳动关系赔偿金。

工作任务：将学生分为 3 组，第一组为张某强代表，第二组为用人单位代表，第三组为仲裁委员会代表，三方通过仲裁方式对自己的观点展开讨论。

【知识链接】

一、试用期的概念

试用期是指包括在劳动合同期限内，劳动关系还处于非正式状态，用人单位对劳动者是否合格进行考核，劳动者对用人单位是否适合自己的要求进行了解的期限。

二、试用期的期限规定

《劳动合同法》中关于试用期的相关规定有：

（1）劳动合同期限不满 3 个月的，不得约定试用期。

（2）劳动合同期限 3 个月以上不满一年的，试用期不得超过 1 个月。

（3）劳动合同期限 1 年以上不满 3 年的，试用期不得超过 2 个月。

（4）3 年以上的固定期限和无固定期限的劳动合同，试用期不得超过 6 个月。

（5）以完成一定工作任务为期限的劳动合同，不得约定试用期。

（6）同一用人单位与同一劳动者只能约定一次试用期。

（7）试用期包含在合同期限内。劳动合同仅约定试用期，试用期不成立，该期限为劳动合同期限。

各试用期如表 3-1 所示。

表 3-1　试用期

劳动合同的种类		试用期
非全日制用工的劳动合同		不得约定
以完成一定工作任务为期限的劳动合同		不得约定
固定期限的劳动合同	期限不满 3 个月的	不得约定
	3 个月以上不满 1 年的	1 个月以内
	1 年以上不满 3 年的	2 个月以内
	3 年以上的	6 个月以内
无固定期限的劳动合同		6 个月以内

三、试用期工资

劳动者在试用期的工资不得低于本单位相同岗位最低档工资或者劳动合同约定工资的 80%，并不得低于用人单位所在地的最低工资标准。显然，劳动者的试用期工资同时有双重限制：一是不得低于本单位相同岗位最低档工资或者劳动合同约定工资的 80%；二是不得低于用人单位所在地的最低工资标准。

四、试用期间劳动合同的解除

劳动者在试用期内提前 3 日以口头或者书面形式通知用人单位，可以解除劳动合同。劳动者在试用期内解除劳动合同不需要向用人单位说明理由。

在试用期内，除劳动者有下列 8 种情形外，用人单位不得解除劳动合同：

（1）在试用期间被证明不符合录用条件的。

（2）严重违反用人单位规章制度的。

（3）严重失职，营私舞弊，给单位造成重大损害的。

（4）劳动者同时与其他用人单位建立劳动关系，对完成本单位的工作任务造成严重影响，或经单位提出，拒不改正的。

（5）因欺诈、胁迫或者乘人之危订立劳动合同，致使劳动合同无效的。

（6）被依法追究刑事责任的。

（7）患病或者非因工负伤，在规定的医疗期满后不能从事原工作，也不能从事由用人单位另行安排的工作的。

（8）不能胜任工作，经过培训或者调整工作岗位仍不能胜任工作的。

用人单位在试用期解除劳动合同的，应当向劳动者说明理由。

五、试用期法律责任

用人单位违反《劳动合同法》规定与劳动者约定试用期的，由劳动行政部门责令改正；违法约定的试用期已经履行的，由用人单位以劳动者试用期满月工资为标准，按已经履行的超过法定试用期的期间向劳动者支付赔偿金。

【任务解析】

根据《劳动合同法》的规定，试用期最长不得超过 6 个月，仅约定试用期的劳动合同是无效的，用人单位以劳动者在试用期不合格为由解除劳动关系的，应该在试用期内提前通知。试用期届满时，劳动者将自动转正，超过试用期作出的解除劳动合同是违法解除。

【任务拓展】

1. 白某大学毕业后，经过应聘与一家公司签订了劳动合同，合同为 2 年固定期限劳动合同，其中约定了试用期为 5 个月，试用期工资为 2500 元，转正工资为 3500 元。白某在签订劳动合同前对试用期提出时间过长，公司摆出一副不签拉倒的态度，白某无奈之下只得签下。入职 4 个月后，白某听朋友说起劳动合同法对试用期是有规定的，自己的试用期超过了法律规定的期限，于是白某找到律师进行咨询。

工作任务：将学生分为两组，第一组为白某方代表，第二组为用人单位方代表，双方通过辩论方式对自己的观点展开讨论。

2. 张某于 2018 年 8 月 1 日进入某公司从事文案工作，双方签订了 3 年期劳动合同，约定试用期 3 个月。其劳动合同到期前一周，公司准备与他续签，但是由于公司经营计划的调整，他的工作岗位需要变更为销售。由于他以前在公司并没有从事过销售工作，因而公司想在续签的劳动合同中与他约定 1 个月的试用期，张某表示可以调岗，但不同意再次约定试用期。双方因协商未果，张某随后一周没有到公司上班，公司以张某旷工为由解除劳动合同。张某不服，申诉至劳动争议仲裁委员会，同意与公司解除劳动合同，但要求公司支付解除劳动合同的经济补偿金。张某认为本人不能提供正常劳动的直接原因是市场变化带来的公司结构调整，经营风险应由公司承担。公司认定其本人旷工的理由不能成立，同时调整张某的工作岗位是企业用人自主权的体现，拒不服从安排并不上班属于旷工行为。

工作任务：公司再次约定试用期的行为是否合法？

3．2019 年 3 月底，姚某进入 A 俱乐部工作，双方未签订劳动合同，但约定姚某的月工资为 3000 元，前 3 个月试用期的工资为 2400 元。姚某的原单位并未将其档案转移。2019 年 6 月初，A 俱乐部辞退了姚某。

姚某因补偿金、加班费、养老保险等事宜与 A 俱乐部发生了争议，遂向劳动争议仲裁委员会提起仲裁。在该仲裁委的庭审中，姚某要求 A 俱乐部补偿自己从 2019 年 3 月至 6 月初的工资差额 1800 元，并支付 25%的赔偿，以及加班费和社会保险费。A 俱乐部则认为，姚某没有劳动手册，无法为她办理招工录用、缴纳社会保险费等手续。

工作任务：学生分为不同的角色，根据自己所扮演的角色对案例提出自己的处理方案。

任务 3   保密义务与竞业限制

【任务目标】

- 掌握用人单位与劳动者签订劳动合同时竞业限制及保密的约定方式。
- 掌握在约定不符合法律规定或用人单位不履行法律义务时劳动者可以采取的法律途径和可以主张的法律权利。
- 训练学生处理竞业限制和保密争议的能力。

【任务材料】

张某于 2015 年 3 月入职青松公司，担任技术部门总监。双方签订了《竞业限制协议书》，约定张某自离职之日起 5 年为竞业限制期。其间青松公司需按照张某在职期间工资标准的 35%支付竞业限制补偿金。2018 年 10 月，张某自青松公司离职，青松公司依约按月足额向张某支付了竞业限制补偿金。2021 年 1 月，张某入职与青松公司存在竞争关系的柏树公司担任技术经理，从事与青松公司存在竞争关系的业务活动。后青松公司通过诉讼程序，要求张某继续履行竞业限制义务。

工作任务：学生分为不同的角色，根据自己所扮演的角色对案例提出自己的处理方案。

【知识链接】

一、保密义务

（一）约定劳动者承担保密义务

约定劳动者承担保密义务，既基于劳动关系中劳动者的忠实义务，也基于对商业秘密和知识产权的保护，还基于对公平竞争秩序的维护。保守用人单位的商业秘密和与知识产权相关的保密事项，是劳动者的法定义务，是劳动者对用人单位忠诚义务的要求和体现。用人单位与劳动者可以在劳动合同中约定保密条款，也可以单独订立一份保密协议。两种形式的效力是相同的。

（二）保密义务规制的要点

（1）承担保密义务的主体只限于基于职务或工作原因而可能知悉用人单位商业秘密和与知识产权相关的保密事项的劳动者，用人单位只可要求涉密岗位的劳动者与其约定保密条款或订立保密协议。

（2）保密条款或协议中应当明确约定保密的内容、范围和期限。

（3）没有法律明确规定，不能通过保密措施限制劳动权利。

（4）劳动者违反约定保密义务，给用人单位造成损失的，应当承担赔偿责任。

二、竞业限制

竞业限制，又称竞业禁止，一般是指由于用人单位与本单位的高级管理人员、高级技术人员和其他知悉其商业秘密的劳动者，在劳动合同或者专项协议中约定，在劳动合同终止或者解除后的一定期限内，劳动者不得到生产与本单位同类产品或者经营同类业务的有竞争关系的其他用人单位工作，也不得自己开业生产或者经营与用人单位有竞争关系的同类产品或者业务的限制。

（一）特点

（1）竞业限制仅以劳动关系为前提，而不以委任、代理等民事关系为前提。

（2）竞业限制旨在保护用人单位的商业秘密，其义务人仅限于对用人单位有保密义务的人员。

（3）竞业限制以劳动合同或专项协议为依据，虽然立法对竞业限制规定了强制性规定，但竞业限制只能因当事人双方的书面约定而启动，故属于约定竞业限制，而不属于法定竞业限制。

（二）适用人员

竞业限制的适用人员为用人单位的高级管理人员、高级技术人员、其他负有保密义务的人员。已承担离职前脱密期义务的劳动者在离职后不应当再承担保密义务，故不得成为竞业限制的义务人。

（三）竞业限制的范围和地域

竞业限制的地域和范围由用人单位与劳动者约定，竞业限制的约定不得违反法律、法规的规定。限制对象有以下两个方面：

（1）与本单位生产或者经营同类产品、从事同类业务的有竞争关系的其他用人单位。

（2）自己开业生产或者经营同类产品、从事同类业务。

（四）竞业限制的期限

竞业限制的期限是指劳动者接受竞业限制的时间，从劳动合同解除或终止之日起，到竞业限制期限届满结束。竞业限制的期限最长不得超过 2 年。也就是说，劳动合同解除或终止最长 2 年后，劳动者不再受竞业限制的约束。

（五）竞业限制的补偿

《劳动合同法》第二十三条第二款规定，单位与劳动者签订竞业限制条款的同时，要约定在解除或终止劳动合同后，在竞业限制期限内按月给予劳动者经济补偿。

补偿金的数额由双方约定。用人单位未按照约定在劳动合同解除后向劳动者支付竞业限制补偿的，竞业限制条款失效。

（六）竞业限制的违约责任

劳动者违反竞业限制约定的，一是用人单位停止按月支付竞业限制经济补偿，劳动者不履行义务用人单位可以拒绝履行支付竞业限制经济补偿的义务；二是劳动者须支付用人单位违约金。劳动者是否违反竞业限制约定，应当根据用人单位与劳动者之间的约定范围、地域、时间、行为来判断。劳动者支付违约金，必须此前有约定。如果没有约定，劳动者无须支付违约金，但因此给用人单位造成损失的，应当承担赔偿责任。

【任务解析】

法院经审理后认为，张某与青松公司签订的《竞业限制协议书》中约定 5 年的竞业限制期超过法律规定的最长期限，根据法律规定，张某仅在离职后 2 年内负有竞业限制义务。本案中，张某 2021 年 1 月才入职与青松公司存在竞争性业务的柏树公司工作，已经超过两年法定竞业限制义务期，并未违反竞业限制义务。最终法院判决驳回了青松公司的诉讼请求。

【任务拓展】

1. 2019 年 4 月，张某与一家玻璃销售公司签订了一份劳动合同，劳动合同期限为当月 4 日至 2021 年 12 月 31 日，张某在该公司专职从事钢化玻璃的销售工作。劳动合同后附有一份补充协议，约定张某在与该公司终止或解除劳动合同之日起 3 年内不得自营或为他人经营与该公司有竞争的业务；张某不得在与该公司存在直接或间接竞争关系的公司（机构）工作或拥有权益；张某如违反以上约定，应一次性给付该公司 10 万元违约金。

据玻璃销售公司称，2019 年 9 月，张某提交请假条后再未到公司上班。2020 年 1 月，某玻璃销售公司得知张某在本市成立了自己的公司——某钢化玻璃公司。为此，某玻璃销售公司提起劳动仲裁申请，要求与张某解除劳动关系，由张某支付违约金 20 万元，并由张某与其成立的公司赔偿损失 20 万元并停止侵权。

张某辩称，他在玻璃销售公司工作期间只是个普通员工，并不从事高级技术工作，所以双方所签劳动合同中竞业条款应该是无效的。

工作任务：张某和玻璃销售公司之间的竞业限制约定是否有效？张某是否违反了竞业限制协议？

2. 深圳市宝安区 A 电子公司的业务员李某于 2018 年 2 月 8 日与 A 电子公司签订了一份竞业限制协议，协议约定李某离开 A 电子公司之日起 2 年内不得到生产经营同类产品或经营同类业务且有竞争关系的其他公司任职，也不得自己生产与 A 电子公司有竞争关系的同类产品或经营同类业务。如果李某违约，则应当承担 10 万元的违约责任。

2019 年 8 月 21 日，李某辞职后到与 A 电子公司有竞争关系的 B 电子公司工作。在李某提出辞职申请后，A 电子公司却没有支付给李某合理的经济补偿费用。2019 年 10 月 12 日，A 电子公司发现李某工作的单位与本公司有竞争关系，于 2019 年 11 月 17 日向深圳市宝安区劳动争议仲裁委员会提出仲裁，要求李某承担 10 万元的违约责任。

工作任务：教师将学生分为劳动者、公司和仲裁员等不同的角色。在了解基本事实和相关法律、法规的基础上，学生根据各自所扮演的角色对案例进一步进行取证、分析，提出自己的处理方案。

3. 2019 年 4 月 11 日，白某与 A 科技有限公司（以下简称科技公司）签订了劳动合同，并同时签订了保密协议。保密协议约定：双方在平等自愿、协商一致的基础上签订本协议，本协议为劳动合同的附件，是劳动合同的组成部分；白某在科技公司任职期间及解除劳动合同（无论何种原因）2 年内，应替科技公司保守技术秘密和商业秘密，不得将其泄露给任何第三方；未经科技公司同意，不得在与科技公司生产、经营同类产品或提供同类服务的其他企业、事业单位担任任何职务，不得利用科技公司的技术秘密和商业秘密进行生产、经营和服务，或进行研究和开发，如出现泄露行为给科技公司造成损失的，科技公司有权要求白某赔偿科技公司的经济损失并追究白某相应的法律责任。

2019 年 9 月，白某从科技公司辞职后并没有得到科技公司有关竞业限制的经济补偿金。

工作任务：教师将学生分为不同的角色。在了解相关法律、法规的基础上，学生根据各自所扮演的角色对案例进行分析，提出自己的处理方案。扮演相同角色的学生进行讨论或辩论，并统一处理方案。学生根据选择的处理方案启动和实施争议解决程序。根据各自所扮演的不同角色，学生撰写结案报告，教师对学生的结案报告进行检查，对不足之处要求学生进行修改，然后对最终确定的结案报告进行评估，给出评估成绩。

4. 张某系北京某科技开发公司的员工，双方于 2018 年 3 月 12 日签订期限为 2 年的劳动合同，同时双方签订《保密与竞业限制协议》，作为劳动合同的附件。《保密与竞业限制协议》约定张某在劳动关系存续或终止两年内，不能在其他同类或竞争性企业任职，不得泄露商业秘密，不得抢夺该公司的客户，如有违反张某需要支付公司竞业限制违约金 10 万元。在规定了一系列职工应该遵守的义务后，并未约定竞业限制补偿金的数额。2020 年 3 月 12 日劳动合同到期后，张某到与北京某科技开发公司有竞争关系的公司工作，北京某科技开发公司得知后，以张某违反《保密与竞业限制协议》为由，向北京市某劳动争议仲裁委员会提出申诉，要求张某支付竞业限制违约金 10 万元。张某在接到申请书后，向律师咨询如何维权。

经过了解案情，律师认为张某与北京某科技开发公司签订的《保密与竞业限制协议》仅约定了张某所应承担的义务，而没有规定张某所应享有的权利，即竞业限制补偿金。该协议的内容显失公平，对张某没有约束力。北京某科技开发公司根据《保密与竞业限制协议》要求张某支付竞业限制违约金 10 万元没有法律依据。

工作任务：《保密与竞业限制协议》对张某是否有约束力？张某是否应向北京某科技开发公司支付竞业限制违约金？

项目 4　劳动合同的履行和变更

项目导读

用人单位与劳动者依法订立的劳动合同受法律保护。劳动合同双方当事人应当按照劳动合同约定的内容全面、真实地履行约定的义务。劳动合同的履行是劳动合同的目的和价值所在，只有得到履行，劳资双方的合同期待利益才能得以实现。

履行合同一段时间之后会发现，订立劳动合同所依据的客观情况已经发生了变化，因此《劳动合同法》允许当事人在一定条件下变更劳动合同。双方当事人可以依据相关法律法规的规定，进行协商并达成一致意见，就劳动合同的相关内容进行修改补充或者删减，使双方的权利义务重新趋于平衡，从而保证劳动合同的继续履行。

教学目标

能力目标：培养学生理解劳动合同管理的能力，熟悉合同管理的法律规定。

知识目标：要求学生掌握劳动合同履行和变更的内容及其法律规定、劳动合同变更的原因和一般程序、双方协商解决劳动合同的条件和后果限制。

思政目标：引导学生增强法律意识，遵纪守法，具有契约精神。

任务 1　劳动合同的履行

【任务目标】

- 掌握用人单位与劳动者在履行劳动合同时应承担的责任、在变更劳动合同时应履行的法律程序。
- 掌握在一方履行或变更劳动合同不符合法律规定时，另一方可以采取的法律途径和可以主张的法律权利。
- 训练学生处理劳动合同履行争议的能力。

【任务材料】

吴某于 2001 年 2 月 1 日开始在北京某印刷厂工作，但从 2020 年 8 月 1 日开始到 2021 年

1 月 24 日期间的工资印刷厂一直没有支付。吴某屡次和印刷厂协商工资等事宜，均遭拒绝。吴某因此向仲裁委员会提起仲裁申请，要求：

（1）确认自 2001 年 2 月 1 日至 2021 年 1 月 24 日与印刷厂存在劳动关系。

（2）支付 2020 年 8 月 1 日至 2021 年 1 月 24 日的工资。

仲裁开庭过程中，印刷厂辩称其为村办企业，双方为劳务关系，并非劳动关系，2020 年 4 月 30 日之后因为单位面临拆迁问题，不具备生产条件，因此要求吴某回家待岗。2020 年 4 月 30 日之后吴某就没有提供实际劳动，考虑到其是老员工，因此发放报酬至 2020 年 7 月 31 日。为了证明拆迁事宜，某印刷厂提交了村委开具的证明，证明中显示：印刷厂属于村办企业，村因整体规划集体拆迁，具体拆迁事宜从 2019 年 11 月 25 日开始实施。印刷厂从 2019 年 12 月至 2020 年 4 月属于半停产状态，2020 年 4 月底至今彻底停产。落款日期为 2021 年 2 月 26 日，加盖村委会的公章。吴某亦认可自 2020 年 8 月 1 日开始印刷厂因为拆迁要求其在家等待上班的通知。

工作任务：学生分为不同的角色，根据自己所扮演的角色对案例提出自己的处理方案。

【知识链接】

一、劳动合同履行

（一）概念

劳动合同的履行，是指劳动合同双方当事人完成劳动合同所约定的义务，实现劳动过程和各自合法权益的行为。劳动合同的履行既包括履行劳动合同约定的义务，也包括履行作为劳动合同内容之补充的劳动条件基准、集体合同和劳动规章制度所规定的义务。

（二）履行的原则

用人单位和劳动者应当按照合同的约定，全面履行各自的义务。劳动合同的内容是一个整体，合同条款之间的内在联系不能割裂。全面履行原则要求合同当事人必须适当地履行合同的全部条款和各自承担的全部义务，既要按照合同约定标的的种类、数量和质量履行，又要按照合同约定的时间、地点和方式履行。它涵盖了劳动合同法原理中的实际履行原则、亲自履行原则以及协作履行原则。实际履行原则是全面履行原则的应有之义，而亲自履行原则可视为全面（适当）履行原则在履行主体方面的体现，协作履行原则则反映了全面（适当）履行原则在合同履行方式上的要求。亲自履行原则要求当事人双方都必须以自己的行为履行各自依据劳动合同所承担的义务，而不得由他人代理。协作履行原则要求当事人双方在劳动合同履行过程中始终坚持互助合作，相互关心，为对方履行义务提供条件。

劳动合同的全面履行与实际履行既有区别又有联系。实际履行原则强调当事人按照劳动合同的约定（尤其是合同标的）履行各自义务，其真谛在于要求当事人应当实际地履行合同债务而不得任意地以赔偿损失来替代履行合同债务；并且还体现在当劳动合同约定的劳动条件与客观实际不一致时，用人单位应当按照实际状况来执行有利于劳动者的劳动条件，如在消费品价格上涨的情形下及时调整劳动报酬。但是，实际履行原则对劳动合同履行是否适当、全面，则无力顾及。而全面履行原则既要求实际履行，也要求履行行为完全符合法律和合同的规定。可见，全面履行必然是实际履行，而实际履行未必是适当、全面履行。

（三）劳动合同履行的特殊规则

（1）履行不明确条款的规则。应当依法先确定其具体内容，然后予以履行。依据劳动条件基准、集体合同、劳动规章制度和劳动合同之关系原理，当事人双方可以就内容不明确的条款重新协商；协商不成而劳动规章有明确规定的，按照该规章执行；劳动规章制度未作明确规定的，按照集体合同的规定履行；集体合同未作明确规定的，按照有关劳动法规和政策的规定履行。

（2）地方劳动条件基准选择的规则。劳动合同履行地与用人单位注册地不一致，且两地关于劳动者的最低工资标准、劳动安全卫生、本地区上年度职工月平均工资标准等劳动条件事项的规定有差异的，按照劳动合同履行地的有关规定执行。

（3）向第三人履行规则。向第三人履行有广义和狭义之分，通常取其"狭义"，向第三人给付劳动，应当以劳动合同的约定为依据；若用人单位即时指示劳动者向第三人给付劳动，除法律另有规定外，应当征得劳动者同意。

（4）履行约定之外劳动给付的规则。遇有紧急情况时，为了避免发生危险事故或者进行事故后抢救和善后工作，用人单位可指示劳动者临时从事劳动合同约定之外的劳动，劳动者应当服从。

二、劳动合同的中止

（一）劳动合同中止的界定和立法

劳动合同的中止，即劳动合同履行的暂停。它是指在劳动合同履行过程中，因出现法定或约定事由，暂停履行劳动合同约定的主要义务，待该事由消除后恢复履行的情形。其主要意义在于避免劳动合同因出现暂时不能履行的情形而被解除，以保障劳动关系的稳定。

劳动合同中止有狭义、广义之分。狭义指当事人双方的主要义务即劳动给付和劳动报酬都暂停履行；广义还包括仅暂停劳动给付义务履行的情形，如孕期、产期、哺乳期、探亲假、年休假、医疗期、工伤停工留薪期等。狭义中止期间不计入劳动合同期间；而仅暂停劳动给付义务履行期间，用人单位支付劳动报酬的义务并未暂停，在此意义上劳动合同仍在履行，故应计入劳动合同期间。

（二）劳动合同中止的特点

（1）此前当事人之间已经建立了劳动法律关系。这里的劳动法律关系是指劳动关系被劳动法调整而形成的权利义务关系，它不同于劳动关系，也不同于事实劳动关系，劳动合同中止是建立在劳动合同这一明确法律关系基础上的。

（2）中止行为一般需要双方的合意或者直接援引法律规定，在极少数情况下会出现当事人基于单方意思而实施中止行为。中止事由的发生取决于合同期内当事人是否能实际履行劳动合同。这里一般不考虑当事人的主观原因，除非当事人涉嫌故意犯罪。

（3）中止期间当事人之间的权利义务内容暂时冻结或呈现明显失衡。这是由劳动法的性质决定的，权利义务的失衡通常为用人单位在此期间不得减轻其法定的义务。

（4）"中止"并非"解除"，也不是"终止"，它意味着中止单位或劳动者对中止期满后继续履行权利义务有着确定法律意义的承诺。

（5）中止是一定期限的暂停劳动，但期限长短取决于中止的具体事由，多数情况下，劳动合同中止期限是有上限的。

（三）劳动合同的中止方式和事由

1. 方式

劳动合同的中止方式有法定中止和协议中止。法定中止须具备劳动合同中止的法定事由，且为单方中止；协议中止只需当事人双方就劳动合同中止协商一致即可，既可约定中止事由，也可像劳动合同协议解除一样无须既定事由。

2. 事由

（1）用人单位与劳动者以书面形式协商一致。

（2）劳动者涉嫌违法犯罪被有关国家机关限制人身自由。

（3）劳动者应征入伍或者履行国家规定的其他法定义务。

（4）因不可抗力致使劳动合同暂时不能履行。

（5）劳动者因客观原因暂时无法履行劳动合同的义务但仍有继续履行的条件和可能。

（6）法律、法规规定的其他中止的情形。

（四）劳动合同中止的法律后果

一般而言，劳动合同中止期间，劳动关系保留，劳动合同暂停履行，用人单位可以不支付劳动报酬并停止缴纳社会保险费。劳动合同中止期间不计算为劳动者在用人单位的工作年限。劳动合同中止情形消失，除已经无法履行的外，应当恢复履行。

概括地说，对于劳动者因其自身原因而中止劳动合同的，可根据劳动者主观过错情况来决定用人单位的义务履行与否。劳动者主观有过错的，如非因公意外失踪、被强制限制人身自由的，用人单位可以中止全部义务的履行。劳动者没有过错的，用人单位义务履行的内容仍然不变。对于应征入伍的劳动者，用人单位先前所负的义务在这段时间则完全由国家来承担履行。对于因用人单位的原因中止劳动合同的，要依据企业主管部门和当地政府的有关规定执行，亦可依据经职工代表大会或职工大会表决通过的相关决议办法、规章制度来执行。对于双方协商中止劳动合同履行，则由双方协商劳动合同中止期间的权利义务的履行。对于因其他原因导致的劳动合同中止，除劳动争议仲裁、诉讼情况外，一般可以根据双方的合同和事后约定的内容来执行。劳动争议仲裁和诉讼期间，用人单位一般不得减弱其对劳动者应履行的义务，劳动者的权利在此期间不受影响。

此外，在劳动合同中止履行前或中止履行后，双方也负有相应的协助义务，具体包括以下两点：

（1）中止前的告知义务与对方的知情权。除意外失踪、被强制限制人身自由等情况以外，劳动者应将中止劳动合同的事由以方便的方式通知对方，并且在告知的同时必须提供充分有效的证明文件。用人单位一般对因法定原因、单位自身原因及共有原因导致劳动合同中止的情况负有向劳动者告知的义务,并对因自身原因导致劳动合同中止的情况向劳动者提供真实报告,通知的方式应当采用书面形式。

（2）劳动合同中止后返回工作岗位的权利与义务的保证。劳动合同中止是劳动合同双方约定的权利义务暂停,在暂停事由消失后仍然要恢复履行。因而,中止期满后劳动者重返工作岗位既是其权利,同样也是其义务。为保障劳动者的权利,劳动合同中止时,对于中止期较长的,用人单位应当给劳动者出具证明。劳动者在中止期满后超期不归,用人单位可以解除和终止双方的劳动合同;劳动者返回岗位的,用人单位应尽可能地恢复劳动者原有的工作岗位。在不能提供原来岗位的情况下,应安排相近或其他适当的岗位并负责提供相应的上岗培训,对于确实无法解决的,要按照规定承担经济赔偿责任。

【任务解析】

仲裁委员会认为,吴某和印刷厂均具备建立劳动关系的主体资格,吴某在职期间受印刷厂管理,印刷厂按月支付其劳动报酬,双方符合确立劳动关系的要件,对于吴某要求确认自 2001 年 2 月 1 日至 2021 年 1 月 24 日与印刷厂存在劳动关系的请求,仲裁委员会予以支持。印刷厂认可吴某 2001 年 2 月 1 日入职其公司,且现双方未办理解除手续,因此印刷厂应当按照相关规定支付吴某 2020 年 8 月 1 日至 2021 年 1 月 24 日期间的基本生活费。

【任务拓展】

1. 某体育用品公司向人民法院起诉称,2017 年 8 月 13 日,该体育用品公司与张某签订了协议书,约定由体育用品公司为张某提供 2 年 8000 元的培训费用（培训单位由张某自定）。同时双方还约定,从接受培训完毕之日起,张某为体育用品公司服务 4 年,如因各种原因擅自离开公司,张某必须交纳违约金 1.6 万元。张某接受培训完毕后,于 2019 年 8 月 1 日到某体育用品公司上班,并于 9 月 10 日与该公司签订了为期 4 年的劳动合同。2020 年 6 月 27 日,张某向体育用品公司提交了一份辞职报告后就离开了工作岗位。体育用品公司要求张某按协议支付违约金 1.6 万元。

工作任务:在了解相关法律、法规的基础上,教师将学生分为不同的角色,学生根据各自所扮演的角色对案例进行分析,提出自己的处理方案。

2. 李某与公司签订的劳动合同载明他的工作地点在上海。后来公司下达了迁京通知,要求上海员工向北京转移。李某在接到通知后明确表示不能赴京工作,认为公司的迁京决定改变了合同的约定。在双方当事人对此事无法达成一致意见后,公司与李某解除了劳动合同,但未足额支付给李某经济补偿金。在经过劳动仲裁后,一审、二审法院均认为公司的迁移应当属于情势变更。根据法律规定,公司在与李某无法就工作地点的变更协商一致的情况下,可以与李某解除劳动合同,但需要支付其经济补偿金。

张某与公司签订的劳动合同载明他的工作地点在上海市区。现公司因任务需要,决定安排他去青浦区工作,并为其提供必要的工作条件。张某表示不同意,公司最终以他不服从工作安排为由对其作出因违纪解除劳动合同的决定。张某不服,诉至法院。在经过劳动仲裁后,一审、二审法院均认为公司对张某工作地点的变更为特定情形下的临时性调整，属于公司的正常经营管理行为，因此张某作为员工，对于用人单位的合理工作安排首先应该服从，因他最终未能服从，故公司据此对他作出解除劳动合同的决定并无不当。

工作任务：

（1）如果你是劳动仲裁委员会的委员，你应该如何裁定本案？

（2）分析李某与张某在结果上有什么不同？为什么会出现结果上的不同？

（3）同样是用人单位对劳动者的工作地点进行变更，为什么李某与张某适用的法律依据却不尽相同？

3. 2019 年 3 月，北京市某物业管理公司与某建筑工程公司签订承包修建花园式小区的承包合同。2019 年 10 月某物业公司开始招聘该小区物业管理人员，经过考核决定录用陈某等 10 人为小区建成后的物业管理人员，并于 2019 年 12 月与他们签订了劳动合同。合同规定陈某等 10 人在工程竣工后来小区正式上班。该物业管理公司还于 2020 年 3 月对陈某等 10 人进行了岗位培训。2020 年 5 月小区未能如期竣工。公司让陈某等人回家等候通知。到 2020 年 9 月，该物业管理公司通知陈某等人，原劳动合同因小区未能建成而无法履行，因此要解除双方所订劳动合同。陈某等人要求物业管理公司履行原劳动合同，并且补发 2020 年 5 月至 2020 年 9 月的工资，双方经反复协商未能达成协议，陈某等人于是向劳动争议仲裁委员会申请仲裁。

工作任务：在了解相关法律、法规的基础上，教师将学生分为不同的角色，学生根据各自所扮演的角色对案例进行分析，提出自己的处理方案。

任务 2　劳动合同的变更

【任务目标】

- 掌握用人单位与劳动者在变更劳动合同时应履行的法律程序。
- 掌握在一方变更劳动合同不履行法律规定时，另一方可以采取的法律途径和可以主张的法律权利。
- 训练学生处理劳动合同变更争议的能力。

【任务材料】

戴某于 2019 年 2 月与某企业签订了 3 年期限的劳动合同，合同中约定戴某为企业财务科出纳，合同还约定"合同的变更需经甲乙双方协商一致""乙方有权拒绝甲方安排合同规定以外的工作"。2019 年 11 月，该企业在其主管部门干预下发出了"关于变动戴某工作岗位"的书面通知，将戴某调离财务科，到车间当工人。戴某不服，向劳动争议仲裁委员会提起申诉。

工作任务：学生分为不同的角色，根据自己所扮演的角色对案例提出自己的处理方案。

【知识链接】

一、劳动合同的变更含义

广义的劳动合同的变更是指劳动合同的主体和内容在履行过程中发生了变化，劳动合同仍然有效力，双方当事人要按照变更后的合同来履行，包括法定变更和协商变更。狭义的劳动合同变更仅仅是指协商变更，是指劳动合同内容的协商变更，即双方当事人经过协商一致对劳动合同规定的某些内容进行了修改。法定变更是指根据法律规定而对劳动合同的主体和内容进行了变化，该变化不是由于双方当事人协商的结果，是在当事人意志之外的。

二、劳动合同变更的分类

劳动合同变更的一般类型，即有效劳动合同的协议变更。只要当事人双方协商一致，一般无需实体条件。但也有规定实体条件的特殊情形，例如《中华人民共和国劳动合同法》第四十条第一款第三项规定，劳动合同订立时所依据的客观情况发生重大变化，致使劳动合同无法履行，经用人单位与劳动者协商，未能就变更劳动合同达成协议的，用人单位提前 30 日以书面形式通知劳动者本人或者额外支付一个月工资后，可以解除劳动合同。

劳动合同变更的特殊类型，是指在一定条件下劳动合同的单方变更或者无效劳动合同的变更。前者例如，劳动者患病或者非因工负伤，在规定的医疗期满后不能从事原工作，用人单位可另行安排工作。后者例如，对导致劳动合同无效无过错的一方当事人如果不行使解除权的，可变更劳动合同的内容。

劳动合同变更还可划分为对劳动者有利变更和对劳动者不利变更，甚至还有中性变更，即既无有利也无不利。对有利变更和不利变更，可分别设计特别规则。例如，有的地方立法规定，变更劳动合同应当采用书面形式，注明变更日期，但提高劳动报酬等有利于劳动者的情形除外。

三、劳动合同的承继

《劳动合同法》第三十三条、第三十四条规定的劳动合同主体一方用人单位发生变化的特殊情形下劳动合同继续履行，实际上就是一种法定变更。这两条规定了两种劳动合同主体发生变更的情形：一是用人单位变更名称、法定代表人、主要负责人或者投资人等事项，不影响劳动合同的履行的；二是用人单位发生合并或者分立等情况，原劳动合同继续有效，劳动合同由承继其权利和义务的用人单位继续履行。在这两种情形下，劳动合同的履行不发生变化，这是为了保护劳动者的就业稳定，也是国际惯例。只是劳动合同用人单位一方当事人应当变更为新的用人单位。此外，劳动合同的法定变更还应当包括劳动合同的具体内容因为劳动法律法规规定的变化而发生相应的变更，例如法定的最低工资的变化可以直接引起劳动合同中工资的变化，这是在当事人意志之外的，由法律规定引起的。

四、劳动合同变更的形式、程序和法律后果

由于劳动合同的订立应当采用书面形式，故劳动合同的变更也应当采用书面形式，但这一书面形式应当同订立劳动合同的书面形式一样，不作为变更后合同的有效要件。

劳动合同变更的程序包括以下主要环节：

（1）预告变更要求。

（2）按期作出答复。

（3）签订书面协议。

合同当事人双方的权利和义务，从变更合同的协议所约定之日起发生变更。

【任务解析】

劳动争议仲裁委员会通过调查认为，该企业没有经合同双方协商同意，在主管部门干预下单方面变更劳动合同，属违约行为，并作出裁决，该企业应当与戴某继续履行原劳动合同。

【任务拓展】

1. 韩女士自 2010 年就到北京某有限公司工作（以下简称"公司"），工作岗位为销售。该公司是专门生产机器设备的一家生产企业，在全国各地设有销售部门，但均未成立有限公司。2018 年 12 月公司一分为二，设立北京某机械设备制造有限公司（以下简称"制造公司"）与北京某机械设备销售有限公司（以下简称"销售公司"），企业固定资产和资金的分配均按照原生产部门和销售部门设置分配。公司在分立完成后，以原有劳动用工主体已不存在为由，解除了与韩女士的劳动合同关系。韩女士不服，找到制造公司和销售公司要求公司支付补偿金，并且要求制造公司和销售公司继续履行劳动合同，均未得到答复。韩女士在多次要求未得到答复的情况下，于 2019 年 1 月向北京市某区劳动争议仲裁委员会提起劳动仲裁，要求销售公司继续履行合同。

工作任务：将学生分为不同的角色，让他们根据各自所扮演的角色对案例进行分析，提出自己的处理方案。

2. 2015 年 10 月 8 日，谭某进入某机械有限公司从事数控车床的装配工作，双方签订了劳动合同。2018 年 12 月 1 日，双方续签了一份劳动合同，双方约定合同期限为 2019 年 1 月 1 日至 2020 年 12 月 31 日，谭某的工作岗位为制造部副部长，工资为每月 27300 元。2020 年 1 月 31 日，机械公司以公告形式告知谭某自 2020 年 2 月 1 日起调至售服组工作。

谭某认为公司在未与其就劳动合同变更协商一致的情况下，擅自以张贴公告的形式把自己调至售服组工作，改变了自己的工作岗位，使得劳动条件与双方在劳动合同中的约定相比完全发生了变化，侵犯了其合法权益，于是向劳动争议仲裁委员会申请仲裁。劳动仲裁委员会裁决双方劳动合同解除，机械公司一次性支付谭某经济补偿金 122850 元。机械公司不服，认为对谭某的岗位调动是基于公司经营角度所作的合理工作安排，谭某的工作性质及内容完全相同，现谭某自行提出辞职，故诉至法院，请求判令公司无须按仲裁裁决支付谭某经济补偿金。

　　工作任务：将学生分为 4 组，第一组为谭某的代表方，第二组为机械公司代表方，第三组为仲裁员代表方，第四组为法院代表方，讨论本案，并说明各自的理由。

　　3．姜某应聘到某销售公司工作，并签订了 2 年的劳动合同。该劳动合同约定，姜某担任销售主管，月工资为 8000 元。因市场形势不好，公司与姜某协商将其工资调整为 5000 元，姜某未提出异议。随后该公司产品在市场中的占有份额进一步减少，公司决定进行组织结构调整，姜某被公司安排做销售代表，但姜某提出不能降低工资待遇，公司不同意姜某所提要求，姜某随后一个星期没有到公司上班，公司以姜某旷工为由解除了劳动合同。姜某同意解除劳动合同，但要求公司支付解除劳动合同的经济补偿金。单位对之不予理睬。于是，姜某向公司注册地的仲裁委员会提起申诉。

　　工作任务：

　　（1）工资待遇的调整是否属于劳动合同的变更？

　　（2）用人单位是否有权单方变更劳动合同？

　　（3）用人单位变更劳动合同是否应采用书面形式？

项目 5　劳动合同的解除和终止

项目导读

　　解除劳动合同是劳动合同从订立到履行过程中可以预见的中间环节，依法解除和终止劳动合同是维护劳动合同双方当事人正当权益的重要保证。订立和变更劳动合同，应当遵循平等自愿、协商一致的原则，不得违反法律、法规。劳动合同的解除与终止，看似简单的事情其实并非想象中的那样简单。合同的解除与终止牵涉到法律关系的变化，牵涉到企业的商业秘密保护，牵涉到经济的赔偿与补偿等许多问题。

教学目标

　　能力目标：引导学生掌握人力资源及劳动关系管理问题分析与解决的能力，培养学生适应企事业单位人力资源管理相关岗位工作的能力。

　　知识目标：劳动合同解除与终止的概念、类型，双方协商解除劳动合同的条件和后果，劳动者及用人单位单方解除劳动合同的条件和后果，解除劳动合同的手续办理。

　　思政目标：教育学生依照相关法律、法规程序，知法懂法，守法用法，能够正确解决和处理劳动合同争议。

任务 1　劳动合同的解除及协议解除

【任务目标】

- 掌握用人单位或劳动者解除劳动合同需具备的条件和履行的法律程序。
- 掌握在一方单方面解除劳动合同不符合法律规定时，另一方可以采取的法律途径和可以主张的法律权利。
- 训练学生处理解除和终止劳动合同争议的能力。

【任务材料】

　　2016 年 12 月 1 日，刘某与某科学院签订了 6 年期劳动合同，到科学院从事科研工作。2019 年 10 月，刘某与科学院订立离岗协议，并变更劳动合同，约定 2019 年 12 月至 2022 年 11 月与科学院保留人事关系，到某企业从事科研创新工作，其间服从企业工作安排。2020 年

9 月，刘某公开发表的科研成果被认定存在大量伪造数据及捏造事实，造成严重不良社会影响。按照国家有关规定，科学院决定与刘某解除劳动合同。刘某认为其离岗创业期间与科学院仅保留人事关系，根据离岗协议及聘用合同约定，应由企业进行管理，科学院无权对其作出人事处理，遂向劳动人事争议仲裁委员会申请仲裁，请求裁决科学院继续履行劳动合同。

工作任务：学生分为不同的角色，根据自己所扮演的角色对案例提出自己的处理方案。

【知识链接】

一、劳动合同解除的概念

劳动合同的解除是指劳动合同订立后，尚未全部履行以前，由于某种原因导致劳动合同一方或双方当事人提前消灭劳动关系的法律行为。

二、劳动合同解除的类型

劳动合同的解除有两大类：单方解除和协议解除。

（一）单方解除

享有单方解除权的当事人以单方意思表示解除劳动合同，无需对方当事人同意。

单方解除按照行使单方解除权是否需要预告，可分为单方预告解除和单方即时解除。前者即经预先通知对方当事人后才可单方解除合同；后者又称无须预告解除，即在通知对方当事人的当时就可单方解除合同。按照行使单方解除权的主体不同，可分为劳动者单方解除（通常称辞职）和用人单位解除（通常称辞退或解雇）。对于不同形式的单方解除，法定要求有所不同。在辞职制度中，取向是保障辞职自由，一般只对即时辞职规定条件，而对预告辞职不规定条件。在辞退制度中，取向是严格限制辞退以保障职业安定，即要求用人单位在符合法定条件的情况下方可辞退劳动者，这被称为"解雇保护"。

用人单位单方解除还可分为单个辞退（又称单个解雇）和裁员（又称集体辞退或集体解雇）。前者即用人单位单个地辞退某个劳动者，此为辞退的一般形式。后者即用人单位批次地辞退一定数量的劳动者。裁员因其对就业和社会稳定的负面影响大于单个辞退，故被称为经济性裁员，各国立法都将其事由限定于严重的经济原因，并规定更为严格的特别程序和条件。

（二）协议解除

协议解除是指劳动合同经双方当事人协商一致而解除。劳动合同是由双方当事人协商一致达成的，在履行过程中，双方当事人当然也有权再通过协商一致使合同归于消灭。当事人协商一致既是劳动合同协商解除的程序，又是协商解除的条件。《劳动合同法》第三十六条规定：用人单位与劳动者协商一致，可以解除劳动合同。

对于协议解除的具体方式与程序，我国并无强制性规定，可以遵循劳动合同订立的程序。对于协议解除的动议，双方当事人皆可提出，只要与对方协商并形成解除合意即可解除劳动合同。而依《中华人民共和国劳动合同法》第四十六条的规定，用人单位首先提出协议解除动议，并与劳动者协商一致解除劳动合同的，用人单位应当向劳动者支付经济补偿金；而劳动者首先提出协议解除动议的，用人单位可以不支付经济补偿金。

【任务解析】

刘某在离岗创业期间身份是科学院劳动者，本案离岗协议及聘用合同所涉离岗创业期间服从企业工作安排的约定，应理解为是对刘某工作内容、工作方式的安排，并不改变其作为科学院劳动者的受管理地位。因此，科学院依据处分决定解除与刘某的劳动合同，符合法律和政策的规定，故依法驳回刘某的仲裁请求。

【任务拓展】

1. 刘先生是某公司技术部门的一名员工，与公司签订了无固定期限的劳动合同。近年来，刘先生所在的公司因市场竞争激烈逐渐陷入经营困难的状况。为摆脱困境，公司经董事会决议，决定采取减人增效的办法。经与企业工会协商，公司职代会通过了一项协商解除劳动合同的方案，其中规定：公司提出与员工协商解除劳动合同，员工在方案公布后一周内书面同意与公司协商解除劳动合同的，公司在法定经济补偿金之外再给予额外奖励金。

方案公布一周后，刘先生才向公司递交了协商解除劳动合同的意见书，并要求公司按规定支付法定经济补偿金和额外奖励金。公司表示刘先生提交协商解除劳动合同意见时间超过了公司规定的期限，公司可以同意与刘先生协商解除劳动合同，但不同意支付经济补偿金和额外奖励金，双方于是发生争议。

工作任务：在了解相关法律、法规的基础上，教师将学生分成不同的角色，学生根据各自所扮演的角色对案例进行分析，提出自己的处理方案。

2. 王某于 2018 年 7 月 1 日入职 A 公司，和 A 公司签订了 3 年期劳动合同，岗位为 IT 开发，月薪 2 万元。2021 年 3 月初，因为王某和主管产生矛盾，A 公司也有意和他协商解除合同，但在补偿金问题上双方分歧比较大，单位同意按照工作年限支付 1 年 1 个月 A 公司所在市平均工资 3 倍的补偿，王某则要求按照 1 年 1 个月个人实际平均工资支付补偿。协商过程中，A 公司人事和王某互发了多封邮件进行沟通，邮件中王某明确表示同意公司的解除提议，但不同意补偿数额。由于协商不能达成一致，A 公司于 2021 年 4 月 1 日就以王某同意解除为由解除了双方的劳动合同。王某则认为补偿不能达成一致，则协商解除未生效，王某因此向单位所在区申请劳动仲裁，要求支付违法解除赔偿金。

工作任务：在了解相关法律、法规的基础上，教师将学生分成不同的角色，学生根据各自所扮演的角色对案例进行分析，提出自己的处理方案。

3. A：张某与上海某设计公司签订了 2 年的劳动合同，期限是 2019 年 2 月至 2021 年 2 月；2021 年 1 月，用人单位通知张某合同到期后不再续签，张某接到该通知；同时张某感觉身体不适，去医院检查身体时获知其怀孕的事实，将怀孕的事实告知了单位。在双方协商一致的情况下，双方解除了劳动关系。现张某后悔，请求法院撤销该协议。

B：刘某于 2021 年 3 月与上海某化工有限公司建立劳动关系，签订了 2 年的劳动合同。刘某在工作期间，上级主管对其工作表现不满意，但刘某也不存在任何过错，用人单位找其谈话要求协商解除双方的劳动关系；刘某基于长远的发展和自己职业发展的考虑，同意了单位的协商解除，签署了协商解除协议。在签订协议后 3 天，刘某去医院检查身体，发现自己已经怀孕 5 周。刘某觉得在这种情况下，很难再找到其他工作，遂起诉至法院要求撤销双方的协商解除协议，恢复双方的劳动合同。

工作任务：同样是用人单位与怀孕女职工解除劳动合同，张某和刘某会得到什么不同的结果？

任务 2　劳动者单方解除劳动合同（辞职）

【任务目标】

- 掌握劳动者单方解除劳动合同需具备的条件和履行的法律程序。
- 掌握在劳动者单方解除劳动合同不符合法律规定时，可以采取的法律途径和主张的法律权利。
- 训练学生处理劳动者单方解除劳动合同争议的能力。

【任务材料】

杨某、王某、袁某三人均为北京某塑钢门窗有限公司（以下简称用人单位）的员工。截止到 2021 年 7 月，三人在该用人单位均已经工作了 8 年之久，双方于 2017 年签订了无固定期限劳动合同。由于市场竞争压力，该单位在经营方面出现了严重困难，导致该单位已经连续两年出现亏损。2021 年 5 月，其投资股东某某公司决定进行破产清算但该公司并未依法向公司职工发布通知，而是采取了延发工资的方式解决。

2021 年 7 月 28 日，三人决定以拖欠工资为由依法向劳动仲裁委员会提起劳动仲裁申请。

立案前，经律师指导，三人以用人单位"未及时足额并拖欠工资为由"向用人单位提交"解除劳动关系通知书"。该通知以 EMS 方式邮寄送达至用人单位，明确三人的观点，即和用人单位依法解除劳动关系，并要求其支付拖欠的工资、经济补偿金、加班工资和未休年假工资，同时要求用人单位依法对其未缴纳的养老保险进行经济补偿。

工作任务：将学生分为 4 组，一组为劳动者代表，一组为用人单位代表，一组为律师代表，一组为仲裁委员会代表，根据自己所扮演的角色对案例提出自己的处理方案。

【知识链接】

一、预告辞职

预告辞职以劳动者向用人单位预告为辞职的程序条件。其特点主要有：

（1）它是劳动者享有的法定权利。

（2）它是劳动者的单方意思表示。

（3）它不受用人单位制约，无须征得用人单位的同意。

（4）它除了以预告为程序条件外，不附加实体条件，故也可以认为预告辞职权是劳动者享有的无条件的单方解除权，这给予了劳动者辞职的极大自由。

（5）用人单位可不支付经济补偿。

辞职必须遵守预告期，即提前 30 天书面通知用人单位；试用期内只要提前 3 天即可。在预告期内，劳动者仍然必须正常地履行劳动的义务，到预告期满，再离开单位。

辞职的法律后果，由于辞职是劳动者个人的自愿行为，所以用人单位对于辞职的劳动者不支付经济补偿金。

二、即时辞职（被迫辞职）

（一）概念

劳动者的被迫辞职是指在用人单位或雇主违法的情形下，劳动者被迫提出解除劳动合同。它和正常辞职的相同点在于，都是由劳动者主动提出解除劳动合同；不同点在于，被迫辞职产生的原因是用人单位违法，而正常辞职的原因是劳动者主动想离开，两者的法律后果是不同的。

（二）分类

1．随时通知辞职

随时通知辞职是在用人单位违反法律、法规关于工资、劳动条件、社会保险等方面规定时，劳动者可以随时解除劳动合同。主要包括以下几种情形：

（1）用人单位未按照劳动合同约定提供劳动保护或者劳动条件。

（2）用人单位未及时足额支付劳动报酬。

（3）用人单位未依法为劳动者缴纳社会保险费。

（4）用人单位的规章制度违反法律、法规的规定，损害劳动者权益。

（5）用人单位具有以欺诈、胁迫的手段或者乘人之危，使劳动者在违背真实意思的情况下订立或者变更劳动合同而致使劳动合同无效。

（6）法律、行政法规规定劳动者可以解除劳动合同的其他情形。

2．无须通知辞职

无须通知辞职是在用人单位强迫劳动时，劳动者可以立即解除劳动合同。主要包括以下两种情形：

（1）用人单位以暴力、威胁或者非法限制人身自由的手段强迫劳动者劳动的。

（2）用人单位违章指挥、强令冒险作业危及劳动者人身安全的。

随时通知辞职表明，劳动者在辞职时需履行通知用人单位的义务，不得不辞而别。无须通知辞职则表明，劳动者在辞职的当时可以不通知用人单位，即可以不辞而别。作出这种区别的原因主要在于用人单位过错行为对劳动者人身自由或人身安全的危险程度。用人单位实施一般损害劳动者权益的过错行为，劳动者须在即时辞职时通知用人单位；而用人单位实施的过错行为严重损害劳动者权益或者危及劳动者人身自由或人身安全时，劳动者可以不辞而别，而这种不辞而别不属于违章违纪。

【任务解析】

劳动者向仲裁庭提交了无固定期限劳动合同书、工资卡及其交易明细、社会保险缴费对账单等证据，用以证明双方存在劳动关系，未及时足额支付工资，以及存在未缴和漏缴社会保险（养老保险）的事实。用人单位提交了近两年的工资表、考勤表等情况，证明已经足额发放工资并支付加班费的情况。

最终，因用人单位未提交足够的证据证明其已经按时足额向劳动者发放了工资，仲裁庭认定其存在拖欠工资的事实，并支持了劳动者的大部分仲裁请求。

关于劳动者与用人单位的劳动合同解除权的问题，根据《劳动合同法》第三十八条的规定，用人单位有下列情形之一的，劳动者可以解除劳动合同：……（二）未及时足额支付劳动报酬的；（三）未依法为劳动者缴纳社会保险费的……

未及时足额支付劳动报酬应包括如下情况：①未按照约定支付工资的；②低于本市最低工资标准支付工资的；③克扣或者无故拖欠工资的；④拒不支付或者不按规定支付加班工资的；⑤违反工资支付规定的其他情形。

【任务拓展】

1. 2018 年 5 月 10 日，李某与一家公司签订了一份为期 3 年的劳动合同，约定李某在公司从事会计工作，无论是李某还是公司，如单方提前解除合同，均必须支付给对方 5 万元违约金。此后，李某因找到了更适合自己且工资更高、待遇更好的工作，遂于 2019 年 8 月 9 日向公司递交了辞呈，明确将在次月 12 日离开公司，但遭到公司的坚决拒绝。次月 15 日，李某见公司固执己见，便悄悄离去并供职于另一企业。

工作任务：将学生分为劳动者和用人单位两组，相互辩论支持自己观点和反驳对方观点的理由，用于分析解决案例。

2. 陈某于 2016 年 3 月 8 日向某畜牧投资（北京）有限公司（以下简称公司）提交离职申请，公司未予答复，陈某于 2016 年 3 月 25 日向公司提交"撤回离职申请的申请"，陈某于 2016 年 4 月 7 日后未再出勤。后陈某请求公司支付报酬和安排岗位，公司不同意该请求，于 2016 年 7 月 25 日回函表示，双方劳动关系因陈某提出离职申请，于 2016 年 4 月 8 日解除，双方遂发生争议。陈某起诉至法院主张公司未批准其离职申请，其在 30 日内申请撤回离职请求，故单方解除行为未能生效，双方劳动合同尚未解除，公司回函属于违法解除劳动合同，要求公司支付违法解除劳动合同经济赔偿金；公司主张陈某主动提出离职，双方劳动合同于陈某出勤最后一日之后即 2016 年 4 月 8 日合法解除。

工作任务：试分析案例应当如何处理。

3. 马先生于 2013 年 3 月进入上海某食品有限公司工作，双方签订为期 1 年的劳动合同，具体负责参与公司成立某子公司的筹建工作。2013 年 11 月，子公司经工商登记注册成立。子公司成立后，马先生担任子公司工程部副部长职务，自 2014 年 1 月 1 日起与子公司签订劳动合同，每月工资 15000 元，双方的劳动合同期限至 2020 年 6 月 30 日止。

2019 年 10 月，子公司单方面向马先生发出变更通知书，称"因公司组织架构调整，即日起你不再担任工程部副部长职务，月工资调整为 9000 元，取消相应的职务津贴和职务补贴"。马先生认为子公司此举系降职降薪，损害了自己的合法权益，于是申请劳动争议仲裁，后经裁审部门确认子公司的变更行为确系违法。

2020 年 4 月，马先生以子公司未足额支付劳动报酬为由，单方解除与子公司的劳动合同，并再次申请劳动争议仲裁，要求子公司向其支付自 2013 年 5 月至 2020 年 4 月期间的经济补偿金。子公司则认为不存在降职降薪，是组织架构的正常调整，薪随岗变在合同中也已明确约定；子公司 2013 年 11 月才成立，应当从 2014 年 1 月签订合同起计算工作年限。

工作任务：在了解相关法律、法规的基础上，教师将学生分成不同的角色，学生根据各自所扮演的角色对案例进行分析，提出自己的处理方案。

任务 3   用人单位单方解除劳动合同（辞退）

【任务目标】

- 掌握用人单位单方解除劳动合同需具备的条件和履行的法律程序。
- 掌握在用人单位单方解除劳动合同不符合法律规定时，可以采取的法律途径和主张的法律权利。
- 训练学生处理用人单位单方解除劳动合同争议的能力。

【任务材料】

张某系北京某知名大学硕士研究生，在校期间成绩优秀，多次组织了大型文化活动。在一次人才招聘会上，张某看到一大型国有企业正在招聘助理工程师，招聘条件为：

（1）国家重点院校相关专业毕业的应届硕士研究生。

（2）在校期间专业成绩在本年级前 50 名内。

（3）具有团队合作意识，有组织学生活动的经验。

（4）形象气质好的男生。

经过几轮的面试筛选，张某终于应聘成功，与企业签订了就业协议。

2018 年 7 月，张某硕士毕业，正式进入某企业工作，双方签订了 2 年的劳动合同，约定试用期 2 个月。距张某试用期满还有一周时间，单位为了增强员工之间的相互沟通，提高员工的团队意识，组织员工进行一周的拓展训练。训练结束后，企业给每位员工做出了相应的评价。对张某的评价是其团队合作意识差，理由是在训练过程中，张某为了完成训练任务只和部分有能力的同事合作。鉴于这样的评价，该企业经过研究决定，以张某在试用期内不符合录用条件为由，解除与张某的劳动合同。张某不服，随即向本市劳动争议仲裁委员会提起申诉。

工作任务：学生分为不同的角色，根据自己所扮演的角色对案例提出自己的处理方案。

【知识链接】

用人单位单方解除劳动合同必须具备法定理由，否则解除就是非法的。国际劳工组织第158 号公约明确提出了解雇方面的法律法规应当包括的三个方面的内容：解雇必须有理由（或者是基于雇员的行为、能力，或者是基于经营活动的需要）；如果是基于雇员的行为或者表现而解雇，必须给予雇员自我辩护的机会；认为被不当解雇的雇员有权向有关公证机构申请解决不当解雇。我国虽然还没有批准该公约，但是已经在《中华人民共和国劳动法》和《中华人民共和国劳动合同法》中落实这样的解雇法律，即要求用人单位解雇劳动者必须符合法定理由。

一、即时辞退

即时辞退是指用人单位无须向劳动者预告或无须额外支付劳动者 1 个月工资就可随时通知辞退。

劳动者有下列情况之一的，用人单位可以随时提出解除劳动合同：

（1）试用期期间被证明不符合录用条件的。

（2）严重违反用人单位的规章制度的。

（3）严重失职，营私舞弊，给用人单位造成重大损害的。

（4）劳动者同时与其他用人单位建立劳动关系，对完成本单位的工作任务造成严重影响，或者经用人单位提出，拒不改正的。

（5）以欺诈、胁迫的手段或者乘人之危，使对方在违背真实意思表示的情况下订立或者变更劳动合同而致使劳动合同无效的。

（6）被依法追究刑事责任的。

这类解除劳动合同的依据是劳动者有行为上的严重过错，甚至已经给用人单位造成了经济损失。在这些情形下，双方保持劳动关系已经不可能了，所以法律赋予用人单位可以随时结束劳动合同关系的权利。

用人单位依据上述规定解除劳动合同的，属于合法解雇，对劳动者不承担任何责任，法律关系随时解除随时失去效力。此外，由于解除是基于劳动者的行为过错，所以用人单位解除时不需要遵守预告期的规定，也不需要向劳动者支付经济补偿金。

二、预告辞退

预告辞退是指用人单位经向劳动者预告或支付代预告金后辞退劳动者。劳动者有下列情形之一的，用人单位提前 30 日以书面的形式通知劳动者本人或者额外支付劳动者 1 个月工资后，可以解除劳动合同：

（1）劳动者患病或者非因工负伤，在规定的医疗期满后不能从事原工作，也不能从事由用人单位另行安排的工作的。

（2）劳动者不能胜任工作，经过培训或者调整工作岗位仍不能胜任工作的。

（3）劳动合同订立时所依据的客观情况发生重大变化，致使劳动合同无法履行，经用人单位与劳动者协商，未能就变更劳动合同内容达成协议的。

这类解除劳动合同不是基于劳动者的行为过错，而是基于劳动者的工作能力和其他客观原因，所以在解除程序和法律后果的规定上都与随时解除不同。

法律程序上有两个程序。一是在劳动者不能胜任工作时要先给劳动者调岗，在调岗后，劳动者仍然被考核结果证明不能胜任工作时才可以解除其劳动合同。对于客观情况发生重大变化的情形，要经过协商程序。二是用人单位要提前通知劳动者解除劳动合同的决定，即遵守预告期 30 天的规定，让劳动者有时间和心理准备面临被解雇和重新就业的情况。法律规定，用人单位也可以不遵守该预告期，但是要为此支付劳动者 1 个月工资，即以 1 个月工资支付代替提前 30 天的预告期。对此，我们可以看出，在这一程序要求上，立法者主要是从用人单位便利的角度考虑。

对于上述情形下发生的合法的用人单位单方解雇，由于不是出于劳动者主观上的过错，而是客观原因造成的，用人单位解雇时要给予劳动者经济补偿金。

三、经济性裁员

经济性裁员是指用人单位基于经营方面的困难或者基于生产经营方面技术改造的原因，使某些劳动者丧失了劳动岗位，用人单位不得不解雇他们。其原因在于经济方面，故被称为经济性裁员，其表现形式具有批量性，也被称为集体辞退。

（一）裁员条件

有下列情形之一的，用人单位可以裁减人员：

（1）依照企业破产法规定进行重整的。

（2）生产经营发生严重困难的。

（3）企业转产、重大技术革新或者经营方式调整，经变更劳动合同后，仍需裁减人员的。

（4）其他因劳动合同订立时所依据的客观经济情况发生重大变化，致使劳动合同无法履行的。

（二）裁员程序

用人单位需裁减 20 人以上或者裁减不足 20 人但占企业职工总数 10%以上的，用人单位提前 30 日向工会或者全体职工说明情况，听取工会或者职工的意见后，裁减人员方案经向劳动行政部门报告，可以裁减人员。

（三）裁员对象的顺序

在选择裁员对象和安排裁员顺序时，基于一定的价值取向将特定类型的人员优先留用，亦即将其安排在裁员的较后顺序。裁减人员时，应当优先留用下列人员：

（1）与本单位订立较长期限的固定期限劳动合同者。

（2）与本单位订立无固定期限劳动合同者。

（3）家庭无其他就业人员，有需要扶养的老人或者未成年人者。

（四）裁员后优先录用

用人单位在裁员后 6 个月内重新招用人员的，应当通知被裁减的人员，并在同等条件下优先招用被裁减的人员。

四、用人单位不得解除劳动合同的情形

为了防止用人单位滥用劳动合同解除权，保护处于特定阶段或者特定岗位上的劳动者的利益，劳动法对用人单位不得解除劳动合同的情形作了规定。

预告辞退和裁员的禁止条件包括：

（1）从事接触职业病危害作业的劳动者未进行离岗前职业健康检查，或者疑似职业病病人在诊断或者医学观察期间。

（2）在本单位患职业病或者因工负伤并被确认丧失或者部分丧失劳动能力。

（3）患病或者非因工负伤并在规定的医疗期内。

（4）女职工在孕期、产期、哺乳期内。

（5）在本单位连续工作满 15 年且距法定退休年龄不足 5 年。

（6）法律、行政法规规定的其他情形。

【任务解析】

依据《中华人民共和国劳动合同法》第三十九条第一项的规定，在试用期解除员工劳动合同必须具备两个条件：一是员工处于试用期，二是被解除劳动合同的员工不符合企业录用条件。结合本案来看，拓展训练在张某试用期最后一周，符合解除劳动合同第一个条件。但是用人单位未能提出充分的证据证明本单位详细、明确的录用条件和张某不符合该录用条件，因此属于违法解除劳动合同。

用人单位在试用期内以劳动者"不符合录用条件为由"与劳动者解除劳动合同，应当提供充分的证据证明以下事项：第一，用人单位对录用岗位制订了明确的录用条件，并在录用劳动者时告知了劳动者（如劳动者年龄、文化程度、身体状况、业务水平等），若用人单位没有制订则参照一般招聘条件；第二，劳动者不符合用人单位规定的录用条件。若用人单位不能证明该事项，则其很难以劳动者"不符合录用条件"为由与劳动者解除劳动合同。

【任务拓展】

1．郝某于 2019 年 3 月 14 日到某度假酒店工作，双方签订为期 3 年的劳动合同。合同约定郝某担任副经理职务，分管酒店后勤以及安全保卫工作，试用期为 3 个月，试用期工资为 3500 元，转正后月工资为 4000 元。2019 年 7 月 10 日，郝某因病住院，根据医院检查，郝某需要住院 3 个月。2019 年 7 月 13 日该酒店以郝某不符合录用条件为由，表示不会承担郝某的医药费，郝某不能享受病假待遇，并于此后的第三天向郝某发送了解除劳动关系决定书。郝某不服，向酒店所在地的劳动争议仲裁委员会提请仲裁，要求裁决撤销该酒店的解除劳动合同决定书，并依法给予 3 个月的医疗期待遇。仲裁裁决支持了郝某的请求，酒店不服，认为郝某的身体状况不符合公司的录用条件，且刚过试用期即被发现，公司有权与其解除合同，并向法院提起诉讼，要求撤销仲裁裁决，确认公司作出的解除与郝某的劳动合同的决定有效。

工作任务：在了解相关法律、法规的基础上，教师将学生分成不同的角色，学生根据各自所扮演的角色对案例进行分析，提出自己的处理方案。

2．刘某系某知名房产经纪公司的大区销售经理，已在该公司工作多年，工作业绩一直较好。后因公司高管变动频繁，内部管理混乱，且国家出台相关房产调控政策，整个房产销售行业受到很大冲击。2018年2月，该公司接连发生五起由于刘某作为大区经理领导不善，没能及时督促员工与签订房屋买卖意向书的顾客签订买卖合同，而导致买卖合同没有成交，无法收取居间费用的事件，公司为此蒙受十余万元的经济损失。公司便以"严重失职，给公司造成严重经济损失"向刘某下达了解除劳动合同的通知，并且未给刘某任何补偿。刘某称公司对其大区销售经理职位没有明确具体的岗位职责要求，只是笼统要求负责该区所辖部门的全部运营工作，且客户毁约是因为国家出台相关房产调控政策，银行贷款手续无法办理，因此不能以此追究其个人责任。经与公司多次协商未果，刘某遂向当地劳动争议仲裁委员会提起仲裁申请，要求企业支付赔偿金。

工作任务：在了解相关法律、法规的基础上，教师将学生分成不同的角色，学生根据各自所扮演的角色对案例进行分析，提出自己的处理方案。

3．某公司急需一名技术主管，发出招聘技术主管的招聘启事。在招聘须知中对应聘者的学历、工作经验等做了明确具体的规定。赵某前往应聘，为了证明其符合某公司的招聘条件，赵某向公司的招聘人员出示了多个专业的学历证书，并陈述了以往在多个大型企业从事技术主管的经历，赵某应聘成功，试用期为6个月。3个月过去，赵某表现平平，公司产生了怀疑。经调查，发现赵某存在学历造假的行为，另外其陈述的工作经历也为虚假内容。于是，公司以赵某不符合录用条件为由向赵某发出了解除劳动关系的通知。赵某不服，遂向仲裁委提起仲裁申请，请求仲裁委撤销解除劳动合同的通知。

工作任务：在了解相关法律、法规的基础上，教师将学生分成不同的角色，学生根据各自所扮演的角色对案例进行分析，提出自己的处理方案。

4．范某于2020年3月1日去某食品公司面试，在面试合格后签订了一份名为《范某报到谈话协商的内容补充说明（协议）》的简单协议，协议约定范某在食品公司的学徒期为1~6个月，同时约定了工资构成及发放时间等，并有内容涉及劳动纪律等情况，其中有一条约定："作为生产操作工必须到生产车间岗位学徒30天，独立操作15天，若达不到标准则继续延长学徒期，在延长期限后，仍达不到标准则继续延长学徒期，在延长期限后仍达不到标准的，则公司有权解除劳动合同。"2020年7月31日，单位以范某不能胜任工作为由，向其送达了解除劳动合同通知书。

范某在接到解除劳动合同通知书后，向仲裁委申请仲裁，提出以下请求：①请求确认范某与食品公司自2020年3月1日至2020年7月31日存在劳动关系；②请求支付2020年7月31日的工资1500元；③请求支付2020年4月1日至2020年7月31日未签订劳动合同的双倍工资差额6000元；④请求支付违法解除劳动合同的赔偿金1500元。

工作任务：在了解相关法律、法规的基础上，教师将学生分成不同的角色，学生根据各自所扮演的角色对案例进行分析，提出自己的处理方案。

5．赵某于 2017 年 3 月被北京某公司录用为出纳，并签订 3 年期限的劳动合同。2018 年 5 月赵某得知自己怀孕，2018 年 6 月，赵某被公司以严重违反公司的员工奖惩制度为由解除劳动合同。赵某对于此决定不服，多次找领导协商此事，要求撤销解除劳动合同的决定，均被公司拒绝。2018 年 9 月赵某提起劳动仲裁，要求恢复双方的劳动关系。

赵某称其并没有违反劳动纪律，而是公司在得知其怀孕后，故意"找茬儿"，并且找其谈话劝退，被赵某拒绝。之后公司以赵某违反劳动纪律，多次迟到早退，并且将本应由其亲自送到银行的巨额支票交由快递寄出等理由作出解除劳动合同的决定。对此赵某不予认同，认为以上理由均是公司编造出来的。公司也未提交证据予以证实。

工作任务：

（1）公司内部制定的员工奖惩制度能否作为处罚职工的依据？

（2）用人单位以孕妇违纪为由解除劳动合同，理由是否合法？

6．2020 年 1 月 18 日，某公司车间工人马某因违法行为被追究法律责任而被处以拘役 6 个月。公司及时咨询律师，律师建议公司在征得工会同意后与马某解除劳动关系。2020 年 7 月底，马某拘役期满后来到公司要求为其安排工作，公司工作人员告知其公司已经与其解除劳动关系，并要求马某补办离职手续，马某拒绝补办。2020 年 8 月 18 日马某以公司没有为其缴纳社会保险，不给安排工作为由向公司提出辞职。随后便向当地劳动争议仲裁委员会提出仲裁申请，要求确认 2014 年 11 月 20 日至 2020 年 8 月 18 日与公司存在劳动关系；要求公司支付解除劳动合同经济补偿金、加班费、社会保险补偿金等共计两万余元。

工作任务：在了解相关法律、法规的基础上，教师将学生分成不同的角色，学生根据各自所扮演的角色对案例进行分析，提出自己的处理方案。

任务 4　劳动合同的终止

【任务目标】

- 掌握用人单位或劳动者终止劳动合同需具备的条件和履行的法律程序。
- 掌握在一方单方面终止劳动合同不符合法律规定时，另一方可以采取的法律途径和可以主张的法律权利。
- 训练学生处理终止劳动合同争议的能力。

【任务材料】

李某（申请人）于 2010 年 6 月进入 A 公司（被申请人）担任质检工作，月薪 3000 元。最后一份劳动合同期限到 2019 年 12 月 31 日。李某已生育一子，但于 2019 年底再次怀孕，李某只于 2020 年 9 月 10 日将近生产时请了事假 2 个月。2020 年 11 月 10 日李某假期结束后回公司上班，公司决定在其哺乳假结束后终止其劳动合同，并要求李某提供婴儿出生证明，证明上显示婴儿出生日期为 2020 年 9 月 18 日。但公司因为工作疏忽在李某哺乳假结束后第 10 天即 2021 年 9 月 28 日才通知李某合同到期终止。李某不予认可。公司把终止通知寄给李某，李某实际工作到 2021 年 9 月 30 日。李某后申请仲裁，要求 A 公司支付违法解除劳动合同双倍赔偿金。

工作任务：学生分为不同的角色，根据自己所扮演的角色对案例提出自己的处理方案。

【知识链接】

一、概念

劳动合同终止，是指劳动合同所确立的劳动关系因劳动合同解除以外的法律事实而消灭。

劳动合同的解除与终止是劳动合同效力和劳动关系消灭的两种形式。二者的区别主要在于：

（1）解除是劳动合同的提前消灭（或称提前终止）；终止则是劳动合同因期满、目的实现或当事人资格丧失而消灭。

（2）解除须当事人依法作出提前消灭劳动合同关系的意思表示，即须经当事人双方协商一致或一方当事人依法行使解除权。即使具备劳动合同解除的条件而无合同当事人解除劳动合同的意思表示的，劳动合同仍未解除。终止则一般是在一定法律事实出现后无须当事人双方合意或任何一方专门作出终止劳动合同的意思表示，只需当事人在具备终止的法定事由时无延续劳动关系的意思表示即可。

二、劳动合同终止的事由

劳动合同终止的事由只可法定，不得约定。具体可以分为一般终止、特殊终止、延期终止。

（一）一般终止

有下列情形之一的，劳动合同终止：

（1）劳动合同期满的。

（2）劳动者开始依法享受基本养老保险待遇的。

（3）劳动者死亡，或者被人民法院宣告死亡或者宣告失踪的。

（4）用人单位被依法宣告破产的。

（5）用人单位被吊销营业执照、责令关闭、撤销或者用人单位决定提前解散的。

（6）法律、行政法规规定的其他情形。

（二）特殊终止

自用工之日起 1 个月内，经用人单位书面通知后，劳动者不与用人单位订立书面劳动合同的，用人单位应当书面通知劳动者终止劳动关系，无须向劳动者支付经济补偿，但是应当依法向劳动者支付其实际工作时间的劳动报酬。

自用工之日起超过 1 个月不满 1 年，劳动者不与用人单位订立书面劳动合同的，用人单位应当书面通知劳动者终止劳动关系，并支付经济补偿。

（三）延期终止

在劳动合同期满时，如果同时出现法律规定的用人单位不得解除劳动合同的情形，劳动合同应当续延至相应的情形消失时终止。其中丧失或者部分丧失劳动能力劳动者的劳动合同的终止，按照国家有关工伤保险的规定执行。

【任务解析】

被申请人辩称：第一，不能因为公司的工作疏忽而要求公司承担违法解除赔偿金，公司的通知上注明是终止劳动合同而非解除通知，并且只是延迟了 10 天；第二，即使合同到期后双方存在事实劳动关系 10 天，公司终止事实劳动关系按照法规规定也只需支付经济补偿金。

申请人认为双方劳动合同因哺乳期顺延到期后，被申请人并没有终止劳动合同，双方劳动关系继续存在，被申请人又通知劳动合同到期终止是不合法的，所以应该支付违法解除赔偿金。

仲裁认为，被申请人作为用人单位应该知晓劳动合同因哺乳期顺延终止的时间，在到期时未按规定终止，就认为用人单位和劳动者达成继续履行劳动关系的合意，之后再反悔通知终止劳动合同不合法，属于违法解除劳动合同。

很多人并没有意识到及时通知合同到期终止的重要性，以为延误几天并无大碍。但从这个案例可以看出，不按规定通知合同到期终止不续签，很可能就由支付经济补偿金变成支付违法解除合同赔偿金。

【任务拓展】

1. 王某于 2018 年 5 月受聘于北京市某食品有限公司，双方签订了为期 3 年的劳动合同（2018 年 5 月 20 日至 2021 年 5 月 20 日）。2021 年 3 月 10 日，王某感觉腿部不适到医院检查，根据王某的病情，医生嘱咐其需要及时住院治疗，至恢复出院需要 3 个月时间。2021 年 3 月 15 日，王某办理好请假手续住进医院。2021 年 5 月 20 日，食品公司以劳动合同到期为由，停发了王某的工资，不再为王某缴纳社会保险费，并作出了终止王某劳动合同的决定。王某不服向劳动争议仲裁委员会提起仲裁，要求食品公司发给其住院期间的病假工资，延续双方的劳动合同。

工作任务：在了解相关法律、法规的基础上，教师将学生分成不同的角色，学生根据各自所扮演的角色对案例进行分析，提出自己的处理方案。

2. 2018 年王某入职某家政公司，担任保洁员。该公司未与王某签订书面劳动合同，也未给其缴纳社会保险，双方只是口头约定了王某每月的工资为 2000 元。王某由该公司派到业主家从事小时工工作，报酬由王某、家政公司均分，每月随工资一起发放给王某。后来，家政公司被工商行政管理部门吊销营业执照，但公司与王某之间仍继续保持着用工关系，2021 年该公司将王某辞退。王某想要诉至法院，故来咨询律师。

经过了解案情，律师认为王某与家政公司仍存在劳动关系。要求家政公司支付未签订书面劳动合同应支付的双倍工资 13200 元，违法解除劳动关系经济补偿金 2000 元，未缴纳社会保险补偿金 6000 元。

在某区仲裁委员会，仲裁委支持王某的请求，但单位不服，要求以该公司已被吊销营业执照为由，判定其与王某之间不存在劳动关系，又起诉至某法院。

工作任务：讨论用人单位被吊销营业执照，原告与被告的劳动关系是否还存在。

3．李小姐于 2019 年 3 月 1 日入职北京某培训有限责任公司，劳动合同截止日期为 2020 年 1 月 1 日。2019 年 5 月 30 日，公司以人员调整、经营困难、工作表现等原因解除了双方的劳动合同，并支付了李小姐 1 个月的工资作为经济补偿金，同时公司扣发了李小姐病假期间的工资和福利待遇。李小姐多次和公司商谈此事，公司态度强硬。

2019 年 6 月，李小姐向劳动争议仲裁委员会申请仲裁，要求北京某培训有限责任公司继续履行劳动合同；北京某培训有限责任公司支付停工期间的工资、餐补、交通补贴、2019 年度年终奖等。公司认为李小姐 2019 年 4 月旷工 8 天，同时承认仅扣除 8 天的福利，李小姐的仲裁请求没有法律依据。

工作任务：在了解相关法律、法规的基础上，教师将学生分成不同的角色，学生根据各自所扮演的角色对案例进行分析，提出自己的处理方案。

任务 5   劳动合同解除和终止的经济补偿

【任务目标】

- 掌握用人单位支付劳动者经济补偿金的相关法律法规。
- 掌握在用人单位不按照法律法规支付经济补偿金时，另一方可以采取的法律途径和可以主张的法律权利。
- 训练学生处理经济补偿金争议的能力。

【任务材料】

王某自 2017 年 9 月 1 日至 2020 年 3 月 1 日在某汽车内饰件有限公司工作，以银行代发方式发工资，月平均工资为 2000 元，于 2020 年 3 月 1 日解除劳动关系。随后，王某向劳动争议仲裁委员会提出仲裁申请，要求裁决确认其与内饰件公司自 2017 年 9 月 1 日至 2020 年 3 月 1 日存在劳动关系，公司支付其 2017 年 9 月至 2020 年 3 月未缴纳社会保险补偿金，2018 年 1 月 1 日至 2020 年 3 月 1 日解除劳动关系的经济补偿金。

作为被申请人的公司方面答辩意见为：我单位认可与王某自 2017 年 9 月 1 日至 2020 年 3 月 1 日存在劳动关系，也认可双方于 2020 年 3 月 1 日解除劳动关系，但王某系因个人原因提出辞职，事由为有事回家，故我单位不同意支付解除劳动关系的经济补偿金。对于王某要求支付未缴纳社会保险补偿金的请求，不属于仲裁的受理范围，我单位不同意支付。

工作任务：学生分为不同的角色，根据自己所扮演的角色对案例提出自己的处理方案。

【知识链接】

一、概念

劳动合同解除和终止的经济补偿（以下简称经济补偿或经济补偿金），即劳动合同解除或终止时，用人单位在法定条件下应当按照法定标准向劳动者一次性支付的货币补偿。狭义上，仅指《中华人民共和国劳动法》第二十八条和《中华人民共和国劳动合同法》第四十六条、第四十七条规定的经济补偿，在境外立法例中被称为遣散费或离职费。广义上，还包括医疗补助费、工伤医疗补助金和伤残就业补助金等。

二、经济补偿的事由

根据《中华人民共和国劳动合同法》第四十六条的规定，有下列情形之一的，用人单位应当向劳动者支付经济补偿：

（1）用人单位有违反劳动合同和劳动与社会保障法律法规的情形，劳动者被迫辞职。

（2）用人单位向劳动者提出解除劳动合同并与劳动者协议解除劳动合同的。

（3）劳动者基于健康、劳动能力的原因，或由于劳动合同订立时所依据的客观情况发生变化不能履行劳动合同，用人单位经努力仍无效果而预告辞退。

（4）用人单位由于企业破产重整、生产经营发生严重困难等劳动合同订立时所依据的客观经济情况发生重大变化，致使劳动合同无法履行，而依法进行规模裁员。

（5）固定期限劳动合同期满不再续订劳动合同的，用人单位提高条件或在原有条件下愿意续订但是劳动者拒绝续订的除外。

（6）用人单位被依法宣告破产的。

（7）用人单位被吊销营业执照、责令关闭、撤销或者用人单位决定提前解散的。

（8）以完成一定工作任务为期限的劳动合同，因任务完成而终止的。

（9）法律、法规规定的其他经济补偿的事由。

三、经济补偿标准

（一）一般标准

按劳动者在本单位工作的年限，每满 1 年支付 1 个月的工资。6 个月以上不满 1 年的，按 1 年计算；不满 6 个月的，支付半个月的工资。这里的"月工资"，是指劳动者在劳动合同解除或者终止前 12 个月（工作不满 12 个月的为实际工作月数）的平均工资。

（二）特殊标准

（1）高薪劳动者的特别高限。劳动者月工资高于用人单位所在直辖市、设区的市级人民政府公布的本地区上年度职工月平均工资 3 倍的，向其支付经济补偿的标准按职工月平均工资 3 倍的数额支付，向其支付经济补偿的年限最高不超过 12 年。

（2）低薪劳动者的特别低限。劳动者月平均工资低于当地最低工资标准的，按照当地最低工资标准计算。

四、用人单位违法解除或终止劳动合同的后果

（一）优先继续履行

劳动者要求继续履行劳动合同的，用人单位应当继续履行。其要件包括：

（1）用人单位已实施违法解除或终止劳动合同的行为。

（2）劳动者有继续履行劳动合同的要求。

（3）用人单位有继续履行劳动合同的条件。

（二）支付赔偿金

用人单位违法解除或终止劳动合同，劳动者不要求继续履行劳动合同或者劳动合同已经不能继续履行的，用人单位应当依照《中华人民共和国劳动合同法》第八十七条规定支付赔偿金，即应当依照劳动合同解除和终止经济补偿标准的两倍向劳动者支付赔偿金。

【任务解析】

双方均认可于 2020 年 3 月 1 日解除劳动关系，王某主张以公司没有为其缴纳社会保险为由提出解除劳动关系，公司对其主张不予认可，并提交了辞职申请书，辞职申请书中虽然显示王某因有事回家提出辞职，但签名确认一项为空白，不足以证明王某是以此为由提出辞职，且王某对辞职申请书不予认可，故仲裁委对辞职申请书不予采信。在公司未进一步提交证据证明的情况下，应承担举证不能的不利后果。仲裁委对王某的主张予以采信，另经仲裁委查明，王某为外地户口，公司没有为王某缴纳社会保险。故王某要求支付解除劳动关系经济补偿金的请求符合法律规定，仲裁委裁决予以支持，裁令公司自裁决书生效之日起 3 日内支付给王某解除劳动关系的经济补偿金。

【任务拓展】

1. 胡某于 2015 年 9 月调入家电公司，家电公司为胡某办理了录用手续。胡某与家电公司签订了从 2015 年 9 月 1 日至 2020 年 8 月 31 日为期 5 年的劳动合同。2020 年 9 月，因胡某的劳动合同期满，家电公司通知胡某续签劳动合同，胡某表示不愿续签。于是，双方终止了劳动关系，家电公司为胡某办理了退工手续。由于胡某签订劳动合同的时间为 2015 年 9 月，根据有关规定，家电公司应按其在本公司服务的年限，每满 1 年，支付相当于 1 个月工资的经济补偿金。因此，家电公司在办理退工手续的同时，向胡某支付了 5 个月工资的经济补偿金。胡某对此不满，认为自己在调入家电公司前已有 7 年的工龄，家电公司应再支付 7 个月工资的经济补偿金。双方为此发生了争议。胡某遂诉至劳动争议仲裁委员会。在仲裁委的庭审中，胡某坚持认为自己是调入家电公司而非从社会上招聘，其工龄应连续计算。家电公司则认为，胡某当时确属调入本公司，但因家电公司系外商投资企业，胡某进入家电公司时办理了有关录用手续。按照相关法律、法规的规定，调动职工"同一用人单位连续工作时间"或"本单位工作年限"原则上从调入单位之日起算。同时，胡某也非原中方投资单位推荐的职工，家电公司按胡

某在公司的服务年限支付 5 个月的经济补偿金并无不当。

工作任务：学生分为劳动者、家电公司、仲裁员或法官等不同的角色。在了解基本事实和相关法律、法规的基础上，学生根据各自所扮演的角色对案例进一步进行取证、分析，提出自己的处理方案。

2. 孙某于 2006 年进入北京某公司工作，2018 年 9 月与公司签订期限为 3 年的劳动合同，2021 年 2 月公司因为经营困难，被依法宣告破产，破产时职工月工资为 14000 元，公司认为企业已经依法宣告破产，不应再支付经济补偿金，孙某向律师咨询如何维权。

工作任务：在了解相关法律、法规的基础上，教师将学生分成不同的角色，学生根据各自所扮演的角色对案例进行分析，提出自己的处理方案。

项目6 劳务派遣和非全日制用工

项目导读

劳务派遣和非全日制用工是劳动用工的方式。机关、事业单位和企业都会采用劳务派遣的方式用工，因为劳务派遣可以规避一定的用工风险。非全日制用工有着节约用工成本的优势，但用工易出现争议，风险较大。

教学目标

能力目标：注重以学生为主体、以法学实务为本位，培养学生运用正确方式解决劳动争议的能力。

知识目标：了解劳务派遣和非全日制用工。

思政目标：引导学生正确分析劳动争议典型案例，传承中华民族公平正义精神。

任务1　劳　务　派　遣

【任务目标】

● 理解劳务派遣的界定和劳动关系结构。
● 了解劳务派遣的分类、岗位范围和比例限制。
● 了解派遣工与正式工的同工同酬。
● 掌握派遣单位和用工单位的义务划分和连带赔偿责任。

【任务材料】

2018年6月，何某与甲公司签订5年固定期限劳动合同及派遣协议书，协议书中约定甲公司派遣何某至乙律师事务所上海代表处工作。2019年3月，乙律师事务所上海代表处告知何某因受金融危机的影响，客观情况发生重大变化，不得已减少员工以维持经营，通知何某聘用关系将于1个月后终止。2019年4月，乙律师事务所上海代表处告知甲公司已将何某退回，甲公司遂为何某开具退工证明，解除双方间的劳动合同。

后何某诉至法院，要求乙律师事务所上海代表处恢复用工关系、甲公司继续履行劳动合同，要求乙律师事务所上海代表处支付自终止聘用关系次日起至恢复工作岗位期间的全额工资及赔偿金，并缴纳该期间的社会保险，且由甲公司承担连带责任。

工作任务：进一步了解本案的事实，收集相关的法律法规，分组讨论本案的争议焦点，并分析法院应如何判决本案。

【知识链接】

一、劳务派遣的界定

劳务派遣，又称劳动派遣或劳动力派遣，是指派遣单位按照用工单位（又称要派单位）或劳动力市场的需要招收劳动者并与之订立劳动合同，按照其与用工单位订立的劳务派遣协议将劳动者派遣到用工单位劳动，劳动过程由用工单位管理，工资和社会保险费等项待遇由用工单位提供给派遣单位，再由派遣单位支付给劳动者并为劳动者办理社会保险登记和缴费等项事务；用工单位向派遣单位就提供的服务支付劳务费。它是一种特殊的用工形式、就业形式和就业服务形式。其中的被派遣劳动者通常称为派遣工。

劳务派遣与一般劳动关系的区别在于：一般劳动关系中，由用人单位直接招收和使用劳动者的，称为劳动合同用工；劳务派遣中，用工单位通过派遣单位招收劳动者，即招工与用工发生分离的，称为劳务派遣用工。

劳务派遣不同于外包用工。外包用工，是指发包人将其特定业务项目发包给承包人，由承包人招用劳动者来完成所承包的项目。在这里，发包人与承包人之间是劳务关系，承包人与劳动者是劳动关系，劳动者的劳动过程由承包人管理。在劳务派遣中，派遣单位与用工单位之间不存在业务项目承包关系，派遣单位为用工单位提供的劳务只限于部分人力资源管理服务，被派遣劳动者从事的劳动不由派遣单位承包和管理。

二、劳务派遣的分类

1. 常雇型派遣和临时性派遣

常雇型派遣和临时性派遣的区别在于：

（1）派遣前提不同。临时性派遣，又称登录型派遣，是指在派遣前派遣机构对劳动者只作登记，在受到用工单位委托后才与劳动者订立劳动合同并派遣其到用工单位劳动。常雇型派遣，是指在派遣前派遣单位根据市场需求招工并与劳动者订立劳动合同，受到用工单位委托后才派遣劳动者到用工单位劳动。

（2）劳动关系存续状态不同。临时性派遣中，劳动者与派遣单位、用工单位的劳动关系都具有临时性，且同时发生和终止。常雇型派遣中，劳动者与用工单位的劳动关系具有临时性，而与派遣单位的劳动关系不具有临时性，即在劳动合同期限内，劳动者与用工单位的劳动关系终止或未被派遣，都不影响其与派遣单位劳动关系的存续。常雇型派遣较之临时性派遣，更有利于劳动关系的稳定，可促使派遣单位对被派遣劳动者进行培训，便于保障被派遣劳动者在用工单位实现劳动平等。我国《劳动合同法》按照常雇型派遣的模式进行制度设计。

2. 系统内派遣与社会化派遣

系统内派遣，又称内部派遣，是指用人单位或者其所属单位出资或者合伙设立的劳务派遣单位，向本单位或者所属单位派遣劳动者。在我国，系统内派遣曾是为满足国有企业改革中减员的需要而出现的一种派遣形式。社会化派遣，即派遣单位面向全社会提供派遣服务，派遣单位独立于用工单位，其所服务的劳动者和用工单位都按劳动力市场需求选择而不受所有制、部门或行业系统限制。二者相比较，就满足劳动力资源市场配置和劳动者权益保护的需要而言，系统内派遣显然不及社会化派遣。故《中华人民共和国劳动合同法》第六十七条禁止系统内派遣，只允许社会化派遣。

3. 初始派遣和再派遣

派遣单位向用工单位派遣劳动者，为初始派遣。用工单位将派遣工派遣到其他用人单位劳动，为再派遣。基于劳务派遣的性质和派遣单位资格规制的要求，用工单位只有用工权而无派遣权。若允许再派遣，不仅不利于派遣工的权益保护，而且会扰乱劳务派遣秩序。因此，《中华人民共和国劳动合同法》第六十二条明确规定不得再派遣。

三、劳务派遣的劳动关系结构

劳务派遣中的劳动关系呈现出一重劳动关系分两个层次运行的结构。其中要点有下述几个。

1. "一重"

劳动关系实质上是劳动力与生产资料相结合的社会关系。某个劳动者的劳动力如果只与一个主体的生产资料相结合，就只存在一重劳动关系；如果与两个主体的生产资料相结合，则存在双重劳动关系。在劳务派遣中，由于只出现劳动力与生产资料的一重结合，因而只有一重劳动关系。

2. "三角"

在劳务派遣中，存在三个主体，即派遣单位、用工单位和劳动者，三者形成三角关系。

3. "两方"

就利益结构而言，派遣单位具有从用工单位中分离出来的雇主身份和职能，其与用工单位的共同利益一般多于其与劳动者的共同利益。因而，派遣单位不是独立于用工单位与劳动者的第三方，而是与用工单位共同为雇主一方，构成劳动者的相对人。

4. "两层"

雇主和劳动关系都分为两个层次。派遣单位为名义雇主、招工雇主，用工单位为实际雇主、用工雇主。一个完整的劳动关系也相应分为两个不完整而又相互联系的层次。劳动者与派遣单位之间有劳动合同而无劳动，这是形式上的劳动关系，其内容中没有劳动力与生产资料的结合，为人力资源管理（非生产性）的劳动权利义务；劳动者与用工单位之间是无劳动合同而有劳动关系，这是实质上的劳动关系，以劳动力与生产资料的结合亦即劳动过程管理（生产性）的劳动权利义务为内容。其中，有的权利义务在内部分为两个层次，如雇主对劳动者的工资和社会保险费义务，用工单位承担负担义务，派遣单位承担支付或缴纳义务。

5."纽带"

在劳动关系的两个层次之间存在两根"纽带":一是委托关系,即派遣单位受用工单位委托为其提供招工、派遣等服务,此与民商法中的隐名代理类似;二是默示担保关系,即派遣单位因招工和派遣而就用工单位履行劳动法义务的能力对劳动者有担保义务,用工单位因委托派遣单位招工派遣或接受派遣单位的派遣而就其履行劳动法义务的能力对派遣单位和劳动者有担保义务。这就是派遣单位与用工单位应当对劳动者负连带责任的法理依据。

6."主次"

劳动关系两个层次的主次地位。在临时性派遣中,应当以劳动者与用工单位的劳动关系为主。在常雇型派遣中,应当以劳动者与派遣单位的劳动关系为主。

四、劳务派遣的岗位范围和比例限制

限制劳务派遣的岗位范围,旨在控制劳务派遣主流化的现象,将劳务派遣限定为用工的补充形式。2007 年《中华人民共和国劳动合同法》第六十六条关于劳务派遣岗位范围的规定,属于弹性限制,2012 年《中华人民共和国劳动合同法》则修改为刚性规制,即规定"劳务派遣用工是补充形式,只能在临时性、辅助性或者替代性的工作岗位上实施",并对"三性"岗位作出明确界定。临时性工作岗位作为与常年性岗位(或称常设性岗位)相区别的概念,被限定为存续时间不超过 6 个月的岗位;辅助性岗位作为常年性岗位中与主营业务岗位相区别的概念,被定义为为主营业务岗位提供服务的非主营业务岗位;替代性岗位则是指常年性、主业性岗位中,在劳动者因脱产学习、休假等原因无法工作的一定期间内可以由其他劳动者替代工作的岗位。

鉴于辅助性岗位界定的难度,法律还规定实行比例限制,即要求用工单位应当严格控制劳务派遣用工数量,不得超过其用工总量的 10%。

五、派遣单位和用工单位的义务划分

在劳动关系和劳动法中,用人单位(雇主)是使用他人劳动力的主体,是劳动合同的缔约人和履约人。在劳务派遣中,派遣单位虽然不使用派遣工的劳动力,却是劳动合同的缔约人和履约人,即以用人单位名义与劳动者订立劳动合同并履行劳动合同约定的部分与劳动力使用相关的义务。故已具备法律意义上用人单位(雇主)内涵的部分必备内容。因此,《中华人民共和国劳动合同法》第五十八条特别强调,派遣单位是《劳动合同法》所称的用人单位,应当履行用人单位对劳动者的义务。在此意义上,派遣单位作为用人单位(雇主)不具有完整性,只是名义用人单位(雇主)、缔约或招工用人单位(雇主)、非用工用人单位(雇主)。劳务派遣中的用工单位,须以具备用人单位资格为前提,虽然不是劳动合同的缔约人,却是劳动力的使用者和劳动合同的履约人。基于劳动关系的实质是劳动力使用关系,用工单位较之派遣单位,更有理由是用人单位(雇主)。因此,不应当以法律未特别强调用工单位是用人单位(雇主)而否定其是用人单位(雇主)。当然,用工单位作为用人单位(雇主)也具有不完整性。

派遣单位和用工单位都作为不完整的用人单位(雇主),其义务划分既由立法规定,也由劳务派遣协议和劳动合同约定。其中，法定优于约定，约定内容不得与法定内容相抵触。《中华人民共和国劳动合同法》和《劳务派遣暂行规定》等立法对其义务划分的特别规定有以下几个方面：

（1）缔约义务和告知义务。

派遣单位作为招工雇主，应当与派遣工订立书面劳动合同，且应当订立 2 年以上的固定期限劳动合同。在常雇型派遣中，劳动者可能被先后派遣到不同用工单位，劳动合同订立可能先于或后于劳务派遣协议订立，故派遣单位告知义务的内容，除劳动合同订立和变更时的一般缔约告知义务外，还应当包括劳务派遣所特有的内容。对于常雇型派遣而言，由于劳动合同对其存续期间派遣工在不同用工单位的劳动权利义务都作出具体约定，故用工单位也负有告知义务，即应当告知派遣工的工作要求和劳动报酬。

（2）劳动基准义务。

在劳务派遣中，劳动过程的管理者是用工单位而非派遣单位，故遵守劳动基准的义务一般只由用工单位承担。用工单位应当遵守国家劳动标准，提供相应的劳动条件和劳动保护。在异地派遣中，一般应当遵守用工单位所在地的劳动标准；若派遣单位注册地劳动标准高于用工单位所在地劳动标准，且派遣单位与派遣工约定按照派遣单位注册地劳动标准执行的，从其约定。

派遣单位虽然不管理劳动过程，但对用工单位遵守劳动基准有督促义务，即应当督促用工单位依法为派遣工提供劳动保护和劳动安全卫生条件；并且，对派遣工无工作期间支付的劳动报酬遵守当地最低工资标准。

（3）劳动报酬和福利义务。

派遣单位由于不使用派遣工的劳动力，故其就劳动报酬和福利仅承担支付义务，即除法定由用工单位直接支付的项目外，应当按照国家规定和劳务派遣协议约定，依法支付派遣工的劳动报酬和相关待遇；在派遣工无工作期间，应当按照当地最低工资标准，向其按月支付劳动报酬。

用工单位作为劳动力的使用者，应当负担由派遣单位支付的劳动报酬和福利。此外，其主要义务还有同工同酬义务和工资调整义务，以及直接向派遣工支付加班费、绩效奖金和岗位福利待遇的义务。

（4）社会保险义务。

派遣单位是劳动合同的签约人，故应当是派遣工社会保险的参保人和缴费人，应当依法为派遣工办理社会保险和缴纳社会保险费，并按规定办理社会保险关系转移手续。异地派遣的，由于社会保险执行用工单位所在地的标准，故派遣单位应当由其在用工单位所在地设立分支机构或者委托用工单位代理，在用工单位所在地为派遣工办理参保手续并缴费。

派遣工在用工单位发生工伤的，派遣单位应当依法申请工伤认定，用工单位应当协助工伤认定的调查核实工作；派遣单位还应当承担工伤保险责任，但可以与用工单位约定补偿办法。派遣工在申请进行职业病诊断、鉴定时，用工单位应当负责处理职业病诊断、鉴定事宜，并如实提供职业病诊断、鉴定所需要的资料，派遣单位应当提供派遣工职业病诊断、鉴定所需的其他材料。

（5）其他义务。

派遣单位应当建立培训制度，对派遣工进行上岗知识、安全教育培训；用工单位应当对在岗派遣工进行工作岗位所必需的培训。

派遣单位应当依法出具解除或终止劳动合同证明，协调处理劳动者与用工单位的纠纷。用工单位不得将派遣工再派遣到其他用人单位；除法定可退回的情形外，不得将派遣期限未满的派遣工退回派遣单位。劳务派遣单位和用工单位都不得向派遣工收取费用。

六、派遣工与正式工的同工同酬

《中华人民共和国劳动合同法》第六十三条第一款规定："被派遣劳动者享有与用工单位的劳动者同工同酬的权利。用工单位应当按照同工同酬原则，对被派遣劳动者与本单位同类岗位的劳动者实行相同的劳动报酬分配办法。用工单位无同类岗位劳动者的，参照用工单位所在地相同或者相近岗位劳动者的劳动报酬确定。"由此可见，劳务派遣同工同酬的特点在于：

（1）"同工"仅以岗位作为界定的标志，即派遣工与正式工在"本单位同类岗位"或"用工单位所在地相同或者相近岗位"。

（2）"同酬"在空间范围和衡量标准上具有两个层次，即用工单位同类岗位上部分使用派遣工的，"同酬"只在本单位同类岗位比较；用工单位同类岗位上全部使用派遣工的，"同酬"则超出本单位而在其所在地区作社会比较。

派遣工与正式工同工同酬中的"酬"，就其文义解释，是指劳动报酬，但有必要作适度的扩大解释，即除劳动报酬外，还应当包括部分劳动福利，但不宜包括基本社会保险待遇。理由在于：

（1）现行立法对劳动报酬与劳动福利缺少明确界定，辅助工资形式与劳动福利项目易于混淆和串项，实践中多有劳动报酬支付与劳动福利支付错位的现象，且派遣工与正式工劳动福利不平等的问题非常突出。故应当将与劳动报酬难以界定且基于岗位特殊性的劳动福利项目纳入"同酬"的范围。

（2）劳动报酬与社会保险是两种有明确法律界限的不同分配形式，正式工与派遣工社会保险的参保人不同，而且异地派遣中正式工与派遣工社会保险待遇不平等的问题，可通过统一在用工单位所在地参保和缴费得到解决，而不必将社会保险纳入"同酬"范围。

关于"同酬"的标准，实践中通常有三种理解，即同工者劳动报酬数额相同、同工者劳动报酬水平相同、同工者劳动报酬分配规则相同。对其选择，应当依同工同酬的空间层次不同而有所不同。在本单位同类岗位派遣工与正式工"同酬"的比较中，只需要求劳动报酬分配规则相同即可，此即立法所规定的"实行相同的劳动报酬分配办法"，劳动报酬分配办法的三项要素（即劳动计量办法、劳动绩效考核办法和劳动报酬标准）都应当相同。在用工单位所在地相同或者相近岗位派遣工与正式工"同酬"的社会比较中，对"同酬"只宜从劳动报酬水平相同的维度提出要求，即要求"参照用工单位所在地相同或者相近岗位劳动者的劳动报酬确定"派遣工的劳动报酬。

七、派遣单位和用工单位的连带赔偿责任

2012 年《中华人民共和国劳动合同法》与 2007 年《中华人民共和国劳动合同法》相比，尽管承担连带赔偿责任的单位发生了根本变化，即将用工单位为派遣单位承担连带赔偿责任修改为派遣单位为用工单位承担连带赔偿责任，但都是单方的连带赔偿责任，这有悖于以派遣单位和用工单位之间共同雇主关系和默示担保关系为基础的连带赔偿责任原理。尤其是在现实中，超出"三性"岗位或比例限制使用派遣工、同工不同酬、违法退回等违法行为的主要原因在于用工单位；用工单位从违法劳务派遣中所得利益一般多于派遣单位，且用工单位承担赔偿责任的能力一般强于派遣单位，故在法律责任分配上偏重于用工单位不仅更有效而且更可行。

值得注意的是，在劳务派遣中，根据法律规定和劳务派遣协议约定，用工单位对派遣工负有独立于派遣单位之外的义务，并且这些义务只应当由用工单位承担，故用工单位应当是独立的责任主体。设立连带赔偿责任，是为了给派遣工实现其赔偿请求权提供保障，并且以派遣单位与用工单位的雇主义务和赔偿责任的划分为前提，而不是对用工单位独立责任的否定。因而，履行连带赔偿责任后，可依据雇主义务和赔偿责任的划分行使追偿权。

【任务解析】

本案的主要争议焦点有两个：一是用工单位即乙律师事务所上海代表处可否以客观情况发生重大变化为由将被派遣劳动者退回劳务派遣单位甲公司？二是劳务派遣单位可否以用工单位的客观情况发生重大变化为由解除与被退回劳动者之间的劳动关系？

法院应判决何某与甲公司签订的劳动合同继续履行至劳动合同解除或终止时止；甲公司按照上海市同期最低工资标准支付何某自终止聘用关系次日起至劳动合同解除或终止日止的工资；甲公司按照本市最低工资标准的相应缴费基数为何某缴纳自 2019 年 4 月起至劳动合同解除或终止期间的社会保险费；驳回何某的其他诉讼请求。

【任务拓展】

1. 彭某于 2020 年 7 月 6 日与某知名劳务派遣公司南京分公司签约，为期 2 年，外派到该跨国企业北京和上海的分公司；同年 7 月 11 日，也与该跨国企业签订培训协议。2022 年 6 月 30 日，彭某与派遣公司劳动关系终止后，不愿意再与该跨国企业签订劳动合同。该跨国企业于 8 月 19 日发出退工单和劳动手册，并于 8 月 20 日发出通知，要求彭某支付违约金 30 余万元。9 月 6 日，该跨国企业申请仲裁委员会仲裁。

工作任务：教师组织学生进一步了解本案的事实，收集相关的法律法规，分析仲裁委员会应如何裁决该案。

2. 2017 年，某劳务派遣公司将几名劳动者派遣到某学校从事后勤工作，工资及保险费由学校交劳务派遣公司支付和缴纳，同时学校向劳务派遣公司支付每人每月 70 元的管理费。劳动合同与劳务派遣协议都是两年一签，且期限相同。2019 年 2 月，两个合同均到期。在此之

前，学校曾表示无法明确是否续签及续签多久，但仍将继续用工一段时间，劳务派遣公司与劳动者均未提出异议。因此合同到期后，这几名劳动者仍在该校工作。直到 2019 年 6 月，学校后勤表示将退工，并告知劳动者和劳务派遣公司，开出了退工通知单。

于是，几名劳动者要求支付经济补偿金以及 3 月至 6 月没有签订劳动合同的双倍工资，并将劳务派遣公司与学校一起列为被申请人，诉诸劳动争议仲裁。

工作任务：教师组织学生进一步了解本案的事实，收集相关的法律法规，分析仲裁委员会应如何裁决该案。

任务 2　非全日制用工

【任务目标】

- 理解非全日制用工的概念、适用原则。
- 掌握非全日制用工的运行规则。

【任务材料】

王某于 2022 年 6 月 5 日进入 A 公司工作，担任行政兼出纳。由于王某需要照顾家庭，双方口头约定王某每天工作时间固定为 9 时至 14 时 30 分，午休 1 小时，每周做五休二，月工资人民币 2000 元。2022 年 9 月 4 日，A 公司要求变更工作时间，王某无法接受，遂产生劳动争议申请劳动仲裁，要求 A 公司支付 2022 年 7 月 5 日至 2022 年 9 月 4 日期间未签订劳动合同的二倍工资差额 3600 元。仲裁裁决未予支持王某的请求，王某不服，遂于法定期限内诉至法院。

工作任务：在了解本案的基础上，收集相关的法律法规，分组讨论双方协商处理纠纷时王某应如何维护自身合法权益。

【知识链接】

一、非全日制用工的界定

非全日制用工，又称非全日制劳动或就业，是指以小时计酬为主，劳动者在同一用人单位一般只提供非全日工时劳动的用工形式。其与全日制用工的区别主要在于：

（1）非全日制用工的工作时间少于全日制用工。

（2）全日制用工为一般用工形式，非全日制用工为特殊用工形式。

（3）非全日制用工的劳动关系一般具有临时性，全日制用工的劳动关系多具有稳定性。

（4）全日制用工一般是一重劳动关系，非全日制用工可以存在双重或多重劳动关系。

（5）对非全日制用工需要制定和适用特别法，如以小时计酬为主。

可见，区别全日制用工与非全日制用工的主要标志是正常工作时间的差异，即非全日制用工的正常工作时间少于全日制正常工作时数。目前，国际劳工组织和工业化国家对于非全日制劳动关系的界定有两类：一类是不规定非全日制用工的工时上限，仅以日或周平均工作时间少于标准工时来确定，例如国际劳工组织、欧盟和德国等；另一类是以周或日平均工时总数上限界定非全日制用工，例如法国、英国等。关于非全日制用工的正常工时界限的规定，又有时数界限和比例界限两种形式。时数界限如日本、美国、瑞典、澳大利亚等国规定周工时不满35小时；挪威规定周工时不满37小时；英国、芬兰、马来西亚规定周工时不满30小时。比例界限如法国规定至少少于法定周工时（39小时）的1/5；西班牙规定每日或每周工作的小时或天数之和少于正常工作时间的2/3。我国对非全日制劳动关系界定为：以小时计酬为主，劳动者在同一用人单位一般平均每日工作时间不超过4小时，每周工作时间累计不超过24小时。

二、非全日制用工的适用范围

劳动法以全日制用工为主，以"一人一职"（即同一劳动者在同一时空只参与一个劳动关系）为原则，而以非全日制用工为特殊、以双重或多重劳动关系为例外。非全日制用工作为全日制用工的一种特殊和例外形式，可弥补全日制用工的不足，以满足社会和劳动力市场的灵活用工（就业）需求。

正因为非全日制用工是弥补全日制用工之不足的一种非主流用工形式，其适用范围应当限于：

（1）工作量不能满足全日制用工需要的岗位。

（2）工作量虽能满足全日制用工需要，但非全日制用工较全日制用工可节约管理成本的岗位。

超出此范围采用非全日制用工，既不利于保护劳动者权益，也不利于提高企业效率。

值得注意的是，非全日制用工虽然多具有临时性，但其适用范围不限于临时性岗位。《中华人民共和国劳动合同法》将非全日制用工与劳务派遣并列为两种灵活用工形式，但并不表明二者在适用范围上应当完全隔离。由此引申的问题就是非全日制可否和如何适用于劳务派遣。在常雇型派遣中，派遣工与派遣单位的劳动关系不是临时性的，故不应当是非全日制劳动关系，即派遣单位不应当利用非全日制劳动合同来减轻其雇主责任；而派遣工与用工单位的劳动关系具有临时性，这与非全日制用工的临时性相吻合，应当允许用工单位对派遣工采用非全日制用工形式，即派遣单位可以将劳动者同时派遣到两个或两个以上用工单位从事非全日制劳动。

三、非全日制劳动合同的特殊运行规则

1. 非全日制劳动合同订立的特殊规则

非全日制劳动合同订立的特殊规则包括以下3个方面：

（1）订立非全日制劳动合同可以采用口头形式。非全日制用工，具有短期性、灵活性、非正规性的特点，其劳动合同的订立需要快捷简便和尽可能低成本。口头协议可满足这一需要，以促进劳动者灵活就业。所以，非全日制劳动合同的订立，双方当事人既可以选择口头形式，也可以选择书面形式。

（2）劳动者可以与一个或一个以上用人单位订立非全日制劳动合同。全日制劳动者若建立兼职劳动关系，应当经本职劳动关系的用人单位同意。而非全日制劳动者无须用人单位同意就可以另外订立非全日制劳动合同。但是，后订立的非全日制劳动合同不得影响先订立的非全日制劳动合同的履行。因而，对劳动者的缔约告知义务应当有特殊的要求，即已有全日制劳动关系的劳动者经用人单位同意订立非全日制劳动合同的，应当向对方告知其已有全日制劳动关系的情况；已有非全日制劳动关系的劳动者另外再订立非全日制劳动合同的，不仅应当向后一个劳动合同的用人单位告知已有非全日制劳动合同的情况，还应当向前个劳动合同的用人单位告知订立后一个劳动合同的情况。

（3）非全日制劳动合同不得约定试用期。对非全日制劳动关系若实行试用期，与非全日制劳动关系的临时性、灵活性、非正规性的特点不符，也与试用期的功能相悖，并且给用人单位压低非全日制劳动者的劳动报酬增加了条件，不利于非全日制劳动者的权益保护。

2. 非全日制劳动合同终止的特殊规则

基于非全日制劳动关系的短期性、灵活性、非正规性，依据《中华人民共和国劳动合同法》的规定，非全日制劳动合同的终止，较之全日制劳动合同，有以下特点：

（1）任何一方当事人都可以单方终止劳动合同，而无须对方同意。

（2）任何一方当事人都可以随时通知对方终止劳动合同，而无须向对方预告。

（3）任何一方当事人终止劳动合同，都不需要任何实体性条件。

（4）终止非全日制劳动合同，用人单位不向劳动者支付经济补偿。

3. 非全日制劳动者参加社会保险的特殊规则

2003 年《劳动和社会保障部关于非全日制用工若干问题的意见》第十条到第十二条规定，非全日制劳动者可以以个人身份参加基本养老保险和基本医疗保险，但用人单位应为其参加工伤保险缴纳工伤保险费。《中华人民共和国社会保险法》（简称《社会保险法》）第十条、第二十三条明确规定，未在用人单位参加基本养老保险、职工基本医疗保险的非全日制从业人员可参加基本养老保险和职工基本医疗保险，由个人缴纳保险费。

4. 非全日制用工可否选择非临时劳动合同的问题

我国现行立法关于非全日制用工的制度设计的前提是假定非全日制用工为临时用工。然而，现实中不可否认在常年性岗位上采用非全日制用工的可能性。若用人单位在常年性岗位上采用非全日制用工并与劳动者订立中长期甚至不定期劳动合同，并且适用《劳动合同法》第七十一条关于双方当事人任何一方都可以随时通知对方终止用工且用人单位不向劳动者支付经济补偿的规定，则有失公正。在这种情形下，应当支持当事人双方作出附条件终止用工和支付经济补偿的约定。

四、非全日制用工的劳动条件基准法适用

非全日制用工适用劳动条件基准法，既要遵循非全日制劳动者与全日制劳动者平等的原则，又要考虑非全日制用工特殊因素的影响。可有三种方式：其一，对于不受非全日制用工特殊因素影响的劳动条件，适用一般劳动基准，即劳动基准的适用不因全日制或非全日制而有差别；其二，对于受非全日制用工特殊因素影响的某些劳动条件，适用特殊劳动基准；其三，对于受非全日制用工特殊因素影响的某些劳动条件，劳动条件基准适用与当事人合意相结合。

1. 非全日制用工的工资基准

非全日制用工小时计酬标准不得低于当地最低小时工资标准。确定和调整小时最低工资标准时应当综合参考的因素包括：

（1）当地月最低工资标准及单位应缴纳的基本养老保险费和基本医疗保险费，当地月最低工资标准未包含个人缴纳社会保险费因素的还应考虑个人应缴纳的社会保险费。

（2）非全日制劳动者在工作稳定性、劳动条件和劳动强度、福利等方面与全日制劳动者的差异。最低小时工资标准的测算方法为：小时最低工资标准=[(月最低工资标准÷月平均计薪工作日数÷8)×(1+单位应当缴纳的基本养老保险费和基本医疗保险费比例之和)]×(1+浮动系数)。

非全日制用工的工资支付可以按小时、日、周单位结算，最长劳动报酬结算周期为 15 天，而不能按月结算。

2. 非全日制用工的加班

对非全日制用工而言，作为正常工作时间之外延长工时的加班，其形式有法定工时内加班和法定工时外加班。前者即实际工作时间超出约定工时但未超出法定工时；后者即实际工作时间不仅超出约定工时而且超出法定工时。法定工时外加班，应当依法支付加班费；而法定工时内加班是否支付加班费问题，以当事人双方约定为宜。

【任务解析】

非全日制用工与全日制用工最本质的区别就是工作时间，由《中华人民共和国劳动合同法》的规定可知，判定是否成立非全日劳动关系，应同时满足平均每日工作时间不超过四小时、每周工作时间累计不超过二十四小时，否则一旦突破上述工作时间的任一限制，司法实践中便极有可能被认定为全日制用工。例如《北京市非全日制就业管理若干问题的通知》（京劳社办发〔2003〕68号）直接规定："劳动者在同一用人单位每日工作时间超过 4 小时的视为全日制从业人员。"因此，工作时间作为判定成立非全日劳动关系的高危因素，用人单位在实际用工过程中一定要确保严格遵守法律的限制性要求，并且做好非全日制员工的工作时间管理和记录，以免在发生争议时因无法举证而产生不利后果。

法院结合案情，最终认为"王某平均每日工作时间为四个半小时，超出了非全日制用工中的四小时规定，故 A 公司主张王某为非全日制小时工的用工形式，依据不足，本院认定双方系全日制用工形式"，并据此判决支持了王某的诉讼请求。

【任务拓展】

1. 张先生从 2020 年 3 月起在一家销售公司下属的门店从事销售工作。他入职时，双方订立了一份非全日制劳动合同。合同约定，张先生的小时工资不低于当地小时最低工资标准，每天工作不超过 4 小时。但实际上，公司对张先生的管理可没有照着合同来。张先生在门店工作期间，每天工作 5 小时至 6 小时不等，每月休息 2 天，每周工作时间均超过了 24 小时。

因张先生所在门店的销售业绩连续数月不佳，2020 年 8 月，销售公司宣布关闭该门店，并口头通知张先生解除劳动合同。张先生认为公司这么做是违法解除，要求公司支付赔偿金。公司却提出，根据法律规定，非全日制用工中，双方任何一方都可以随时通知对方终止劳动关系，用人单位主动终止劳动关系的，不用向劳动者支付经济补偿；公司和张先生签订的是非全日制劳动合同，也一直按照小时工资计酬，因此公司是合法终止劳动关系，不应支付经济补偿或赔偿金。

张先生则认为，从双方的实际用工情形来看，已不属于非全日制用工。双方在这个问题上未达成一致，于是张先生申请了劳动争议仲裁，要求公司支付违法解除劳动合同的赔偿金。

工作任务：教师组织学生进一步了解本案的事实，收集相关的法律法规，分析仲裁委员会应如何裁决该案。

2. 张某系某企业下岗职工，与该企业签订有无固定期限劳动合同。下岗期间，该企业仍为张某缴纳各项社会保险费。下岗后张某被某外企聘用，双方未签订劳动合同。

两年后某外企解除与张某的劳动关系。张某提出支付加班费、未签订劳动合同的两倍工资差额的要求，遭到某外企拒绝。张某遂向当地劳动争议仲裁委员会申请劳动仲裁。

工作任务：教师组织学生进一步了解本案的事实，收集相关的法律法规，分析仲裁委员会应如何裁决该案。

项目7 集体合同

项目导读

集体合同，又称团体协约或集体协约。国际劳工组织第91号建议书《集体合同建议书》第二条第一款规定："以一个雇主或一群雇主，或者一个或几个雇主组织为一方，一个或几个有代表性的工人组织为另一方，如果没有这样的工人组织，则根据国家法律和法规由工人正式选举并授权的代表为另一方，上述各方之间缔结的关于劳动条件和就业条件的一切书面协议，称为集体合同。"在社会主义市场经济条件下，集体合同是调整劳动关系，保护合同双方合法权益，促进经济发展的重要手段。

教学目标

能力目标：注重以学生为主体、以法学实务为本位，培养学生正确认定是否属于劳动争议中的集体争议的能力。

知识目标：以《中华人民共和国劳动争议调解仲裁法》和《集体合同规定》为基础，使学生了解集体合同的概念、原则、作用、特征和内容，集体合同签订的程序，以及集体合同的效力。

思政目标：引导学生正确分析并妥善处理集体合同争议，促进社会和谐发展。

任务1 集体合同的协商与订立

【任务目标】

- 了解集体合同的基本概念、原则、作用、特征和内容。
- 掌握集体合同签订的程序。
- 认识集体合同的效力。

【任务材料】

袁某宇、马某亮、李某亮等人是原锦州某石油化工公司的员工，2017年7月公司被托管，董事长被抓，厂房被查封，停产停业。2017年7月21日，公司贴出公告：除接到公司通知的员工正常上班外，未接到公司通知的员工即日起放假。自此只有少量员工留在公司上班，后来也陆续被放假。2021 年 8 月，近 50 名员工提起劳动仲裁，要求某石油化工公司支付待岗期间的工资，仲裁委未予受理，之后员工向法院提起诉讼。诉讼要求与某石油化工公司解除合同，同时公司按最低工资标准支付 2017 年 7 月起至合同解除期间的工资，并且缴纳待岗期间的社会保险费。经法院查明，大部分员工劳动合同于 2017 年 7 月 31 日到期，也有部分员工的劳动合同在 2015 年、2016 年就到期了，没有续签合同继续留在公司上班。

　　工作任务：根据本案案情，收集相关法律法规，分析法院应如何对此案做出判决。

【知识链接】

一、集体合同概述

（一）集体合同的概念

集体合同，又称团体协约或集体协约，是指工会或职工推举的职工代表代表职工与用人单位依照法律法规的规定就劳动报酬、工作条件、工作时间、休息休假、劳动安全卫生、社会保险福利等事项，在平等协商的基础上进行协商谈判所缔结的书面协议。《中华人民共和国劳动合同法》第五十一条规定，企业职工一方与用人单位通过平等协商，可以就劳动报酬、工作时间、休息休假、劳动安全卫生、保险福利等事项订立集体合同。集体合同草案应当提交职工代表大会或者全体职工讨论通过。集体合同由工会代表企业职工一方与用人单位订立；尚未建立工会的用人单位，由上级工会指导劳动者推举的代表与用人单位订立。

集体合同可以促进用人单位改善劳动者的工作条件，提高劳动者的生活福利待遇。集体合同的内容，涉及劳动报酬、工作时间、休息休假、劳动安全卫生、保险福利等事项，这些事项都是关系劳动者切实利益与生活的重大事项。在劳动关系中，由于劳动者个人处于弱势地位，缺乏与用人单位单独抗衡、讨价还价的能力，因此每个人的劳动条件与待遇福利可能有所不同。通过集体的力量，可以弥补劳资关系不均衡的劣势，为劳动者个人争取较好的劳动条件与福利待遇，改善劳动者的生活条件。

集体合同可以较好地体现劳动者的主体地位，加强了用人单位的民主管理。集体合同是广大劳动者智慧的结晶，集体合同的起草、签订、执行和监督都是在职工代表大会主持下进行的，体现了劳动者参与民主管理的原则。集体合同制度的贯彻实施，可以大大提高劳动者的主人翁意识和责任感，使劳动者更加关心用人单位的生产情况和各项重大问题的决策。

集体合同可以改善用人单位的经营管理，提高工会在职工中的威信。集体合同对用人单位的经营管理工作提出了各项具体要求，可以督促用人单位的各级负责人为履行集体合同规定的义务而努力工作。集体合同还规定了工会的一系列权利与义务，把工会的各项工作同用人单位的生产经营和维护劳动者的合法权益紧密地结合起来，工会干部必须尽力履行自己的职责，既要密切联系广大劳动者，又要协助用人单位解决生产经营中出现的问题，提高了工会在劳动者中的威信。

集体合同可以弥补劳动法和劳动合同的不足，健全劳动法制。在社会主义市场经济条件下，国家不再直接干预劳动关系的建立，而是由用人单位与劳动者在法律框架下协商确定。目前我国虽然已经制定了大量的劳动法规，但还是不够健全，还有无法可依、无章可循的现象，即使是有法可依，法律往往只规定最低标准，而在不同地区、不同企业和不同岗位，经济关系和劳动关系的具体状况有所不同。建立集体合同制度，可以针对不同企业劳动关系中的具体情况和问题进行平等协商，有利于及时解决劳动关系中存在的问题。集体合同中的有些内容是劳动法规的具体化，有些是在符合劳动法规的前提下做出的补充规定，这些内容不但为企业调整劳动关系提供了具体依据，同时也弥补了劳动法规的不足，加强了劳动法制的建设。同时，集体合同具有弥补劳动合同不足的功效。当劳动合同规定的劳动标准低于集体合同时，以集体合同为准。

（二）集体合同的法律特征

集体合同首先具有一般合同的共同特征，即合同主体基于平等、自愿协商而订立的规范双方权利和义务的合同。同时，集体合同又有其自身特殊的法律特征。

1. 集体合同主体具有特殊性

在集体合同中当事人一方是职工代表或代表职工的工会组织，另一方是用人单位。《中华人民共和国劳动合同法》第五十一条规定，集体合同由工会代表企业职工一方与用人单位订立；尚未建立工会的用人单位，由上级工会指导劳动者推举的代表与用人单位订立。劳动合同当事人为单个劳动者和用人单位。

2. 集体合同订立的目的具有特殊性

集体合同订立的主要目的是为确立劳动关系设定具体标准，即在其效力范围内规范劳动关系。劳动合同订立的主要目的是建立劳动关系。

3. 集体合同的内容具有特殊性

集体合同以集体劳动关系中全体劳动者的共同权利和义务为内容，可能涉及劳动关系的各个方面，也可能只涉及劳动关系的某个方面。《中华人民共和国劳动合同法》第五十二条规定，企业职工一方与用人单位可以订立劳动安全卫生、女职工权益保护、工资调整机制等专项集体合同。劳动合同以单个劳动者的权利和义务为内容，一般包括劳动关系的各个方面。

4. 集体合同的签订程序具有特殊性

集体合同经过职工代表或工会组织与用人单位双方讨论协商达成书面协议，双方签字之后，并不立即生效，还需要报送劳动行政部门进行登记、审查、备案。劳动行政部门自收到集体合同文本之日起15日内未提出异议的，集体合同方才生效。劳动合同的签订程序则没有特别的程序规定，只要双方协商一致，且不违反国家法律、法规的强行性规定，双方的劳动关系就会受到法律的保护。

5. 集体合同的法律效力具有特殊性

劳动合同对单个的用人单位和劳动者有法律效力。集体合同对签订合同的单个用人单位或用人单位所代表的全体用人单位，以及工会和工会所代表的全体劳动者，都有法律效力。《中华人民共和国劳动合同法》第五十四条规定，依法订立的集体合同对用人单位和劳动者具有约束力。行业性、区域性集体合同对当地本行业、本区域的用人单位和劳动者具有约束力。

二、集体合同订立的原则

原劳动和社会保障部于 2004 年颁布并实施的《集体合同规定》第五条规定，签订集体合同应遵循以下原则：

（1）合法原则。

所谓合法，是指集体合同的主体、内容、形式和程序必须符合国家有关法律、法规规章及国家有关规定的规定。首先，这里的"法"是广义的，凡涉及集体合同的法律、法规以及规章都是推行集体合同的依据。其次，"合法"是指进行集体协商、订立集体合同的主体、内容、形式和程序必须符合法律规定。

根据《中华人民共和国劳动法》和《集体合同规定》的相关规定，集体合同的主体是全体职工和用人单位，其他组织或者个人无权订立集体合同；集体合同的内容不得与法律、法规以及规章相抵触；集体合同的程序同样要符合法律、法规以及规章的规定，缺一不可；集体合同的形式必须采用书面形式。只有符合上述规定，所订立的集体合同才具有合法性。

（2）相互尊重，平等协商原则。

相互尊重是指在集体协商、签订集体合同过程中，协商双方不能采取强迫、威胁等不正当手段要求对方接受自己的条件和要求。所谓平等协商是指在集体协商、签订集体合同过程中，协商双方不存在行政隶属关系，双方法律地位平等，都以平等的身份提出自己的主张和要求。

（3）诚实守信，公平合作原则。

诚实守信原则要求协商双方当事人在订立、履行合同中应当诚实、守信，善意地行使权利履行义务，不得规避法律和合同义务。公平合作原则要求协商双方当事人应该自始至终以公平和合作的态度进行集体协商、履行集体合同。

（4）兼顾双方合法权益原则。

兼顾双方合法权益原则就是要求集体协商和集体合同的结果既要有利于维护劳动者的合法权益，也要有利于用人单位的发展。这就要求劳动关系双方从用人单位的实际出发，通过集体协商，针对用人单位劳动关系现状和发展水平，制定基本劳动标准和劳动条件，形成互谅互让、共谋发展的基础，在平等合作中实现"共享""互利"，实现劳动者与用人单位"双赢"的目的。

（5）不得采取过激行为的原则。

在集体合同的协商或履行过程中，难免会发生因协商达不成一致，或因集体合同履行出现违约，以及其他原因引发的纠纷。协商双方应当在法律规定的范围内依法调处，不得采取过激行为。

三、集体合同的内容

《中华人民共和国劳动法》第三十三条规定，企业职工一方与企业可以就劳动报酬、工作时间、休息休假、劳动安全卫生、保险福利等事项签订集体合同。从规定中可以看到，集体合同的内容包括劳动报酬、工作时间、休息休假、劳动安全卫生、保险福利等事项。同时，《中华人民共和国劳动法》还规定了集体合同生效的条件，以及因签订和履行集体合同发生争议时的处理办法等内容。此外，原劳动和社会保障部于 2004 年公布并实施的《集体合同规定》中对集体合同的内容作了更为详细的规定，包括：①劳动报酬；②工作时间；③休息休假；④劳动安全与卫生；⑤补充保险和福利；⑥女职工和未成年工特殊保护；⑦职业技能培训；⑧劳动合同管理；⑨奖惩；⑩裁员；⑪集体合同期限；⑫变更、解除集体合同的程序；⑬履行集体合同发生争议时的协商处理办法；⑭违反集体合同的责任；⑮双方认为应当协商的其他内容。这 15 项内容基本可以分为三种类型：第一种是实体性内容条款，即第 1～10 项，这些内容是集体合同的核心，关系着劳动者和用人单位双方的切身利益，是双方关心的重点；第二种是程序性内容条款，即第 11～13 项，这些内容是有关集体合同生效、履行及争议发生时的处理；第三种为保障性内容条款，即第 14～15 项，这些内容主要包括对集体合同的监督、检查及相应的组织、人员的职责和违反集体合同的违约责任。

四、集体合同的签订程序

根据《中华人民共和国劳动法》《中华人民共和国工会法》《集体合同规定》等有关法律法规，双方平等协商签订集体合同必须遵循以下程序：

（1）产生协商代表。

集体协商代表，是指按照法定程序产生并有权代表本方利益进行集体协商的人员。根据《集体合同规定》，参加集体协商的双方代表人数应当相等，每方至少 3 人，并各自确定 1 名首席代表。用人单位工会主席和用人单位法定代表人分别担任职工方与企业方的首席代表；因故不能担任的，应当书面委托 1 名代表担任。职工一方的代表应当由职工代表大会或者职工大会选举产生。尚未建立工会组织的用人单位，其职工一方代表，由所在地的地方工会或者行业工会指导企业职工，民主推举，并获全体职工半数以上同意后产生；首席代表由全体代表推举。用人单位一方的代表由用人单位确定。集体协商双方首席代表可以书面委托本单位以外的专业人员作为本方协商代表。委托人数不得超过本方代表的三分之一。此外，首席代表不得由非本单位人员代理。如果代表因故不能履行职责半年以上的，应当视为自动放弃代表资格，有关一方应当推举新的代表，并通知另一方。

（2）提出要约并作出回应。

一方提出签订集体合同要求的，另一方应当在 20 日内以书面形式给予回应，进而商定协商的时间、地点、内容及有关事宜。《集体合同规定》第三十二条明确指出，集体协商任何一方均可就签订集体合同或专项集体合同以及相关事宜，以书面形式向对方提出进行集体协商的要求。一方提出进行集体协商要求的，另一方应当在收到集体协商要求之日起 20 日内以书面形式给予回应，无正当理由不得拒绝进行集体协商。

（3）集体协商。

双方协商代表有义务就集体合同的内容向对方提供有关情况和资料，并进行集体协商。集体协商会议由双方首席代表轮流主持，一方首席代表提出协商的具体内容和要求，另一方首席代表就对方的要求作出回应，协商双方就商谈事项发表各自意见，开展充分讨论，双方意见达成一致的，应当形成集体合同草案或专项集体合同草案。协商期限最长不得超过 60 日。集体协商未达成一致或者出现事先未预料的情况时，经双方协商代表同意，可以中止协商。中止期限及下次协商的时间、地点、内容由双方商定。

（4）职代会或职工大会审议通过，首席代表签字。

经双方协商代表协商一致的集体合同草案或专项集体合同草案应当提交职工代表大会或者全体职工讨论。职工代表大会或者全体职工讨论集体合同草案或专项集体合同草案应当有 2/3 以上职工代表或者职工出席，且须经全体职工代表半数以上或者全体职工半数以上同意，集体合同草案或专项集体合同草案方获通过。集体合同草案或专项集体合同草案经职工代表大会或者职工大会通过后，由集体协商双方首席代表签字。

（5）上报劳动行政部门审查。

用人单位应当在集体合同签订后 10 日内，将合同正式文本一式三份及说明材料报送有管辖权的劳动和社会保障行政主管部门进行审查，用人单位工会应当同时将合同正式文本报送上一级地方工会。

劳动和社会保障行政主管部门应当对报送的集体合同或专项集体合同签约双方主体资格、协商程序、内容进行合法性审查。

（6）正式生效，公布于众。

劳动和社会保障行政主管部门应当自收到集体合同文本之日起 15 日内，将集体合同《审查意见书》书面通知签约双方；15 日内未提出书面异议的，集体合同即行生效；提出书面异议的，签约双方应当进行协商、修改或者作出说明，经职工代表大会或者职工大会讨论通过后重新报送。地方工会或行业工会对集体合同有异议的，应当通过同级劳动和社会保障行政部门向企业提出书面意见。

生效的集体合同或专项集体合同，应当自其生效之日起由协商代表及时以适当的形式向本方全体人员公布。

五、集体合同的效力

集体合同的效力是指集体合同生效后对当事人的法律约束力。凡符合法律规定的集体合同，一经签订就具有法律效力。集体合同的法律效力包括以下几个方面：

（1）对人效力。

集体合同的对人效力，是指集体合同对什么人具有法律约束力。一般认为，受集体合同约束的人包括集体合同的当事人和关系人。前者指订立集体合同并且受集体合同约束的主体，即工会组织和用人单位或其团体；后者由集体合同获得利益并且受集体合同约束的主体，即工会组织所代表的全体劳动者和用人单位团体所代表的各个用人单位。由于我国现阶段以基层集体合同为主体，宏观层次集体合同相对较少，所以《中华人民共和国劳动法》规定，依法签订的集体合同对用人单位和本单位全体劳动者具有约束力，一般包括集体合同签订后加入用人单位的劳动者，不论其是否为工会会员。这种约束力表现在：集体合同双方当事人必须全面履行集体合同规定的义务，任何一方都不得擅自变更或解除集体合同。如果集体合同的当事人违反集体合同的规定，就要承担相应的法律责任。用人单位和劳动者订立的劳动合同中有关劳动条件和劳动报酬等标准不得低于集体合同的规定。

（2）时间效力。

集体合同的时间效力，是指集体合同从什么时间开始发生效力，什么时间终止其效力。集体合同的时间效力通常以其存续时间为标准，一般从集体合同成立之日起生效，如果当事人另有约定的，应在集体合同中明确规定。集体合同的期限一般为1～3年，集体合同的期限届满或双方约定的终止条件出现，其效力终止。

（3）空间效力。

集体合同的空间效力，是指集体合同在什么地域范围内发生效力。一般而言，全国性或地方性集体合同分别在全国范围或某特定地域内有效；某产业的集体合同则于该产业的覆盖范围内有效；某用人单位的集体合同只限定在该用人单位的范围内有效。由于我国《集体合同规定》并没有明确认可高层次集体协商主体，理论界对高层次集体合同在我国的合法性一直存在分歧。值得注意的是，《中华人民共和国劳动合同法》第五十三条明确规定，在县级以下区域内，建筑业、采矿业、餐饮服务业等行业可以由工会与企业方面代表订立行业性集体合同或者订立区域性集体合同。一些地方性法规已经明确规定要推行区域性、行业性集体合同，表明我国会在推行基层集体合同制度基础上积极探索区域性、行业性集体合同制度。

【任务解析】

本案件虽然涉及50多名员工，但从本质上来说，并不属于集体合同争议，只是因涉及人数较多，属于劳动争议中的集体劳动争议。《中华人民共和国劳动争议调解仲裁法》规定，发生劳动争议的劳动者一方在十人以上，并有共同请求的，可以推举代表参加调解、仲裁或者诉讼活动。

本案件中，劳动合同于2017年7月31日到期的员工，由于劳动合同到期后，双方并未续签合同且并不具有续延劳动合同的法定情形，员工也未留在公司继续工作形成事实劳动关系，故双方的劳动合同应于2017年7月31日自然终止，员工要求解除劳动合同并要求被上诉人支付合同到期后的工资没有事实和法律依据。

对于劳动合同期满后继续留在公司上班的员工，劳动合同期满后，劳动者仍在原用人单位工作，原用人单位未表示异议的，视为双方同意以原条件继续履行劳动合同。

员工在公司放长假期间虽未提供劳动，但未能提供劳动的原因系公司经营出现问题，所以公司应依法支付员工工资。由于员工没有提供劳动，参照当地月最低生活保障标准支付未提供劳动期间的工资较为公平合理。

所以，法院应根据不同员工的具体情况作出相对应的判决。

【任务拓展】

1. 2016年3月10日，A公司与公司工会推选出的协商代表经过集体协商，签订了一份集体合同草案。双方首席代表签字后，该草案经4/5的职工代表讨论通过。其中，关于工资和劳动时间条款规定：公司所有员工每月工资不得低于 1300 元，每天工作 8 小时。同年 3 月 17 日，A 公司将集体合同文本及说明材料报送当地劳动和社会保障局登记、审查、备案，劳动和社会保障局在 15 日内未提出异议。所以，2016 年 4 月 2 日，该集体合同自行生效。同时，A 公司和公司工会以适当的方式向各自代表的成员公布。

2016 年 5 月，刘某应聘于 A 公司，因符合公司条件，故被录用。公司于当年 5 月 18 日与刘某签订了为期 2 年的劳动合同，合同规定其每月工资 1000 元，每天只需工作 6 小时。1 个多月后，刘某在与同事聊天时偶然得知公司与工会签订了集体合同，约定员工每月工资不得低于 1300 元。刘某认为自己的工资标准低于集体合同的约定，于是与公司交涉，要求提高工资。但公司始终不同意，刘某不服，于 2016 年 7 月中旬向当地劳动争议仲裁委员会提起申诉，要求 A 公司按照集体合同规定的月工资标准 1300 元履行劳动合同，并补足 2016 年 5 月至 2016 年 7 月低于集体合同约定的月工资标准部分的劳动报酬。劳动争议仲裁委员会受理了此案。A 公司在答辩时声称，集体合同是公司与公司工会 2016 年 3 月签订，4 月 2 日正式生效的，只适用于当时公司在职的正式员工，而刘某是 5 月与公司签订的劳动合同，故不属于此集体合同适用的员工范围；并且，集体合同规定劳动时间每天满 8 小时，才能得到不低于 1300 元的月工资，而刘某每天工作不满 8 小时，仅为 6 小时，所以不能给予同样待遇。刘某称集体合同为工会与公司签订，自己与公司有劳动合同属于集体合同适用的范围。劳动争议仲裁委员会经审理，裁决如下：被诉人一次性补发申诉人工资 600 元；申诉人剩余合同期限内的工资按每月 1300 元履行。

工作任务：根据本案案情，收集相关法律法规，分析劳动争议仲裁委员会的裁决是否合理及其法律依据。

2．2020 年 2 月 5 日，甲公司与工会经过协商签订了集体合同，规定职工的月工资不低于 2000 元。2020 年 2 月 10 日，甲公司将集体合同文本送劳动行政部门审查，但劳动行政部门一直未予答复。2021 年 1 月，甲公司招聘李某为销售经理，双方签订了为期 2 年的合同，月工资 5000 元。几个月过去了，李某业绩不佳，公司渐渐对他失去信心。2021 年 6 月，公司降低了李某的工资，只发给李某 1600 元工资。李某就此事与公司协商未果，2021 年 7 月，李某解除了与公司的合同。

工作任务：根据本案案情，收集相关法律法规，分析本案中的集体合同是否生效。同时，李某业绩不佳，公司可否只发其 1600 元的工资，为什么？

任务 2　集体合同的变更、解除、终止及集体争议

【任务目标】

- 了解集体合同的变更、解除与终止。
- 掌握集体争议的处理方式。

【任务材料】

2017 年 6 月，某国有图书出版公司工会与该公司协商签订集体合同。马某为该公司工会主席，并担任了首席协商代表，与另两名工会推选的协商代表一起与公司代表在协商集体合同条款时就职工最低工资、业务提成、年假时间等条款发生了重大分歧，谈判陷入僵局。马某等协商代表认为与公司发生的争议，表面上看是在集体合同签订过程中发生的争议，而实质是劳动争议，遂向劳动争议仲裁委员会提出仲裁申请，裁决该图书出版公司按照马某等协商代表认定的条款签订集体合同。之后，劳动争议仲裁委员会驳回了马某等协商代表的仲裁申请。

工作任务：根据本案案情，收集相关法律法规，分析劳动争议仲裁委员会驳回马某等协商代表的请求是否合理，为什么。

【知识链接】

一、集体合同的变更和解除

集体合同的变更，是指在集体合同没有履行或没有完全履行之前，因订立合同所依据的主客观情况发生某些变化，需要依据法律规定的条件和程序对原合同中的某些条款进行修改补充。集体合同的解除，是指集体合同在没有履行或没有完全履行之前，因订立合同所依据的主客观情况发生变化，致使原合同的履行成为不可能或不必要，当事人依照法定条件和程序终止原集体合同法律关系。

（一）集体合同变更和解除的条件

原劳动和社会保障部颁布的《集体合同规定》第四十条明确指出，有下列情形之一的，可以变更或解除集体合同或专项集体合同：

（1）用人单位因被兼并、解散、破产等原因，致使集体合同或专项集体合同无法履行的。

（2）因不可抗力等原因致使集体合同或专项集体合同无法履行或部分无法履行的。

（3）集体合同或专项集体合同约定的变更或解除条件出现的。

（4）法律、法规、规章规定的其他情形。

此外，就集体合同变更和解除的程序而言，《集体合同规定》第四十一条规定，变更或解除集体合同适用本规定的集体协商程序。

集体合同的变更和解除可以分为约定和法定的变更和解除。

就约定变更和解除而言，根据《集体合同规定》第三十九条的规定，双方协商代表协商一致就可以变更或解除集体合同或专项集体合同。协商一致而引发的变更和解除，必须以不损害国家利益和社会利益为前提条件。

就法定的变更和解除而言，主要原因包括：用人单位因被兼并、解散、改制等造成合同的主体出现变化；因不可抗力等原因致使集体合同无法履行或部分无法履行；集体合同约定的变更或解除条件出现。

（二）集体合同变更和解除的程序

变更和解除集体合同的程序与协商订立集体合同的程序基本相同，即：

（1）一方提出变更或解除集体合同的建议，向对方说明需要变更或解除的集体合同条款，变更或解除合同的条件与理由。

（2）双方协商。如果一方提出变更或解除的集体合同条款达成书面协议，该书面协议实际上是一个新的集体合同或原合同的一个组成部分。

（3）协议书应提交职工代表大会通过，并报集体合同登记机关登记备案。

（4）协议成立，原订集体合同或原合同中有关的条款即行失效。

在变更或解除集体合同时，需要履行法定手续的，必须履行相关法定手续。如企业破产，应提供人民法院宣告企业破产的裁定书副本；当事人因不可抗力发生而需要变更或解除集体合同，应提供有关部门的证明；因对方过错而使原订集体合同的履行变得毫无意义时，无过错的一方当事人要求解除集体合同，应及时通知对方，并向集体合同登记机关提出申请。

需要强调的是，集体合同的当事人一方提出变更或解除合同的请求，另一方当事人不同意，或一方当事人单方变更或解除合同，另一方当事人有异议的，可以按照履行集体合同发生争议的处理程序进行处理。单方擅自变更或解除集体合同的行为属于违法行为，但当事人一方违约，致使集体合同无法履行，另一方当事人行使解除权解除集体合同除外。

二、集体合同的终止

集体合同的终止，是指双方当事人约定的集体合同期满或者集体合同终止条件出现，以及集体合同一方当事人不存在，无法继续履行劳动合同时，立即终止劳动合同的法律效力。《集体合同规定》第三十八条规定，集体合同期限一般为 1～3 年，期满或双方约定的终止条件出现，即行终止。

集体合同的终止有狭义和广义之分。狭义上的集体合同终止专指集体合同的有效期届满或规定的特定任务完成。广义上的终止，指的是基于一定条件的出现，而使集体合同双方当事人之间的权利义务关系归于消灭，不再对双方当事人具有约束力。集体合同的解除在前面已经阐述，这里讨论的集体合同的终止指的是狭义上的终止。

集体合同期满前 3 个月内，任何一方均可向对方提出重新签订或续订的要求。期限届满指的是合同约定的有效期到期，此时集体合同的法律效力自然终止。这是集体合同终止最为常见的情况，也是合同双方最为希望得到的结果。特定任务完成指的是双方当事人为实现特定任务目标经协商达成一致签订集体合同，当此目标实现，集体合同的使命也随即终止。

三、集体争议

集体争议是劳动争议的一种，指集体合同双方当事人对合同的内容、履行情况和不履行后果产生的争议。对集体合同内容的争议，是指当事人在集体合同协商时就确定合同的标准条件、义务条款产生的纠纷或对已签订的合同的标准条件、义务条款在理解和解释上产生的分歧。对集体合同履行情况的争议，是指当事人对合同是否已经履行或是否已经按约定的方式履行产生的分歧。对集体合同不履行后果的争议，是指当合同没有履行或没有完全履行时，当事人对应当由哪一方承担责任和承担多少责任产生的分歧。

从争议产生的原因上看，集体争议可以分为因签订集体合同引发的争议和因履行集体合同而引发的争议两种。对于前者的解决，合同当事人双方进行协商，协商不成，《集体合同规定》第四十九条规定，集体协商过程中发生争议，双方当事人不能协商解决的，当事人一方或双方可以书面向劳动保障行政部门提出协调处理申请；未提出申请的，劳动保障行政部门认为必要时也可以进行协调处理。对于后者的解决，同样先由合同当事人双方协商，协商不成，《集体合同规定》第五十五条规定，因履行集体合同发生的争议，当事人协商解决不成的，可以依法向劳动争议仲裁委员会申请仲裁，对仲裁裁决不服的，可以自收到仲裁裁决书之日起 15 日内向人民法院提起诉讼。这一点和其他劳动争议的处理是有区别的，即不由劳动争议调解委员会进行调解。因为企业劳动争议调解委员会的一方组成人员为工会代表，而集体合同的一方当事人为工会组织。因此，不宜由企业劳动争议调解委员会调解集体合同争议。《中华人民共和国劳动合同法》第五十六条规定因履行集体合同发生争议，经协商解决不成的，工会可以依法申请仲裁、提起诉讼。此条规定赋予了工会在集体合同履行争议处理中的主体地位，有利于集体合同履行争议及时、有效、合法地解决。

【任务解析】

马某等协商代表代表的是全体职工，争议的标的是用人单位全体劳动者的共同劳动权利义务。因此，本案发生的争议本质上仍是签订集体合同过程中发生的争议，而非劳动争议中的集体争议。对于集体合同协商过程中发生的争议，《集体合同规定》第四十九条规定，集体协商过程中发生争议，双方当事人不能协商解决的，当事人一方或双方可以书面向劳动保障行政部门提出协调处理申请；未提出申请的，劳动保障行政部门认为必要时也可以进行协调处理。也就是说，因签订集体合同发生的争议，首先应协商解决，不能协商解决的，只能通过劳动保障行政部门协调处理。只有因履行集体合同发生的争议，在协商解决不成时才可以依法向劳动争议仲裁委员会申请仲裁。本案中，马某等协商代表与其公司的争议是在签订集体合同过程中发生的，双方并未进入履行集体合同的阶段。因此，这样的争议可以经双方协商或通过劳动行政部门解决，但不能通过劳动仲裁来解决。所以，劳动争议仲裁委员会驳回了马某等协商代表的仲裁申请并无不当。

【任务拓展】

1. 某市一家制鞋厂系国有企业，该企业在 2015 年以前由于企业法定代表人于某经营决策正确、管理有方，企业职工的工作积极性很高，因而工厂的效益很好。2017 年 9 月于某因工作需要离开了制鞋厂，新的领导人上任后，由于缺乏管理经验，职工工作效率低下，企业效益也直线下降。为了鼓励职工的积极性，2018 年 4 月企业决定与职工签订集体合同。企业工会代表全体职工与企业签订了集体合同。该集体合同约定，为了提高工厂效益职工每天须工作 9 小时，每周工作 6 天，合计每周工作 54 小时，周日为休息日；职工的基本工资为每月 2000 元，加班的工资及其他实物性福利不包括在内，此外根据职工的工作业绩给予不同的奖金份额；工资于每月 15 日支付；合同期限为 4 年，有效期为自 2018 年 6 月 27 日至 2022 年 6 月 26 日。此外，合同还就劳动安全与卫生，变更、解除、终止合同的协商程序，双方的权利义务，履行合同争议的解决办法以及违反合同的责任等内容进行了约定。此合同于 2019 年 5 月 1 日报劳动保障行政部门审查，劳动保障行政部门经过审查，发现合同的有些条款违反了法律法规的规定，于 2019 年 5 月 25 日向合同当事人双方出具了《集体合同审查意见书》，要求合同双方当事人对合同的有关条款进行修改。

工作任务：根据本案案情，收集相关法律法规，讨论分析本案中的哪些内容不符合法律规定。

2. 天天乐商场为了统一规范管理商场，经过民主程序，与工会签订了集体合同，并报劳动保障部门登记备案。集体合同中约定了劳动报酬、劳动纪律等内容，其中有这样一条规定：在周末与节日的商场经营活动中，员工需要延长一个小时工作时间，商场向员工支付加班费。

公司职工程某最近爱好上了摄影，于是利用业余时间报了一个夜大摄影班，五一期间，天天乐商场要求所有员工每天加班一个小时。由于程某在全体职工讨论、表决集体合同当天投了反对票，因此程某以自己不同意签署集体合同，集体合同条款对自己无效和自己需要上夜大学习班为由，拒绝公司的安排，坚持去夜大上课。天天乐商场对于程某不听从商场安排的行为处以 100 元的罚款，程某不服，向劳动争议仲裁委员会提起劳动争议仲裁，要求撤销天天乐商场的处罚决定，但是劳动争议仲裁委员会以程某违反了集体合同中的条款，天天乐商场的处罚并无不当为由，驳回了程某的诉讼请求。

工作任务：根据本案案情，分析劳动争议仲裁委员会的裁决是否合理及其法律依据。

项目 8　劳动基准制度

劳动基准，又称劳动标准，是指国家法律规定的劳动者享有劳动条件和劳动待遇的最低标准。劳动基准是国家对劳动关系进行适度干预，对劳动者实施倾斜保护的重要法律手段，具有底线性、法定性和强制性特点。劳动基准立法开启了现代意义劳动法的历史，并得到了世界各国及国际劳工组织的普遍重视。劳动基准制度是劳动法的重要组成部分，我国劳动基准法律制度主要包括工作时间基准制度、休息休假基准制度和工资基准制度。用人单位向劳动者提供劳动条件和劳动待遇，不得低于劳动基准。违反劳动基准底线的行为，应当承担相应的法律后果。

教学目标

能力目标：注重以学生为主体、以法学实务为本位，培养学生运用正确方式解决劳动争议的能力。

知识目标：以《中华人民共和国劳动法》为基础，使学生了解工作时间，理解休息休假制度，掌握工资制度。

思政目标：引导学生正确分析劳动基准制度争议典型案例，理解分配公平是社会主义法制理念的价值追求。

任务 1　工 作 时 间

【任务目标】

- 理解工作时间的概念和特征。
- 了解工作时间的立法历程。
- 掌握工作时间的种类。

【任务材料】

自 2020 年 7 月至 2022 年 6 月，李某在长华公司从事消防、保安监控及夜间电话总机值班工作，月工资 3850 元。2022 年 6 月，李某以身体不适为由，向长华公司以书面形式提出解除劳动合同的请求，在长华公司表示同意后，双方办理了相应手续。可是，长华公司没有想到的是，李某离开该公司以后不久便将该公司申诉至当地的仲裁委员会。李某认为，自己上 24 小时班，之后再休息 48 小时（即当日晚上六点上班，一直到次日晚上六点下班，然后可以休息两整天，第五天再上班），每月实际工作 240 小时，超出国家规定的工作时间。该公司既未安排他休息，也未足额支付其加班费。因此，他要求该公司支付其法定休假日的工资以及周末休息日工资。该公司却认为，李某在公司工作时，每天工作 24 小时就休息 48 小时，而且每个工作班组有两个人，可以倒班休息、吃饭，并且他们已经向当地劳动部门申报了综合计算工时的申请，并且得到了批准。还有，在法定节假日，该公司已经按照每天 80 元的标准支付了李某的加班补助（如果倒休就不享受 80 元钱的补助）。

工作任务：作为劳动争议仲裁委员会的仲裁员，进一步了解本案的事实，收集相关的法律法规，针对劳动争议仲裁委员会是否需要驳回李某的仲裁申请提出处理方案。

【知识链接】

一、工作时间概述

（一）工作时间的概念

工作时间即劳动时间，是指劳动者根据国家规定，在一昼夜之内或者一周之内，用于完成本职工作的时间，是劳动者为用人单位从事生产和工作的时间。一昼夜之内工作时数总和为工作日；一周之内工作日的总和为工作周。国家实行劳动者每日工作时间不超过八小时、平均每周工作时间不超过四十小时的工时制度。

（二）工作时间的特征

工作时间具有以下特征：

（1）工作时间是法定的。

工作时间的种类、适用对象、适用条件、适用标准、最长工时等都由法律规定，用人单位安排劳动者工作必须在法律允许的范围内。

（2）工作时间不限于实际工作时间。

法律上所定义的工作时间，既包括劳动者实际工作的时间，也包括与实际工作相关联的时间，如生产或工作的准备时间、结束前的整理与交接时间，以及工间休息时间、女职工哺乳时间、行政活动时间、工会活动时间、出差时间、履行社会职责的时间等。工作时间是实际工作时间与有关活动时间的总和。

（3）工作时间是劳动者履行劳动义务的时间。

劳动者应当按照用人单位依法规定的时间从事生产或工作，履行劳动义务。劳动时间有工作小时、工作日和工作周三种，其中工作日即在一昼夜之内的工作时间，是工作时间的基本形式。

（4）工作时间是用人单位计发劳动报酬的依据之一。

工作时间是计量劳动给付义务并支付劳动者劳动报酬的尺度。实践中所执行的小时工资、日工资、周工资、月工资都是以工作时间来计量劳动者的劳动给付并以此支付劳动者工资的基本形式。

（三）工作时间的立法历程

随着改革开放的深入，我国关于工作时间的法律制度日趋完备。1994 年 1 月 24 日，国务院发布了《国务院关于职工工作时间的规定》，为了合理安排职工的工作和休息，维护职工的休息权利，调动职工的积极性，促进社会主义现代化建设事业的发展，根据宪法有关规定，发布了国务院令，规定"国家实行职工每日工作 8 小时，平均每周工作 44 小时的工时制度"，规定在特殊条件下从事劳动和有特殊情况，需要适当缩短工作时间的，按照国家有关规定执行；还规定因工作性质和工作职责的限制，需要实行不定时工作制的，职工平均每周工作时间不得超过 44 小时。新工时制度施行半年后，于 1994 年 7 月 5 日，八届全国人大常委会第八次会议通过了《中华人民共和国劳动法》，劳动法不但将新工时制度上升为国家的法律制度，同时强调两个"不超过"的工时制度，即规定"国家实行劳动者每日工作时间不超过 8 小时，平均每周工作时间不超过 44 小时的工时制度。"在《中华人民共和国劳动法》生效实施不足 3 个月的时间，国务院于 1995 年 3 月发布了《国务院关于修改〈国务院关于职工工作时间的规定〉的决定》，将每周 44 小时工作制缩短为 40 小时，即 8 小时工作日、5 天工作周。与此相配套，1995 年 3 月 25 日，原劳动部颁布了《〈国务院关于职工工作时间的规定〉的实施办法》，原人事部次日颁布了《国家机关、事业单位贯彻〈国务院关于职工工作时间的规定〉的实施办法》，原劳动部 1994 年 12 月还颁布了《关于企业实行不定时工作制和综合计算工时工作制的审批办法》等。至此，我国现行工作时间制度体系最终形成。

二、工作时间的种类

关于工作时间的规定是我国劳动法的重要内容之一。我国现行的工作时间制度主要包括标准工时制度和非标准工时制度。非标准工时制度主要有不定时工作制、综合计算工时工作制和缩短工时制。

（一）标准工时制度

标准工作时间，是指根据法律规定按照正常作息办法安排的工作日和工作周的工时制度。标准工时制度是我国应用最广泛的工时制度。

我国的标准工时为劳动者每日工作 8 小时、平均每周工作 40 小时。该法定工作时间可在符合法律规定的情形下延长或者缩短。用人单位应当保证劳动者每周至少休息一日。

（二）非标准工时制度

1. 不定时工作制

不定时工作制，是指针对因生产特点、工作特殊需要或职责范围的关系，无法按标准工作时间衡量或需要机动作业的职工采用的一种工时制度。

不定时工作制的特点在于，当一日工作时间超过标准工作日时，超过部分不算加班加点，不发加班工资，而只是给予补假休息。目前，我国对实行不定时工作时间制度的工种尚无具体规定，由各地人民政府、企业主管部门自行规定。实行不定时工作制需要由国务院行业、系统主管部门提出意见，并报国务院劳动、人事行政主管部门批准。对于实行不定时工作制的劳动者，其工资由企业按照本单位的工资制度分配办法，根据劳动者的实际工作时间和完成劳动定额情况计发。对于符合带薪年休假条件的劳动者，企业可安排其享受带薪年休假。

经批准实行不定时工作制的职工，不受《中华人民共和国劳动法》第四十一条规定的日延长工作时间标准和月延长工作时间标准的限制，但用人单位应采取集中工作、集中休息、轮休调休、弹性工作时间等适当的工作和休息方式。

2. 综合计算工时工作制

综合计算工时工作制，是指分别以周、月、季、年等为周期，综合计算工作时间的一种工作时间制度。该工时制度的采用需要经过劳动行政部门的审批，企业应做到：

（1）企业实行综合计算工时工作制以及在实行综合计算工时工作中采取何种工作方式，一定要与工会和劳动者协商。

（2）对于第三级以上（含第三级）体力劳动强度的工作岗位，劳动者每日连续工作时间不得超过 11 小时，而且每周至少休息 1 天。

3. 缩短工时制

缩短工时是指由法律直接规定对特殊岗位上的劳动者实行的短于标准工时的工作时间。《国务院关于职工工作时间的规定》第四条规定："在特殊条件下从事劳动和有特殊情况，需要适当缩短工作时间的按照国家有关规定执行。"目前我国缩短工作时间的劳动有以下几种：

（1）从事矿山、井下、高山、高温、低温、有毒有害、特别繁重或过度紧张的劳动的职工实行每日工作少于 8 小时的工作时间。比如纺织业普遍实行四班三运转制度；矿山井下实行四班 6 小时工作制；化工行业从事有毒作业的工人实行"三工一休"制，即工作 3 天休息 1 天，每天工作时间为 6～7 小时，并定期轮流脱离接触 1 个半月至 2 个月；还有冶炼、森林采伐和装卸搬运等行业的繁重体力劳动者，根据本行业的特点，实行了各种形式的缩短工时制。

（2）从事夜班工作的劳动者，实行缩短工作时间。夜班工作时间一般是指从本日 22 时至次日 6 时的时间。从事夜班工作的劳动者，夜班工作时间一般应比日班工作时间少 1 小时。

（3）在哺乳期工作的女职工，实行缩短工作时间。根据 2012 年 4 月 18 日国务院颁布的《女职工劳动保护特别规定》第九条的规定，对哺乳未满 1 周岁婴儿的女职工，用人单位不得延长劳动时间或者安排夜班劳动。用人单位应当在每天的劳动时间内为哺乳期女职工安排 1 小时哺乳时间；女职工生育多胞胎的，每多哺乳 1 个婴儿每天增加 1 小时哺乳时间。

（4）未成年工和怀孕女工。未成年人应实行少于 8 小时的工作时间。怀孕七个月以上的女职工，在劳动时间内应当安排一定的休息时间。

（5）其他依法可以缩短工作日工作制的职工。除上述法定的因在特殊条件下从事劳动和特殊情况下的职工可以实行缩短工作时间工作制外，其他需要缩短工时的用人单位，在依法履行审批手续后，也可以实行缩短工作时间制。

4. 计件工时制

对实行计件工作的劳动者，用人单位应当以一般劳动者在一个标准工作日和一个标准工作周的工作时间内能够完成的计件数量为标准，合理确定其劳动定额和计件报酬标准。

三、工作时间延长限制

工作时间延长是指超过法定工作时间长度的工作时间。在实践中称为加班和加点。

用人单位由于生产经营需要，经与工会和劳动者协商后可以延长工作时间，一般每日不得超过一小时；因特殊原因需要延长工作时间的，在保障劳动者身体健康的条件下延长工作时间每日不得超过三小时，且每月不得超过三十六小时。

有下列情形之一的，延长工作时间不受《中华人民共和国劳动法》第四十一条规定的日延长工作时间标准和月延长工作时间标准的限制：

（1）发生自然灾害、事故或者因其他原因，威胁劳动者生命健康和财产安全，需要紧急处理的。

（2）生产设备、交通运输线路、公共设施发生故障，影响生产和公众利益，必须及时抢修的。

（3）法律、行政法规规定的其他情形。

在上述情形下，用人单位可以不经过协商，而直接决定延长工作时间。用人单位因特殊情形和紧急任务延长劳动者工作时间的，应当给予劳动者相应的补休。

【任务解析】

劳动争议仲裁委员会裁定双方签订的书面劳动合同合法有效，用人单位与劳动者约定的工作岗位、工作时间和报酬不违背有关规定。但是，在法定休假日工作的，加班费不能用补休来代替，所以判决该公司参照国家规定的加班费标准，以李某个人工资为基数按照300%的标准补足支付加班费不足部分。

本案中，用人单位没有分清节假日的两种情况：一是休息日，二是法定休假日。休息日即为周六、周日。根据规定，在休息日加班的应当安排其同等时间的补休，不能安排补休的，按照不低于日或者小时工基数的200%支付加班工资；在法定休假日工作的，应当按照不低于日或者小时工基数的300%支付加班工资。也就是说，在法定休假日工作的，不能用补休来代替加班费。

【任务拓展】

1. 某邮电局部门的女工，因拒绝周日送报，被认定为旷工，遭到用人单位的违纪处罚。该女工向劳动仲裁委员会申诉。理由是：周日加班应与职工协商，职工有权拒绝，故自己并未违纪。

仲裁机构调查情况如下：

（1）该企业经劳动部门批准实行以月为单位的综合计算工时制。

（2）该企业实行轮休制。该女工周日本应轮到休息，故其已另有安排，但因其他职工病休，企业要求其顶班，遭到拒绝。

（3）如果该女工上班，该周的工作时间是40小时，该周的工作天数是7天。

（4）按该企业的规章制度，旷工一天，除扣除当日工资外，还要扣除当月的部分奖金。企业按这一规定执行。

工作任务：教师请学生以该女工的身份进一步了解本案的事实，收集相关的法律法规，分析：

（1）企业处理是否正确？为什么？

（2）如果该企业执行的是标准工时制，这一处理是否正确？为什么？

2. 张某于 2016 年 4 月与某中外合资有限责任公司签订了为期 5 年的劳动合同，其工作岗位为公司的货车驾驶员，主要担负向外地送货的任务。在工作的过程中，张某经常需要在星期六或星期日到外地送货，也常常为送货而连续工作十几个小时。但是，企业从未给予过加班费，张某为保住自己的工作也从未向企业要求支付加班费，担心自己一旦要加班费，公司可能会解除与其的劳动合同。2021 年 2 月张某的合同即将到期，得知公司因其年龄偏大，在合同期满后公司将不再与其续订劳动合同。于是，张某要求公司支付在 5 年的工作期间其应得的加班费用，他的请求遭到公司的拒绝。公司认为，作为公司的司机张某的劳动时间应当综合计算，虽然张某经常需要在星期六或星期日到外地送货，也常常为送货而连续工作十几个小时。但是，在别人工作的时间，张某在没有送货任务的情况下并没有提供劳动，对其劳动时间经过综合计算并没有超过法定的工作时间的限定。张某不服，于是向当地的劳动争议仲裁委员会提出仲裁申请。

工作任务：教师请学生以张某等人的身份进一步了解本案的事实，收集相关的法律法规，分析张某应实行何种工作制度，提出处理方案。

任务 2　休　息　休　假

【任务目标】

● 理解休息休假的概念和特征。

● 掌握休息休假的种类。

【任务材料】

王某为某合资大酒店的服务员，每天工作 6 小时，没有休息日。2018 年的第一个星期天，王某提出每周应该有休息日，请求部门经理批准。部门经理请示总经理不予批准，理由是饭店每日只工作 6 小时，每周工作的时间比《中华人民共和国劳动法》规定的每日 8 小时还少 2 小时，因此不能再有休息日。为此，双方发生争执。王某向当地劳动争议仲裁委员会提出申请，请求给予其享受休息日待遇。

工作任务：教师请学生以王某的身份进一步了解本案的事实，收集相关的法律法规，针对劳动争议仲裁委员会是否需要驳回王某的仲裁申请提出处理方案。

【知识链接】

一、休息休假的概念和特征

（一）休息休假的概念

休息休假，是指劳动者在任职期间，根据国家规定，不从事劳动和工作而自行支配的时间，也是劳动者依照法律规定享有的由自己自由支配、免于履行劳动义务的时间。它既包括法定工作时间以外的时间，也包括法定节假日、年休假等。

（二）休息休假的特征

（1）用人单位应当保证劳动者每周至少休息一日。

（2）可自由支配。劳动者在休息休假期间享有自己的时间自己安排的权利。

（3）不可非法占用。用人单位应当按照国家法律规定安排劳动者在休息休假期间休息休假，不得以实行非标准工时制等理由剥夺劳动者的休息权。

二、休息休假的种类

（一）工作日内的间歇时间

工作日内的间歇时间，是指在一个工作日内的不包括工作时间在内的给予劳动者作为休息和用餐的时间。间歇时间的长短可以由各单位根据工作岗位与工作性质的不同，通过单位内部规章制度加以规定。最少不低于半小时，一般为1小时到2小时，安排在工作开始4小时后。间歇时间不计算为工作时间。

（二）两个工作日间的休息时间

两个工作日间的休息时间，是指劳动者在一个工作日结束后至下一个工作日开始前的休息时间。这个时间一般是15到16小时，一般不得让劳动者连续工作两班。

（三）公休假日

公休假日，是指劳动者工作满一个工作周后的休息时间。《中华人民共和国劳动法》第三十八条规定：用人单位应当保证劳动者每周至少休息一日。目前我国实行5天工作制，劳动者的公休假日为每周两天。一般可以安排在星期六和星期天。用人单位也可以根据实际情况，经与工会和职工协商后，灵活安排周休息日。

（四）法定节假日

法定节假日，是指由国家法律统一规定的用于开展庆祝、纪念活动的休息时间。法定节假日具有强制休假的性质，用人单位不得以实行非标准工时制等理由剥夺劳动者的休息权。

用人单位在下列节日期间应当依法安排劳动者休假：

（1）全体公民放假的节日：①新年，放假1天（1月1日）；②春节，放假3天（农历正月初一、初二、初三）；③清明节，放假1天（农历清明当日）；④劳动节，放假1天（5月1日）；⑤端午节，放假1天（农历端午当日）；⑥中秋节，放假1天（农历中秋当日）；⑦国庆节，放假3天（10月1日、2日、3日）。

（2）部分公民放假的节日及纪念日：①妇女节（3月8日），妇女放假半天；②青年节（5月4日），14周岁以上的青年放假半天；③儿童节（6月1日），不满14周岁的少年儿童放假1天；④中国人民解放军建军纪念日（8月1日），现役军人放假半天。

（3）少数民族习惯的节日，由各少数民族聚居地区的地方人民政府，按照各民族习惯，规定放假日期。

二七纪念日、五卅纪念日、七七抗战纪念日、九三抗战胜利纪念日、九一八纪念日、教师节、护士节、记者节、植树节等其他节日、纪念日，均不放假。全体公民放假的假日，如果适逢星期六、星期日，应当在工作日补假。部分公民放假的假日，如果适逢星期六、星期日，则不补假。

（五）带薪年休假

带薪年休假，是指法律规定的职工满一定的工作年限后，每年享有的带薪连续休假的假期。带薪年休假是劳动者的一项重要权利，但不具有强制休假的性质。设立带薪年休假的目的在于使劳动者经过一定期间紧张工作之后能够得到更好的休息，从而精力充沛地再次投入工作，提高工作效率。

劳动者连续工作1年以上的，享受带薪年休假。

职工累计工作已满1年不满10年的，年休假5天；已满10年不满20年的，年休假10天；已满20年的，年休假15天。国家法定休假日、休息日不计入年休假的假期。职工有下列情形之一的，不享受当年的年休假：职工依法享受寒暑假，其休假天数多于年休假天数的；职工请事假累计20天以上且单位按照规定不扣工资的；累计工作满1年不满10年的职工，请病假累计2个月以上的；累计工作满10年不满20年的职工，请病假累计3个月以上的；累计工作满20年以上的职工，请病假累计4个月以上的。

职工在年休假期间享受与正常工作时间相同的工资收入。单位确因工作需要不能安排职工休年休假的，经职工本人同意，可以不安排职工休年休假。对职工应休未休的年休假天数，单位应当按照该职工日工资收入的300%支付年休假工资报酬。

单位不安排职工休年休假又不依照规定给予年休假工资报酬的，由县级以上地方人民政府人事部门或者劳动保障部门依据职权责令限期改正；对逾期不改正的，除责令该单位支付年休假工资报酬外，单位还应当按照年休假工资报酬的数额向职工加付赔偿金；对拒不支付年休假工资报酬、赔偿金的，属于公务员和参照公务员法管理的人员所在单位的，对直接负责的主管人员以及其他直接责任人员依法给予处分；属于其他单位的，由劳动保障部门、人事部门或者职工申请人民法院强制执行。

（六）探亲假

探亲假，是指法定给予劳动者探望两地分居的配偶或父母的带薪假期，目的是适当地解决劳动者同亲属长期远居两地的探亲问题。

按照法律规定，探亲假的具体假期为：职工探望配偶的，每年给予一方探亲假一次，假期为30天。未婚职工探望父母，原则上每年给假一次，假期为20天，如果因为工作需要，本单位当年不能给予假期，或者职工自愿两年探亲一次，可以两年给假一次，假期为45天。已婚职工探望父母的，每 4 年给假一次，假期为 20 天。职工在规定的探亲假和路程假期内的，按照本人的标准工资发给工资。职工探望配偶和未婚职工探望父母的往返路费由所在单位负担。但已婚职工探望父母的往返路费，在本人月标准工资的 30%以内的由本人自理，超过部分由所在单位负担。

（七）产假

产假，是指女职工在用人单位生产前后依法享受的休假待遇。产假是法定的休假制度，具有强制休假的性质。用人单位必须依法全面履行义务，需要支付休假权利人的工资和其他相关费用，不得在休假期间与劳动者解除劳动合同。

《中华人民共和国劳动法》第六十二条规定："女职工生育享受不少于 90 天的产假。"从有利于女职工身体恢复和母乳喂养的角度，《女职工劳动保护特别规定》参照国际劳工组织有关公约关于"妇女须有权享受不少于 14 周的产假"的规定，将生育产假假期延长至 14 周（98 天），即我国女职工生育享受 98 天产假，其中产前可以休假 15 天；难产的，增加产假 15 天；生育多胞胎的，每多生育 1 个婴儿，增加产假 15 天。同时，为保障流产女职工的权益，《女职工劳动保护特别规定》参照原劳动部《关于女职工生育待遇若干问题的通知》中关于流产假的档次划分，明确了流产产假，规定：怀孕未满 4 个月流产的，享受 15 天产假；怀孕满 4 个月流产的，享受 42 天（6 周）产假。

【任务解析】

休息日，是指劳动者满一个工作周后的休息时间，是国家通过法律的强制性规定来保障劳动者的休息权。《中华人民共和国劳动法》第三十八条规定，用人单位应当保证劳动者每周至少休息一日。因此，部门经理的行为是违法的，王某的休息日权利应当得到保护。

【任务拓展】

1. 林某毕业后到某国有建筑公司工作，2015 年结婚，父母居住在外地。根据国务院关于职工探亲待遇的规定，享受探望父母的探亲假。2019 年林某曾提出要休探亲假，领导未准，为此双方发生争吵。同年 6 月林某再次提出休探亲假，领导让其再等一等，到了 11 月林某第三次提出休假要求，此时公司承接了一项十分紧急的工程施工任务，工作繁忙，故公司没有同意林某休假。林某认为个别公司领导无视自己权益有意刁难自己，故林某留下一张说明就擅自休假了。林某的行为确实给工作带来影响，因此 2020 年 2 月公司决定扣发探亲假期间工资，探亲往返路费不予报销。对此林某不服，向劳动争议仲裁委员会申诉。

工作任务：教师请学生以林某的身份进一步了解本案的事实，收集相关的法律法规，分析仲裁委员会应如何裁决。

2. 某食品加工厂所聘用的员工中女性占 70%，为了企业生产的正常进行，2020 年，经与部分职工代表协商，并征求了半数职工的意见，制定了该厂职工生育休假规章。该规章规定，本厂职工带薪产假为 60 天，双胞胎假期延长 10 天。同年 8 月 7 日，女职工赵某产下一对双胞胎，开始休假。产后身体恢复较慢，到该厂规定的产假期满也没有上班，为此，该厂从 12 月 10 日起停发了赵某的工资。赵某不服，向当地劳动争议仲裁委员会申请仲裁。

工作任务：教师请学生以赵某的身份进一步了解本案的事实，收集相关的法律法规，分析该厂规章是否合法，为什么，仲裁委员会应如何裁决。

任务 3　工　　资

【任务目标】

- 理解工资的概念和特征。
- 了解工资的构成。
- 掌握工资的种类和最低工资制度。

【任务材料】

陈某到某电子公司工作，双方未签订书面劳动合同。陈某工作 2 个月后，以单位违反进厂时双方的口头约定、实发工资与约定工资不符等为由离开该单位。在陈某与某电子公司结算工资时，该公司以员工违约、自动离职给单位造成损失为由拒绝支付陈某后 1 个月的工资。

陈某遂向劳动争议仲裁委员会申请仲裁，仲裁结果为某电子公司在裁决书生效之日起支付陈某离厂前 1 个月的工资。某电子公司对该仲裁裁决书不服，以陈某违反进公司时的口头约定、私自离开公司为由，向法院提起诉讼。

工作任务：教师请学生以陈某的身份进一步了解本案的事实，收集相关的法律法规，分析法院应如何判决。

【知识链接】

一、工资的概念和特征

（一）工资的概念

工资，是指基于劳动关系，用人单位按照法律、法规的规定和合同的约定，以货币形式直接支付给本单位劳动者的劳动报酬。

（二）工资的特征

1. 工资必须是基于一定的劳动法律关系所取得的劳动报酬

劳动关系是劳动法的主要调整对象，是社会关系中最普遍最核心的社会关系。劳动合同是劳动关系的法律表现形式。劳动者与用人单位通过劳动合同建立劳动关系，支付工资是用人单位的法定义务。劳动者取得工资则必须履行劳动合同规定的义务。

2. 工资的分配应当遵循按劳分配原则，实行同工同酬

工资水平在经济发展的基础上有所调整。国家对工资总量实行宏观调控。用人单位根据本单位的生产经营特点和经济效益，依法自主确定本单位的工资分配方式和工资水平。

3．国家实行最低工资保障制度

最低工资的具体标准由省、自治区、直辖市人民政府规定，报国务院备案。用人单位支付劳动者的工资不得低于当地最低工资标准。确定和调整最低工资标准应当综合参考下列因素：

（1）劳动者本人及平均赡养人口的最低生活费用。

（2）社会平均工资水平。

（3）劳动生产率。

（4）就业状况。

（5）地区之间经济发展水平的差异。

4．工资必须以货币形式支付

工资应当以货币形式，按月支付给劳动者本人，不得克扣或者无故拖欠劳动者的工资。任何以实物、有价证券支付工资的行为，严重地违反了劳动法对工资的规定。

5．工资必须定期支付

在我国，工资一般按月支付。用人单位应在与劳动者约定的日期支付工资，不得拖延。

6．法定休假日和婚丧假期间的工资保障

劳动者在法定休假日和婚丧假期间以及依法参加社会活动期间，用人单位应当依法支付工资。

二、工资的构成

（一）基本工资

基本工资，是指劳动者与用人单位在劳动合同中约定的与工作岗位相适应的相对固定的工资单位。劳动者在法定工作时间内提供正常劳动的情况下即可获得基本工资。基本工资是工资中最主要、最稳定的部分。在行政事业单位，基本工资往往由岗位工资、级别工资、工龄工资等组成。在企业单位，计时与计件工资一般就是基本工资。一些企业，尤其是国企，也采用类似于行政事业单位的做法。

（二）绩效工资

绩效工资，是与奖励和绩效评估挂钩的工资，是以员工竞聘上岗的工作岗位为基础，根据环境、责任、强度和技术的差异明确的岗位等级，以组织整体绩效和劳动力价值确定工资额度，以员工的劳动水平为支撑支付劳动报酬，充分结合劳动、工资与人事三方面的工资形式。

现阶段，绩效工资被我国事业单位、企业普遍采用，用人单位将员工工资与可量化的业绩挂钩，将激励机制融于企业目标和个人业绩的联系之中，有利于提高员工的积极性，提高企业效率和节省工资成本；有利于突出团队精神和企业形象，以及提高员工的凝聚力。

（三）奖金

奖金，是指支付给劳动者的超额劳动报酬和增收节支的劳动报酬。奖金包括生产奖、节约奖、劳动竞赛奖，还包括机关事业单位的奖励工资以及其他奖金。

（四）津贴

津贴，是指对劳动者在特殊条件下的额外劳动消耗和驻地生活费额外支出的工资补充形式，如高温津贴、中班津贴、夜班津贴、林区津贴等。

（五）补贴

补贴，是为在特定地区或者特定时期为员工发放的以防止物价大幅波动给员工生活带来大的影响的临时性辅助工资，如特区补贴。

三、工资的种类

工资一般包括计时工资、计件工资、奖金、津贴和补贴、延长工作时间的工资报酬，以及特殊情况下支付的工资等。工资是劳动者劳动报酬的重要组成部分，是工薪劳动者的基本生活来源。

（一）计时工资

计时工资，是指按照单位时间工资率和工作时间支付劳动者个人工资的一种形式，可以分为月工资制、日工资制和小时工资制三种。计时工资的优点在于好操作，简单易行，适用面广；缺点在于未与劳动的数量和质量挂钩。

（二）计件工资

计件工资，是指按照劳动者完成的合格产品的数量和预先规定的计件单位计算工资的形式。它不是直接用劳动时间来计量，而是用一定时间内的产品数量或作业量的劳动成果来计算，因此，它是间接用劳动时间来计算的，是计时工资的转化形式。计件工资的优点在于很好地体现了按劳分配原则，缺点在于易出现盲目追求数量而不重质量的情形。

（三）年薪

年薪，又称年工资收入，是指对符合一定条件的劳动者实行以一个财务年度为核算工资依据计发劳动报酬的工资形式，主要用于公司经理、企业高级职员的收入发放，称为经营者年薪制。《中华人民共和国劳动法》及相关法律并未对普通劳动者推行此种工资形式。年薪制是一种国际上较为通用的支付企业经营者薪金的方式，它是以年度为考核周期，把经营者的工资收入与企业经营业绩挂钩的一种工资分配方式。

（四）加班加点工资

加班加点工资，是指按规定支付的加班工资和加点工资。

（五）特殊情况下支付的工资

特殊情况下支付的工资，是指按照国家法律法规和政策规定，因病、工伤、产假、计划生育假、事假、探亲假、停工学习等原因按计时工资标准的一定比例支付的工资，以及附加工资和保留工资等。

四、最低工资

（一）最低工资的概念

最低工资，是指劳动者在法定工作时间或者约定工作时间内提供了正常劳动前提下，用人单位依法应当支付的最低劳动报酬。法定工作时间是指国家规定的制度工作时间。正常劳动是指工薪劳动者按照劳动合同的有关规定，在法定工作时间内从事的劳动。

（二）最低工资的特点

1. 保障的是基本生活需要

最低工资的保障范围是劳动者个人及其家庭成员的基本生活需要，所以最低工资标准不高。

2. 最低工资是国家法定标准，在适用范围内强制执行

国家实行最低工资保障制度。最低工资的具体标准由省、自治区、直辖市人民政府规定，报国务院备案。最低工资标准一般采取月最低工资标准和小时最低工资标准的形式。月最低工资标准适用于全日制就业劳动者，小时最低工资标准适用于非全日制就业劳动者。

3. 最低工资是劳动者获得劳动报酬最低起线

劳动者与用人单位形成或建立劳动关系后，试用、熟练、见习期间，在法定工作时间内提供了正常劳动，其所在的用人单位应当支付其不低于最低工资标准的工资。但由于劳动者本人原因造成在法定工作时间内或依法签订的劳动合同约定的工作时间内未提供正常劳动的，用人单位则可按低于最低工资标准的数额向劳动者支付工资。

（三）最低工资标准的适用范围

劳动者在法定工作时间提供了正常劳动；劳动者依法享受带薪年休假、探亲假、婚丧假、生育（产）假等国家规定的假期间，以及法定工作时间内依法参加社会活动期间，视为提供了正常劳动。用人单位均应该依法支付劳动报酬。最低工资标准不包括：延长工作时间工资，中班、夜班、高温、低温、井下、有毒有害等特殊工作环境、条件下的津贴，法律、法规和国家规定的劳动者福利待遇等。即在劳动者提供了正常劳动的情况下，用人单位应支付给劳动者的工资，必须是剔除了上述各项工资、津贴和有关待遇以后的工资，不得低于当地最低工资标准。如果用人单位违反规定，将应当予以剔除的各项工资、津贴和有关待遇计入最低工资标准的，由劳动保障行政部门责令其限期补发所欠劳动者工资，并可责令其按所欠工资的 1 至 5 倍支付劳动者赔偿金。

【任务解析】

一审法院审理认为，双方虽未订立书面劳动合同，但双方已经形成了事实劳动关系，双方均无异议，该劳动关系应受法律保护。某电子公司以工人私自离厂为由拒绝支付工人工资的主张违反了我国法律法规的规定。因此，判决无理克扣员工工资的被告某电子公司 5 日内向原告陈某支付其应得工资。

【任务拓展】

1. 李某是某物业公司的从事高温作业的锅炉工人，在李某与该物业公司签订的劳动合同中约定该公司应当向李某提供防护高温灼伤及防暑降温的工作条件，但是李某入职之后发现其工作地点根本没有防止高温灼伤的设备及可供其工作时防暑降温的条件，特别是在持续高温天气的情况下，其经常容易中暑而无法持续工作，于是李某拒绝执行该公司在高温天气下继续工

作的命令，并且向公司领导提出要求整改工作条件，该公司不接受李某的建议，于是李某向该物业公司提出解除劳动合同并要求赔偿经济补偿金，该公司拒绝了李某的要求，于是双方对该劳动争议提请了劳动仲裁。

工作任务：教师请学生以李某的身份进一步了解本案的事实，收集相关的法律法规，分析仲裁委员会应如何裁决，公司应否支付李某的高温津贴。

2. 赵某在某女装店做服装销售员，与老板约定，每月的工资由底薪加提成构成，底薪 2000 元，每出售 100 元的商品提成 5 元，每月的销售任务是 10000 元，完不成任务则没有底薪。2020 年 2 月到 4 月，受客观环境的影响店里服装大量滞销。赵某每个月最多能卖 3000 元的服装。于是老板没有为其发放底薪，只发了 150 元的提成。超低的收入根本不能维持赵某的生活。其多次找到老板理论无果，之后找到店铺所在商场管理部要求协调支付底薪，但却苦于没有签订劳动合同，只是口头约定，商场管理人员也无从下手。于是双方对该劳动争议提请了劳动仲裁。

工作任务：教师请学生以赵某的身份进一步了解本案的事实，收集相关的法律法规，分析仲裁委员会应如何裁决，计件工作可以签订劳动合同吗，实行计件工资时工人所得能否低于最低工资。

项目 9　职业安全健康制度

项目导读

职业安全健康制度是实现劳动者职业安全权利的重要保障。国家有责任通过立法建立职业安全保障标准，保障劳动者生命安全和身体健康权利的实现。这一制度表现为用人单位对国家的法定义务，具有公法的特点；同时，由于劳动关系的人身属性，派生了用人单位对劳动者的保护义务，又具有私法的特点。职业安全健康制度的核心是制定职业安全健康标准，职业安全健康标准是劳动基准的重要组成部分，对于保障劳动者基本人权，实现劳动者体面劳动的目标，具有重大意义。

教学目标

能力目标：注重以学生为主体、以法学实务为本位，培养学生运用正确方式解决劳动争议的能力。

知识目标：以《中华人民共和国劳动法》为基础，使学生理解劳动安全卫生制度，掌握女职工和未成年工特殊保护制度。

思政目标：引导学生正确分析劳动基准制度争议典型案例，将马克思主义的教育与科学精神的培养结合起来，提高学生正确认识、分析和解决职业安全健康领域所存在问题的能力。

任务 1　劳动安全卫生

【任务目标】

- 理解劳动安全卫生的概念和特征。
- 掌握劳动安全卫生的基本内容。

【任务材料】

王某是甲公司劳动合同制工人，某年 5 月与甲公司签订了 5 年的劳动合同，在劳动合同中约定的工作岗位是焊接工，合同试用期为 6 个月。王某参加工作后，看到其他职工都戴着防护眼镜和手套，自己却没有领到，于是向甲公司提出要求，希望尽快发给其眼镜和手套。甲公司以王某还在试用期内，不是正式职工为由拒绝发给其眼镜和手套。王某认为甲公司的决定不合法，向当地劳动争议仲裁委员会提出申诉，要求甲公司发给其劳动保护用品。

工作任务：作为劳动争议仲裁委员会的仲裁员，进一步了解本案的事实，收集相关的法律法规，针对劳动争议仲裁委员会是否需要驳回王某的仲裁申请提出处理方案。

【知识链接】

一、劳动安全卫生的概念和特征

（一）劳动安全卫生的概念

劳动安全卫生，是指直接保护劳动者在劳动过程中的生命安全和身体健康的法律制度。其目的是保护劳动者的身心健康，维护劳动力的生产和再生产。

（二）劳动安全卫生的特征

1. 保护对象具有特定性和首要性

劳动安全卫生制度保护的对象是劳动者，实施保护的义务主体是用人单位。劳动者在劳动过程中的生命安全与身体健康是其生存权的首要权利，这一权利的性质决定了法律保护的特定性和首要性，以及双方主体权利义务的单向性。

2. 实施具有强制性

劳动安全卫生不仅关系劳动者的生命安全和身体健康，也事关社会公共利益，因此各国均通过立法实施强制保护措施，它排除了用人单位与劳动者通过集体合同或劳动合同对劳动安全责任予以免除或放弃的可能性，也排除了劳动关系当事人自主降低法定要求的可能性。

3. 保护范围是劳动过程

劳动卫生安全是基于劳动关系而产生的劳动保护关系，有别于社会上一般的安全、疾病预防和卫生保健工作。

4. 劳动安全卫生制度具有较强的技术性和专业性

劳动安全卫生制度必须根据劳动过程的特点和劳动过程涉及的物理因素、化学因素以及自然因素等，制定相应的规范、标准和保护措施。

二、劳动者和用人单位应当遵守的有关劳动安全卫生的法律规定

根据《中华人民共和国劳动法》的有关规定，用人单位和劳动者应当遵守以下有关劳动安全卫生的法律规定：

（1）用人单位必须建立、健全劳动安全卫生制度，严格执行国家劳动安全卫生规程和标准，对劳动者进行劳动安全卫生教育，防止劳动过程中的事故，减少职业危害。

（2）劳动安全卫生设施必须符合国家规定的标准。新建、改建、扩建工程的劳动安全卫生设施必须与主体工程同时设计、同时施工、同时投入生产和使用。

（3）用人单位必须为劳动者提供符合国家规定的劳动安全卫生条件和必要的劳动防护用品，对从事有职业危害作业的劳动者应当定期进行健康检查。

（4）从事特种作业的劳动者必须经过专门培训并取得特种作业资格。特种作业的范围有10 类：①电工作业；②锅炉司炉；③压力容器操作；④起重机械作业；⑤爆破作业；⑥金属焊接（气割）作业；⑦煤矿井下瓦斯检验；⑧机动车辆驾驶；⑨机动船舶驾驶、轮机操作；⑩建筑登高架设作业。

（5）劳动者在劳动过程中必须严格遵守安全操作规程。劳动者对用人单位管理人员违章指挥、强令冒险作业，有权拒绝执行；对危害生命安全和身体健康的行为，有权提出批评、检举和控告。

（6）国家建立伤亡和职业病统计报告和处理制度。县级以上各级人民政府劳动行政部门、有关部门和用人单位应当依法对劳动者在劳动过程中发生的伤亡事故和劳动者的职业病状况，进行统计、报告和处理。

【任务解析】

此案例是一起因用人单位在生产劳动过程中，不按规定发给职工个人劳动保护用品而引发的劳动争议案。甲公司以王某还在试用期，不是正式职工为由不发给其劳动保护用品是错误的，试用期不是企业是否发给劳动者劳动防护用品的理由和依据。即使劳动者不是正式职工，只要所从事的劳动是需要发放劳动防护用品的场所和职业，用人单位就应该按规定发给劳动者劳动防护用品。甲公司的做法侵犯了劳动者获得劳动安全保护的权利。劳动者有获得劳动安全保护的权利，这是宪法和劳动法规定的职工个人享有的生命健康权的具体体现。根据《中华人民共和国劳动法》第三条的规定，劳动者享有获得劳动安全卫生保护的权利。劳动安全卫生保护不仅体现在国家制定相应的劳动保护制度上，更重要的是在于具体的劳动防护措施和条件上。劳动保护用品是保护劳动者在生产过程中的人身安全与健康所必需的一种防御性装备，对于减少职业危害、防止事故发生起着重要作用。《中华人民共和国劳动法》第五十四条规定，用人单位必须为劳动者提供符合国家规定的劳动安全卫生条件和必要的劳动保护用品，对从事有职业危害作业的劳动者应当定期进行健康检查。可见，劳动保护用品的发放是劳动者获得劳动安全卫生保护的重要内容，用人单位必须按规定发给劳动者劳动保护用品。劳动争议仲裁委员会受理此案后，经过调查，王某反映的事实属实，裁定用人单位应该发给王某劳动保护用品。

【任务拓展】

1. 马某与一煤矿签订了一份合同，合同规定，在合同期间发生意外事故，不论什么原因，煤矿概不负责。两个月后，矿井大面积倒塌，马某受重伤。马某家属要求煤矿支付医疗费，但煤矿以合同规定为由，拒不支付医疗费。马某及其家属诉诸法院。

工作任务：教师请学生以马某的身份进一步了解本案的事实，收集相关的法律法规，分析法院应如何处理。

2. 某水泥厂忽视劳动安全卫生，舍不得花钱安装必要的防尘设备，使生产区粉尘浓度严重超标。又因厂方提供的劳动防护用品属于不合格产品，所以严重危害了劳动者的健康，导致5 年内有56 名职工先后患上了尘肺病，其中有18 人死亡。县劳动安全卫生监察机构根据群众举报，及时进行了调查处理。根据调查结果对该厂进行了经济处罚，并提请当地县人民政府责令其停产整顿。

　　工作任务：教师请学生进一步了解本案的事实，收集相关的法律法规，分析应如何处理。

任务 2　女职工和未成年工特殊保护

【任务目标】

- 理解女职工和未成年工特殊保护的概念和特征。
- 了解女职工和未成年工特殊保护的意义。
- 掌握女职工和未成年工特殊保护的基本内容。

【任务材料】

　　王女士于 2018 年 8 月入职深圳某公司。劳动合同约定其工作岗位是行政主管，每月工资为 12800 元。2018 年 9 月，王女士发现自己怀孕。2019 年 2 月，公司发出书面通知，宣布解除双方的劳动合同。王女士找到公司老板反复协商无果而发生纠纷，遂向当地劳动争议仲裁委员会提出申诉。

　　工作任务：教师请学生以王女士的身份进一步了解本案的事实，收集相关的法律法规，分析仲裁委员会应如何裁决，该公司能否单方解除王女士的劳动合同。

【知识链接】

一、女职工和未成年工特殊保护的概念和特征

　　女职工特殊保护，是指根据女职工身体结构、生理机能的特点以及抚育子女的特殊需要，对女职工在劳动过程中的安全和健康依法加以特殊保护的制度。

　　未成年工，是指年满 16 周岁未满 18 周岁的男女劳动者。未成年工特殊保护，是指根据未成年工处于生长发育期的特点，以及接受义务教育的需要，依法对未成年工在劳动过程中的安全和健康给予特殊保护的制度。如果未成年工是女性，则应受到女职工的特殊保护。

　　女职工和未成年工特殊保护在适用对象和内容上有别于对一般劳动者的劳动安全保护，是在与普通劳动者享有相同劳动安全健康保护基础上，法律专门规定的特别保护制度。

二、对女职工和未成年工实施特殊保护的意义

　　（1）有利于维护女职工和未成年工的身体健康。

　　（2）有利于促进社会生产力的发展和劳动者素质的提高。

　　（3）有利于中华民族的繁衍和下一代的健康成长。

三、我国对女职工的特殊劳动保护

（1）国家保障妇女享有与男子平等的劳动权利。

（2）国家保护妇女的权利和利益，实行男女同工同酬。

（3）任何单位均应根据妇女的特点，依法保护妇女在工作和劳动时的安全和健康，不得安排不适合妇女从事的工作和劳动。

女职工禁忌从事的劳动范围：矿山井下作业；体力劳动强度分级标准中规定的第四级体力劳动强度的作业；每小时负重6次以上、每次负重超过20千克的作业，或者间断负重、每次负重超过25千克的作业。

女职工在经期禁忌从事的劳动范围：冷水作业分级标准中规定的第二级、第三级、第四级冷水作业；低温作业分级标准中规定的第二级、第三级、第四级低温作业；体力劳动强度分级标准中规定的第三级、第四级体力劳动强度的作业；高处作业分级标准中规定的第三级、第四级高处作业。

女职工在孕期禁忌从事的劳动范围：作业场所空气中铅及其化合物、汞及其化合物、苯、镉、铍、砷、氰化物、氮氧化物、一氧化碳、二硫化碳、氯、己内酰胺、氯丁二烯、氯乙烯、环氧乙烷、苯胺、甲醛等有毒物质浓度超过国家职业卫生标准的作业；从事抗癌药物、己烯雌酚生产，接触麻醉剂气体等的作业；非密封源放射性物质的操作，核事故与放射事故的应急处置；高处作业分级标准中规定的高处作业；冷水作业分级标准中规定的冷水作业；低温作业分级标准中规定的低温作业；高温作业分级标准中规定的第三级、第四级的作业；噪声作业分级标准中规定的第三级、第四级的作业；体力劳动强度分级标准中规定的第三级、第四级体力劳动强度的作业；在密闭空间、高压室作业或者潜水作业，伴有强烈振动的作业，或者需要频繁弯腰、攀高、下蹲的作业。

女职工在哺乳期禁忌从事的劳动范围：孕期禁忌从事的劳动范围的第一项、第三项、第九项；作业场所空气中锰、氟、溴、甲醇、有机磷化合物、有机氯化合物等有毒物质浓度超过国家职业卫生标准的作业。

女职工比较多的用人单位应当根据女职工的需要，建立女职工卫生室、孕妇休息室、哺乳室等设施，妥善解决女职工在生理卫生、哺乳方面的困难。在劳动场所，用人单位应当预防和制止对女职工的性骚扰。县级以上人民政府人力资源社会保障行政部门、安全生产监督管理部门按照各自职责负责对用人单位遵守本规定的情况进行监督检查。工会、妇女组织依法对用人单位遵守《女职工劳动保护特别规定》的情况进行监督。国家发展社会保险、社会救济和医疗卫生事业，为年老、疾病或者丧失劳动能力的妇女获得物质资助创造条件。

四、我国对未成年工的特殊劳动保护

（1）任何组织和个人不得招用未满16周岁的未成年人，国家另有规定的除外。

（2）任何组织和个人依照国家有关规定招收已满16周岁未满18周岁的未成年人的，应当执行国家在工种、劳动时间、劳动强度和保护措施等方面的规定，不得安排其从事过重、有

毒、有害等危害未成年人身心健康的劳动或者危险作业，不得安排未成年工从事矿山井下、有毒有害、国家规定的第四级体力劳动强度的劳动和其他禁忌从事的劳动。

未成年工不得从事的有毒有害劳动主要包括：《生产性粉尘作业危害程度分级》国家标准中第一级以上的接尘作业；《有毒作业分级》国家标准中第一级以上的有毒作业；工作场所接触放射性物质的作业；作业场所放射性物质超过《放射防护规定》中规定剂量的作业；有易燃易爆、化学性烧伤和热烧伤等危险性大的作业等。

第四级体力劳动强度即净劳动时间为 370 分钟。用人单位不得安排未成年工从事的此类工作具体有：连续负重每小时在 6 次以上并每次超过 20 千克，间断负重每次超过 25 千克的作业；使用凿岩机、捣固机、气镐、气铲、铆钉机、电锤的作业；工作中需要长时间保持低头、弯腰、上举、下蹲等强迫体位和动作频率每分钟大于 50 次的流水线作业。

其他禁忌未成年工从事的劳动有：《高处作业分级》国家标准中第二级以上的高处作业，即凡在坠落高度基准面 5 米以上（含 5 米）有可能坠落的高处进行的作业；《冷水作业分级》国家标准中第二级以上的冷水作业；《高温作业分级》国家标准中第三级以上的高温作业；《低温作业分级》国家标准中第三级以上的低温作业；森林业中的伐木、流放及守林作业；地质勘探和资源勘探的野外作业；潜水、涵洞、涵道作业和海拔 3000 米以上的高原作业（不包括世居高原者）；锅炉司炉等。

用人单位应当对未成年工定期进行健康检查。

（3）未成年人已经接受完规定年限的义务教育不再升学的，政府有关部门和社会团体、企业事业组织应当根据实际情况，对他们进行职业技术培训，为他们创造劳动就业条件。

（4）对未成年工的使用和特殊保护实行登记制度。

（5）未成年工上岗前用人单位应对其进行有关的职业安全卫生教育、培训。

【任务解析】

该公司不能单方解除王女士的劳动合同。《中华人民共和国劳动法》第二十九条规定，女职工在孕期、产期、哺乳期内，用人单位不得解除劳动合同。《女职工劳动保护特别规定》第五条规定，不得因女职工怀孕、生育、哺乳降低其工资、予以辞退、与其解除劳动（聘用）合同。《中华人民共和国妇女权益保障法》第四十八条规定，任何单位不得因结婚、怀孕、产假、哺乳等情形，降低女职工的工资和福利待遇，限制女职工晋职、晋级、评聘专业技术职称和职务，辞退女职工，单方解除劳动（聘用）合同或者服务协议。

【任务拓展】

1. 何某（女性）与武汉市某公司签订了劳动合同，从事控制中心监控及维护工作，劳动合同有效期为 2018 年 7 月 25 日至 2022 年 7 月 24 日。2021 年 8 月 28 日，何某经医院检查确认怀孕，预产期是次年 4 月 15 日。2022 年 2 月 10 日，公司因人手紧张，业务较多，安排何某上夜班。何某表明自己正处于 7 个月的怀孕期，不能上夜班。公司负责人声称，最近单位女职工请假较多，在安排其他人顶岗前，何某需要上一个月夜班，否则会影响单位正常运转。无奈，何某只得接受公司夜班安排。2022 年 4 月 1 日，何某向公司提出休 98 天的产假申请，公司予以批准。4 月 16 日，何某在医院剖宫产下一子。7 月 15 日，何某休完产假回公司上班。

7 月 20 日，因与公司签订的劳动合同即将届满，何某提出与公司续签劳动合同，但公司没有与何某续签劳动合同。在合同期满后一个月，公司宣布因单位经济效益滑坡需要裁减工作人员，决定与单位劳动合同届满的职工一律终止劳动关系，限半个月内办理离职手续。这次终止劳动关系的名单，何某名列其中。何某认为公司的做法严重侵犯女职工的合法权益，找公司领导理论。公司领导坚决不同意，他们认为公司不是以何某生育为由而解除劳动合同，而是因为劳动合同期限届满且公司经济效益不好不得不终止劳动关系。何某只好向当地劳动监察大队投诉。

工作任务：教师请学生以何某的身份进一步了解本案的事实，收集相关的法律法规，分析应当如何处理。

2. 某建筑公司欲招收一批劳动合同制工人，岗位是焊工。任某是一名年轻妇女，刚怀孕，但身强力壮，希望得到这份工作，但建筑公司不予录用。任某不服，认为建筑公司这种做法是性别歧视，侵犯了妇女的平等就业权，遂向劳动仲裁委员会提请仲裁，要求建筑公司录用自己。

工作任务：教师请学生以任某的身份进一步了解本案的事实，收集相关的法律法规，分析仲裁委员会应如何裁决，某建筑公司的做法是否正确。

项目 10　社会保险和福利

社会保险是一种国家以保险的形式所执行的社会保障制度，在公民或劳动者暂时失去或永久丧失劳动能力，以及发生其他困难时，由国家、社会出面，对他们给予物质生活保障，简称社保。社会保险主要包括养老保险、医疗保险、失业保险、工伤保险、生育保险。

社会福利是社会保障体系中保障水平最高的组成部分。现代国家的社会福利以公共福利为基础，职业福利为补充。公共福利面向全体人民，具有普惠性；职业福利则因职工所在单位不同而有所差异。

能力目标：注重以学生为主体、以法学实务为本位，培养学生运用正确方式解决劳动争议的能力。

知识目标：理解社会保险和福利，掌握社会保险的种类。

思政目标：引导学生正确分析劳动社会保险争议的典型案例，传承中华民族公平正义精神。

任务 1　社 会 保 险

【任务目标】

- 理解社会保险的概念、类型和作用。
- 了解养老保险的基本构成。
- 掌握工伤保险的基本原则、待遇的认定和程序。

【任务材料】

2020 年 11 月，市社保局在委托第三方机构对部分参保企业进行专项稽核审计中，发现某区一家人力资源公司有 85 人涉嫌虚构劳动关系参保、违规办理退休的问题。市社保局将有关问题线索转交属地进一步核查处理，区社保中心经过初步核查，认为案情重大，随即将有关违法犯罪线索移送当地公安部门。

经查，童某、吴某、王某于 2018 年 4 月共同出资 50 万元成立该人力资源公司。自 2019 年起，该公司伙同张某等人，以杨某等临近 50 岁的女性为特定业务对象，在向相关人员收取数千元至数万元不等的手续费后，伪造劳动合同、劳务派遣单、工资流水等用工资料，虚构杨某等人为该公司职工，在杨某等人承担全部社保费和工资费用的情况下，以该公司职工身份参加社会保险，并在年满 50 周岁时办理退休手续。截至 2021 年 5 月，该公司通过上述手段共为 85 人申办退休手续，相关人员共违规领取养老金 224 万余元。

工作任务：在了解本案的基础上，收集相关的法律法规，分组讨论双方协商处理纠纷时该案应如何处理。

【知识链接】

社会保险是指国家发展社会保险事业，建立社会保险制度，设立社会保险基金，使劳动者在年老、患病、工伤、失业、生育等情况下获得帮助和补偿，以及国家鼓励用人单位根据本单位实际情况为劳动者建立补充保险等。社会保险计划由政府举办，强制某一群体将其收入的一部分作为社会保险费（税）形成社会保险基金，在满足一定条件的情况下，被保险人可从基金获得固定的收入或损失的补偿，它是一种再分配制度，它的目标是保证物质及劳动力的再生产和社会的稳定。在中国，社会保险是社会保障体系的重要组成部分，其在整个社会保障体系中居于核心地位。另外，社会保险是一种缴费性的社会保障，资金主要由用人单位和劳动者本人缴纳，政府财政给予补贴并承担最终的责任。但是劳动者只有履行了法定的缴费义务，并在符合法定条件的情况下，才能享受相应的社会保险待遇。社会保险包括基本养老保险、基本医疗保险、失业保险、工伤保险、生育保险五种。

一、基本养老保险

养老保险是国家依据相关法律法规的规定，为劳动者在达到国家法定退休年龄或因完全丧失劳动能力等符合法定退休条件的人退出劳动后的基本生活需要而建立的社会保障制度。养老保险的目的是以社会保险为手段来保障老年人的基本生活需求，为其提供稳定可靠的生活来源。一般来讲，一个国家的养老保险由基本养老保险（西方国家一般称为公共养老保险）、补充养老保险（西方国家一般称为私人养老计划，包括企业年金、职业年金）、个人养老储蓄计划组成。我国实行的是多支柱、多层次的养老保险模式。从功能层次上看，我国养老保险体系由基本养老保险[包括基础（社会统筹）养老保险和个人账户养老保险]、补充养老保险（包括适用于企业职工的企业年金和适用于机关事业单位工作人员的职业年金）和个人储蓄养老保险构成。从组成内容看，我国养老保险体系由职工养老保险、居民养老保险和机关事业单位工作人员养老保险组成。

（一）养老保险的基本特征

1. 运行机制上的代际性

养老保险具有明显的代际性特征。养老保险的代际性，是指前代人养老保险所需基本费用一般由当代人通过缴纳养老保险费（税）的形式来承担。种族繁衍需要促使人类通过道德和法律的手段在当代人与前代人以及后代人之间形成或建立起伦理上和法律上的权利义务关系，确保每一代人在未成年的时候能得到前代人的抚养和教育，而在年老的时候能够得到后代人的赡养和照顾，实现人类种族的延续和发展。养老保险是现代社会代际养老关系法治化的需要，是代际公平在养老关系上的具体体现。

2. 功能作用上的养老性

养老保险的保障性，是指养老保险能为依法解除劳动义务的劳动者提供基本的物质生活保障，具有直接的养老保障功能。根据养老保险立法和政策的规定，劳动者在参加工作后就应依法参加养老保险，并与用人单位共同缴纳养老保险费。在依法退休后，劳动者将依法领取养老金来维持自己的生活。

3. 法律事实上的退休性

养老保险的法律事实上的退休性，是指劳动者享有养老保险待遇的前提是达到法定退休年龄并与用人单位终止了劳动关系。养老保险是专门为达到法定退休年龄并终止劳动关系的劳动者维持其退休生活需要而建立的一种社会保险制度。在我国，目前企业职工只有在退出劳动关系并依法缴满 15 年养老保险费后才能领取养老金。

（二）养老保险的模式

在世界范围内根据一个国家对社会保障立法所坚持的基本原则，特别是国家在整个制度运行过程中的地位和作用，养老保险大致可以划分为下述 4 种基本制度模式。

1. 国家统包型养老保险

这种养老保险模式多为社会主义国家根据马克思主义经典关于社会主义国家职能理论，在公有制和高度集权的计划经济体制基础上建立起来的。该模式由苏联首创，其他社会主义国家先后采用，我国的社会保险制度在改革开放之前也实行这种模式。在此种养老保险模式下，养老保险作为一项公民基本权利被宪法确认；国家和企业负担全部养老保险待遇支出，个人不缴纳任何费用；由国家统一管理养老保险事务。其共同的制度特征是国家包办养老保险。国家统包型养老保险模式是与计划经济体制相适应的一种养老保险制度类型，它在特定的历史条件下发挥过积极的作用。但是，由于其制度设计基础的理想性，这种模式不仅无法适应市场经济体制的需要，就是在计划经济体制下也难以为继。

2. 国家资助型养老保险

国家资助型养老保险模式起源于德国，后为美国等国效仿，并逐渐发展成为一种具有代表性的养老保险制度类型，其理论基础是国家干预主义。在该种模式下，政府负责公共养老保险的行政管理事务，除去必要的财政补贴外政府不承担任何经济负担，所有费用原则上由雇主和雇员分担；私人养老金计划比较发达，企业年金和职业年金在整个养老保障体系中占有重要地位；养老保险基金由专门机构负责经营管理。这种养老保险制度类型具有政府经济负担轻、保障层次多、管理效率高、制度成本低等特性，但也存在公平性和互济性偏低的问题。美国是该种养老保险制度类型的典型代表。

3. 福利国家型养老保险

福利国家型养老保险模式起源于英国，后被北欧诸国引入，并发展成为一种影响广泛的养老保险模式，其理论基础是福利经济学。福利国家型养老保险模式的基本理念是通过建立完善的养老保险制度，使老年社会成员的福利最大化，从而实现整个社会的福利最大化，而不仅仅是为退休者提供基本的物质生活保障。该种模式坚持养老保险福利的普遍性、统一性和公民权利性，强调养老保险法律适用于全体国民，享受社会养老保险福利是国民的一项法定基本权利，社会成员所享受的养老保险待遇标准统一，提供养老保险福利是政府的法定职责和义务。因其诱人的设计目标，福利国家型养老保险模式曾经名噪一时，但是随着时间的推移，其致命缺陷逐渐显现出来，并集中体现为近年来西方国家相继发生的福利危机。福利国家型养老保险模式在发达资本主义国家得到广泛推行，瑞典是其典型代表。

4. 完全自助型养老保险

完全自助型养老保险模式起源于新加坡，后为东南亚和拉美一些国家效仿和发展，成为一种具有代表性的养老保险模式。完全自助型养老保险坚持国家对养老保险只承担组织和管理义务，不承担任何经济负担。其基本内容是国家通过立法强制雇主和雇员按一定的标准缴纳养老保险费，所缴养老保险费全部存入为雇员设立的专门养老保险账户上。雇员养老保险账户中的基金由政府成立的专门机构或专门的投资管理机构进行管理，如新加坡的养老保险基金由中央公积金局负责，智利的养老保险基金由多个专门的养老基金管理公司负责。完全自助型养老保险模式的共同制度特点是政府不承担任何经济负担，但整个制度缺乏互济性和公平性。新加坡和智利是这种养老保险模式的典型代表。

（三）我国养老保险的基本构成

我国实行多层次的养老保险制度，整个养老保险体系由基本养老保险、补充养老保险和个人储蓄养老保险构成。

1. 基本养老保险

基本养老保险在其他国家和地区也被称为公共养老保险，是国家根据法律、法规的规定，强制建立和实施的一种社会保险制度。在这一制度下，用人单位和劳动者必须依法缴纳养老保险费，在劳动者达到国家规定的退休年龄或基于其他原因而退出劳动岗位后，社会保险经办机构依法向其支付养老金，从而保障其基本生活。基本养老保险与失业保险、基本医疗保险、工伤保险、生育保险等共同构成现代社会保险制度体系，是社会保险制度中最重要的险种之一。基本养老保险制度的基本功能是，为依法退出劳动岗位的劳动者提供基本生活保障，使老年人老有所养，从而维护社会稳定和经济发展。在我国，基本养老保险由基础养老保险（又称社会统筹养老保险）和个人账户养老保险组成。

2. 补充养老保险

补充养老保险在其他国家和地区也被称为私人养老保险，是指由用人单位依据法律和政策的规定，在自身经济实力允许的范围内为本单位劳动者所建立的一种辅助的养老保险，其居于多层次的养老保险体系中的第二层次，是对基本养老保险的一种必要补充。补充养老保险与基本养老保险既有区别又有联系，其区别主要体现在两种养老保险的层次和功能上的不同，其联系主要体现在两种养老保险的政策和水平相互联系、密不可分。在整个养老保险体系中，基本养老保险保障劳动者退休后最基本的生活需求，而补充养老保险则是在基本养老保险的基础上提高和改善劳动者退休后的生活水平和质量。在我国，补充养老保险目前有企业年金和职业年金，其中企业年金属于企业职工补充养老保险，职业年金属于机关事业单位工作人员补充养老保险。

3. 个人储蓄养老保险

个人储蓄养老保险是劳动者个人在基本养老保险和补充养老保险的基础上，为了进一步提高自己的养老保障水平而自愿参加的一种养老保险，属于多层次的养老保险体系中的第三层次。个人养老保险具有以下特点：首先，是否参与个人储蓄养老保险完全由劳动者自愿决定；其次，国家在税收等方面提供政策优惠；再次，因存在政策优惠，养老储蓄的数额有上限限制；最后，原则上只能用于养老，在退休后方能支取。

（四）职工基本养老保险

借鉴其他国家和地区的成功经验，结合实际，我国建立了职工基本养老保险、企业补充养老保险和职工个人储蓄养老保险相结合的职工养老保险制度。职工基本养老保险为企业退休职工提供基本养老保障，企业补充养老保险（即企业年金）和职工个人储蓄养老保险则是在基本养老保险之外为企业退休职工提供的补充养老保险。其中企业年金是指企业及其职工在依法参加基本养老保险的基础上自愿建立的补充养老保险制度，职工个人储蓄养老保险是由职工自愿参加、自愿选择经办机构，国家提供政策优惠的一种补充养老保险形式。

1. 职工基本养老保险的覆盖范围

我国《社会保险法》第十条规定："职工应当参加基本养老保险，由用人单位和职工共同缴纳基本养老保险费。无雇工的个体工商户、未在用人单位参加基本养老保险的非全日制从业人员以及其他灵活就业人员可以参加基本养老保险，由个人缴纳基本养老保险费。"根据上述规定，职工基本养老保险覆盖的人员范围包括：

第一，职工。职工是指在中国境内的企业、事业单位中以工资收入为主要生活来源的体力劳动者和脑力劳动者，包括我国境内的各种所有制、各种组织形式企业的职工。

第二，灵活就业人员。灵活就业人员主要包括无雇工的个体工商户、未在用人单位参加基本养老保险的非全日制从业人员以及其他灵活就业人员。

另外，根据《在中国境内就业的外国人参加社会保险暂行办法》（人力资源和社会保障部令第 16 号）第三条的规定，在中国境内依法注册或者登记的企业、事业单位、社会团体、民办非企业单位、基金会、律师事务所、会计师事务所等组织依法招用的外国人，应当依法参加职工基本养老保险、职工基本医疗保险、工伤保险、失业保险和生育保险，由用人单位和本人按照规定缴纳社会保险费。

2. 职工基本养老保险待遇的支付

根据《社会保险法》及人力资源和社会保障部《实施〈中华人民共和国社会保险法〉若干规定》的规定，职工（包括参加了职工基本养老保险的个体工商户及其他灵活就业人员）依法退休后可领取基本养老金，职工基本养老金由统筹养老金和个人账户养老金组成。职工每月领取的基本养老金数额将根据个人累计缴费年限、缴费工资、当地职工平均工资、个人账户金额、城镇人口平均预期寿命等因素确定。职工基本养老保险金实行社会化管理，一般由养老保险经办机构委托商业金融机构代为发放。

（1）统筹养老金的支付。参加基本养老保险的个人，达到法定退休年龄时累计缴费满15年的，按月领取统筹养老金。参加基本养老保险的个人，达到法定退休年龄时累计缴费不足15年的，可以缴费至满15年，按月领取统筹养老金；也可以转入居民基本养老保险，按照国务院的规定享受相应的养老保险待遇。参加基本养老保险的个人，因病或者非因工死亡的，其遗属可以领取丧葬补助金和抚恤金；在未达到法定退休年龄时因病或者非因工致残完全丧失劳动能力的，可以领取病残津贴。这两类情形所需资金从基本养老保险基金中支付。

（2）个人账户养老金的支付。职工（包括参加了城镇基本养老保险的个体工商户及其他灵活就业人员）每月领取的个人账户养老金数额，将根据本人基本养老保险个人账户所有的基金数额按照国家规定的计算公式确定。职工基本养老保险个人账户不得提前支取。个人在达到法定的领取基本养老金条件前离境定居的，其个人账户予以保留，达到法定领取条件时，按照国家规定享受相应的养老保险待遇。其中，丧失中华人民共和国国籍的，可以在其离境时或者离境后书面申请终止职工基本养老保险关系。社会保险经办机构收到申请后，应当书面告知其保留个人账户的权利以及终止职工基本养老保险关系的后果，经本人书面确认后，终止其职工基本养老保险关系，并将个人账户储存额一次性支付给本人。参加职工基本养老保险的个人死亡后，其个人账户中的余额可以全部依法继承。

3. 职工基本养老保险关系的转移接续

职工基本养老保险关系的转移接续，是指企业职工基本养老保险关系由原参保地的职工基本养老保险系统转出，而由新参保地的职工基本养老保险系统、机关事业单位工作人员基本养老保险系统或居民基本养老保险系统承接。我国《城镇企业职工基本养老保险关系转移接续暂行办法》（国办发〔2009〕66号）规定，参加城镇企业职工基本养老保险的所有人员，包括农民工跨省流动就业的，由原参保所在地社会保险经办机构开具参保缴费凭证，其基本养老保险关系随同转移到新参保地。至于职工基本养老保险关系向机关事业单位工作人员基本养老保险系统和居民基本养老保险系统转移接续的方法，还没有具体规定。

二、基本医疗保险

作为社会保险的两个重要组成部分，医疗保险与生育保险具有相似之处，即为暂时丧失劳动能力的公民提供物质帮助，保障其正常生活，并向其提供一定的医疗保健服务。基本医疗保险是指国家和社会对因病或非因工负伤的公民提供必要的医疗服务和物质帮助的一种社会保险制度。我国当前的基本医疗保险体系由职工基本医疗保险、城镇居民基本医疗保险和新型农村合作医疗三大制度构成，从大病统筹起步，分别从制度上覆盖城镇就业人口、城镇非就业人口和农村居民。基本医疗保险以低水平、广覆盖、保基本、多层次、可持续、社会化服务为基本原则，主要通过建立责任明确、合理分担的多渠道筹资机制，基本医疗保障基金和个人共同分担的医疗费用共付机制，实现社会互助共济，满足人们的基本医疗保障需求。

（一）职工基本医疗保险的基本概念

职工基本医疗保险是针对城镇所有用人单位和职工，以强制参保为原则的一项基本医疗保险制度。职工基本医疗保险制度由计划经济时期的劳保医疗制度演变而来。1951 年 2 月 26 日，政务院颁布《劳动保险条例》，对企业职工及其家属的疾病、非因工负伤、残废等待遇作出规定，由此而形成的医疗保障制度被称为"劳保医疗"。该制度的保障对象是全民所有制企业正式职工及其供养的直系亲属，经费主要来源于企业的福利基金。1952 年 6 月 27 日，政务院发布《关于全国各级人民政府、党派、团体及所属事业单位国家工作人员实行公费医疗预防的指示》，同年 8 月 24 日，政务院批准《国家工作人员公费医疗预防实施办法》，标志着公费医疗制度的建立。公费医疗是我国医疗保障制度框架中历史最悠久的部分，纵贯改革开放前后两个历史时期。公费医疗性质不是"社会保险"，而是"职业福利和财政福利"，因为享受公费医疗服务的人员不用个人缴费，公费医疗费用来自财政拨款。公费医疗实施范围是各级国家机关、社会团体及事业单位的工作人员。国务院于 1998 年 12 月发布了《国务院关于建立城镇职工基本医疗保险制度的决定》，标志着我国城镇职工基本医疗保险制度的确立。

（二）职工基本医疗保险的覆盖范围

城镇职工基本医疗保险的保障对象既包括机关事业单位和国有企业的职工，也包括非国有企业，特别是三资企业和私营企业的职工，这种保障对象的广泛性，既体现了国家对劳动者基本权益的保障，也扩大了筹资渠道，提高了医疗保险基金防范风险的能力。这与计划经济时期劳保医疗只针对国有企业职工、公费医疗只针对机关事业单位职工的规定有很大差异。职工基本医疗保险打破了所有制的界限，规定了城镇所有用人单位，无论何种性质，无论何种形式，都必须参加职工基本医疗保险。《社会保险法》第二十三条规定，职工应当参加职工基本医疗保险，由用人单位和职工按照国家规定共同缴纳基本医疗保险费。个体工商户、未在用人单位参加职工基本医疗保险的非全日制从业人员以及其他灵活就业人员可以参加职工基本医疗保险，由个人按照国家规定缴纳基本医疗保险费。随着社会公众对社会保障平等权益的不懈追求，原来因身份不同而享受不同医疗保障的不平等现象正在得到改善。

（三）职工基本医疗保险基金的筹资

一般来说，职工基本医疗保险基金的来源是用人单位和职工个人缴纳的医疗保险费、政府补贴、基金的投资收益和企业缴纳的滞纳金及罚金等。其中，用人单位和职工个人缴费是基金最主要的来源。从医疗保险基金的筹资方式看，主要有现收现付制、基金积累制和混合制三种模式。现收现付制的特点是"以支定收"，每年筹集的基金用于支付当年各种医疗给付和运行支出。基金积累制的特点是"以收定支"，即被保险人将来的保险金给付水平完全由基金积累的情况决定。混合制的筹资方式则是二者的结合，既在一定人群中进行横向分配，又利用个人账户等进行纵向积累。我国城镇职工基本医疗保险制度采取社会统筹与个人账户相结合的模式。一方面，在一定区域内的人群之间横向调剂医疗保险基金，费用共济、风险共担；另一方面，医疗保险费中的部分资金进入个人账户进行纵向积累，以劳动者年轻力壮时积累的资金弥补老年体弱时的费用缺口，自我缓解后顾之忧。

1．缴费基数和费率

《中华人民共和国社会保险法》第二十三条规定，用人单位和职工按照国家规定共同缴纳基本医疗保险费。职工个人以本人工资收入作为缴费基数，用人单位以在职职工工资总额作为缴费基数。根据《国务院关于建立城镇职工基本医疗保险制度的决定》，用人单位缴费率应控制在职工工资总额的 6%左右，职工缴费率一般为本人工资的 2%，具体缴费比例由统筹地区根据社会经济情况确定。用人单位以在职职工工资总额作为缴费基数，一是因为以在职职工工资总额作为社会保险缴费基数是国际惯例；二是与其他社会保险统一缴费基数，便于统一管理。

2. 保险基金由统筹基金和个人账户构成

职工医疗保险实行统账结合的制度，基本医疗保险基金由统筹基金和个人账户构成，各自划定支付范围、分别核算，不得互相挤占。

统筹基金主要由用人单位缴费构成，统筹地区所有用人单位为职工缴纳的基本医疗保险费中，扣除划入职工个人账户的 30%，剩余资金 70%左右进入社会统筹基金。统筹基金的来源还包括统筹基金利息收入、基本医疗保险费的滞纳金、财政补贴和依法纳入统筹基金的其他资金等。统筹基金由医疗保险经办机构管理使用，按照规定用于参保人员医疗保险待遇的支付。个人账户是为满足职工个人基本医疗支出而设立的专用账户。根据《国务院关于建立城镇职工基本医疗保险制度的决定》的规定，个人账户的注入资金来源于两部分：个人缴费的全部和单位缴费的一部分（一般为 30%左右），总计达到职工本人工资比例的 3.8%左右（2%+6%×30%），具体比例由统筹地区根据个人账户的支付范围和职工年龄等因素确定。

3. 缴费年限

参加职工基本医疗保险的个人，达到法定退休年龄时累计缴费达到国家规定年限的，退休后不再缴纳基本医疗保险费，按照国家规定享受基本医疗保险待遇；未达到国家规定年限的，可以缴费至国家规定年限。

4. 医疗保险保障关系跨地区的转移接续

2009 年 12 月 31 日，人力资源和社会保障部、卫生部、财政部发布《流动就业人员基本医疗保险保障关系转移接续暂行办法》，规定了职工流动异地就业时的医疗保险关系的转移接续办法，于 2010 年 7 月 1 日实施生效。《中华人民共和国社会保险法》第三十二条也明确规定，个人跨统筹地区就业的，其基本医疗保险关系随本人转移，缴费年限累计计算。

（四）职工基本医疗保险待遇的支付

职工基本医疗保险待遇的支付，是指参加职工基本医疗保险的职工生病后，医疗保险经办机构按照预先规定的条件和待遇标准向生病职工提供相应的医疗保险待遇。医疗保险待遇的支付包括病假医疗期间的待遇和医疗费用的支付。《中华人民共和国社会保险法》第二十八条规定，符合基本医疗保险药品目录、诊疗项目、医疗服务设施标准以及急诊、抢救的医疗费用，按照国家规定从基本医疗保险基金中支付，基本医疗账户资金不足支付的由职工个人自付。因此，职工享受到的医疗保险待遇是国家规定的治疗疾病所需的基本医疗服务，而非全部的医疗服务。

1. 起付线标准以下的医疗费用支付

参保人发生医疗费用后，首先需自付一定额度的医疗费用，超过此额度标准的医疗费用才由医疗保险经办机构以统筹基金支付，这个自付额度的标准即为"起付线"。起付线在医疗费用控制中起到"门槛"作用，其功能在于：一是防止因信息不对称，接诊时医患双方在疾病严重程度上的弄虚作假；二是制约或限制一部分非必需的医疗需求，达到事前控制不合理的医疗消费行为，抑制"门诊挤住院""小病大养"的现象；三是减少医疗保险经办机构对处方的审核以及支付的工作量，降低管理成本。起付线的主要优点是费用分担，有利于产生费用意识，控制消费行为，从而控制医疗费用；减少管理成本；当起付线定得较高时，起到了保大病、保高额费用的作用。其主要缺点在于，当起付线未能与家庭收入挂钩时，对于低收入家庭，起付费可能是一个较大的经济负担，成为一些个人和家庭获得必要医疗服务的障碍。

根据《国务院关于建立城镇职工基本医疗保险制度的决定》，起付线标准原则上控制在当地职工平均工资的 1%左右，起付线标准以下的门诊医疗费用（检查费、药费等相关费用）由职工个人账户支付，职工个人账户资金用完后，职工个人必须自行承担。

2. 起付线标准以上、最高支付限额以下的医疗费支付

最高支付限额是指年度内对于参保职工的医疗费用，由统筹基金承担的最高支付额度。起付线标准以上、最高支付限额以下的职工医疗费用，由医疗保险统筹基金按照一定的比例支付，即比例共付。比例共付是指被保险人支付医疗费用时，要与医疗保险经办机构各自按一定比例共同负担费用，该分担比例可以恒定，也可以随医疗费用额度的变化而递减或递增。比例共付制的优点在于会对被保险人整个求医过程产生影响，起到调节医疗消费、控制医疗费用的作用。由于价格需求弹性，促使被保险人选择相对价格较低的服务，从而可以起到降低医疗服务价格的作用。其主要缺点是由于家庭收入和健康情况的差别，可能产生享有医疗服务的不公正情况。当自付比例过高时，可能抑制被保险人的基本医疗需求，导致小病拖延治疗、大病放弃治疗等问题。而当自付比例定得过低时，又可能导致医疗需求膨胀，典型的表现是小病大养。国际上的自付比例一般为 20%，当自付比例达到 25%或以上时，被保险人就医将明显受到抑制。

根据《国务院关于建立城镇职工基本医疗保险制度的决定》，在起付线标准以上、最高支付限额以下的医疗费用，主要从统筹基金中支付，个人也需要负担一定比例，最高支付限额原则上控制在当地职工平均工资的 4～6 倍。统筹基金支付职工住院的大部分医疗费用，职工使用个人账户支付一定比例的住院医疗费用，个人医疗账户资金不足支付的由职工个人自付。

最高支付限额以及比例共付中的个人负担比例，由统筹地区根据以收定支、收支平衡的原则确定。另外，超出统筹基金最高支付限额的医疗费用，不在职工基本医疗保险范围内支付，另由大额医疗保险、职工补充医疗保险、商业保险等支付。

3. 医疗费支付的除外规定

职工参加基本医疗保险，因病、伤所产生的医疗费用并非都由医疗保险基金支付，基于一些客观原因引起的病、伤所产生的医疗费用具有专门的支付渠道，而不属于职工基本医疗保险待遇的支付范围。根据《社会保险法》第三十条的规定，下列医疗费用不纳入基本医疗保险基金支付范围：

（1）应当从工伤保险基金中支付的医疗费用。职工因工负伤或者患职业病，经认定属于工伤的，由工伤保险基金支付相关医疗费用。

（2）应当由第三人负担的医疗费用。第三人侵权造成人身伤害而产生的医疗费用由侵权行为人承担，赔偿参保人的经济损失。对于医疗费用依法应当由第三人负担而第三人不支付或者无法确定第三人的，由基本医疗保险基金先行支付。基本医疗保险基金先行支付后，有权向第三人追偿。应当指出的是，"第三人"既包括自然人，也包括法人或者其他组织；同时，"第三人不支付"的情形既包括第三人有能力支付而拒不支付的，也包括第三人没有能力而不能支付或者不能立即支付的。

（3）应当由公共卫生负担的费用。公共卫生是指政府针对社区或社会而非个人的医疗服务，通过全社会共同努力，改善社会卫生条件，预防控制传染病和其他疾病流行，达到预防疾病、促进国民身体健康的目的。我国现阶段的基本公共卫生服务主要是指在免疫规划、妇幼保健、应急救治、采供血以及传染病、慢性病、地方病的预防控制等领域，由国家免费向城乡居民提供的医疗服务，其所需费用纳入政府预算安排。

（4）在境外就医的医疗费用。

三、失业保险

失去工作的劳动者不仅失去了收入来源和生活稳定，还可能导致精神痛苦和精神疾病，若对失业群体放任自流，还会对社会秩序造成重大影响。失业保险有利于解除失业劳动者的困苦，有利于社会的和谐稳定。失业保险制度的建立丰富了社会保险制度的内涵，使社会保险制度的内容更加充实，体系更加完善。

（一）失业保险的概念和特点

失业是市场经济的普遍现象和人口规律。马克思曾指出："资本在两方面同时起作用。它的积累一方面扩大对劳动的需求，另一方面又通过'游离'工人来扩大工人的供给，与此同时，失业工人的压力又迫使就业工人付出更多的劳动，从而在一定程度上使劳动的供给不依赖于工人的供给。"失业会使失业人员处于困苦之中，而且会浪费劳动力资源、加剧贫富分化，甚至形成失业恐慌，影响社会秩序。但失业同时也会在效率上发挥作用，一定数量失业者的存在为生产发展提供了劳动力后备军，不仅可以调节劳动力结构和供求关系，促进劳动力的流动，还可以增加就业压力，刺激在职人员和失业者之间的竞争，迫使人们提高劳动技能，进而促进生产效率的提高和产业的发展。因此，各国均致力于将失业控制在合理区间之内，实现充分就业而非完全就业。

1. 失业及其分类

我国并无明确法定的失业概念，根据国际劳工组织 1988 年《促进就业和失业保护公约》（第 168 号）的规定，在规定的调查期内达到一定年龄并满足以下条件者为失业：

（1）没有工作，即不在有报酬的职业或自营职业中。

（2）本人当前可以工作，具有劳动能力。

（3）正在寻找工作。

失业是指具有劳动能力和劳动意愿的劳动者暂时丧失劳动机会的一种无业状态。按照不同标准，可以将失业划分为不同的类型。最常见的分类是根据失业的成因将其分为摩擦性失业、结构性失业、周期性失业、季节性失业和技术性失业。这种分类的意义在于法律应针对不同失业原因采取不同的失业管制措施。摩擦性失业是指因信息不畅，求职的劳动者与需要提供的岗位之间在匹配时间上存在差异而导致的失业；结构性失业是指在经济发展过程中，因经济结构的变动和产业的兴衰转移所造成的失业；周期性失业是指由于经济周期或经济波动，整个社会对劳动力的有效需求不足，劳动力市场供求失衡所形成的失业；季节性失业是指由于某些行业生产经营活动受气候条件、社会风俗或购买习惯的影响，对劳动力的需求出现季节性变化而导致的失业；技术性失业是指由于使用新设备和新材料、采用新的生产技术和生产管理方式所导致的失业。

2. 失业保险的概念

失业保险是指国家通过立法强制建立失业保险基金，对因失业而中断生活来源的劳动者在法定期间内提供失业保险待遇以维持其基本生活，促进其再就业，并积极预防或避免失业人员产生的一项社会保险制度。

失业保险立法较之其他社会保险立法起步较晚，失业保险的强制建构则更晚。1905 年，法国率先颁布《失业保险法》，确立了非完全强制性失业保险制度。1911 年英国颁布的《国民保险法》对失业保险作出规定，开强制失业保险之先河。我国计划经济体制时期，国家对劳动力进行统包统配式的就业安置，未建立失业保险制度。改革开放后，配合国营企业劳动用工制度的改革，1986 年《国营企业职工实行待业保险暂行规定》的颁布和施行开启了我国失业保险制度的建立进程。1999 年《失业保险条例》的颁布和施行则标志着失业保险法制化程度的进一步提升。

3. 失业保险的特点

失业保险不仅具有社会保险的一般特点，与其他社会保险相比，还具有以下特点：

（1）对象的特定性。失业保险的对象特定为失业人员。失业人员是指在法定劳动年龄内，具有劳动能力和劳动意愿，但无工作岗位、无劳动机会的人员。未达到法定劳动年龄的人员不得就业，无劳动能力的人员不能就业，自然也无失业问题。已达到退休年龄的人处于颐养天年阶段且可享受养老保险等保障，无须纳入失业保险。无劳动意愿的人员也不应纳入失业保险，因为其无工作系主观原因所致，失业保险也无法消除其自愿失业的心态，若纳入失业保险反而与失业保险的促进就业功能相悖。

（2）待遇的期限性。失业保险待遇只能在法定期限内享受，超过法定期限，即使仍处于失业状态也不能享受失业保险待遇，以实现失业保险的促进就业功能，督促失业劳动者及时寻找工作，防止"逆向选择"和养"懒汉"。

（3）风险的特殊性。失业保险所针对的社会风险，是劳动者暂时丧失劳动机会；其他社会保险所针对的社会风险，均以永久或者暂时丧失劳动能力为风险基础。

（二）失业保险的功能

失业保险具有社会保险的一般功能，但失业保险制度与就业密切相关，是社会保险法与就业促进法的交叉领域，因此失业保险还具有下述三方面功能。

1．生活保障

以劳动获得工资，是多数劳动者及其家庭成员生存、生活的主要方式，劳动者因失业而丧失工资收入时，势必影响他们的基本生活。失业保险向失业人员发放失业保险金，就失业人员而言，能使其在失业期间仍有一定的生活来源，保障其生存和生活所需，舒缓其失业困苦；就社会而言，对失业人员的保障有利于消除社会紧张因素，熨平经济波动导致的社会动荡，维持社会秩序和劳动力的再生产。

2．促进就业

失业保险需要统筹就业与保障之间的关系，变单纯的消极生活保障为综合的积极促进就业，杜绝失业人员的依赖心理，激发其寻找工作的积极性。失业保险通过向失业人员提供便利的职业介绍、职业培训等服务，限制失业保险待遇的享受期限，适当降低失业保险待遇水平，加大促进就业的支出项目、支出比例，建立起以就业为导向的失业保险机制来促进失业人员就业。

3．预防失业

预防失业的功能，在国外主要体现在将用人单位缴纳的失业保险金与其解雇的劳动者（基于劳动者原因或过错的解雇除外）挂钩的机制中，用人单位解雇的人数越多，其缴纳的失业保险金越多，反之则越少，即以经济激励的手段来调动用人单位稳定就业的积极性；在我国主要体现在稳岗补贴的发放上，当长期参加失业保险的用人单位基于经济原因而不得不大量裁员时，失业保险机构通过向用人单位支付稳岗补贴等形式，鼓励用人单位通过调整工时、工资等措施减少裁员、稳定就业，这不仅有利于调动用人单位参加失业保险的主动性，而且有利于减轻失业保险基金的负担。

（三）失业保险的覆盖范围

失业保险的覆盖范围即失业保险的对象，是指依法应当参加失业保险的主体范围。各国失业保险的覆盖范围都经历了一个由窄变宽的过程，从各国的失业保险立法来看，在失业保险产生之初，受社会经济发展水平和失业保险管理手段的限制，其保障对象一般只包括有稳定职业、暂时失去工作的劳动者，而不包括职业不稳定、不正规的季节性工人、农业工人、临时工、家庭雇工等，甚至不包括工作相当稳定的国家公务员以及有独立收入的个人劳动者。但随着社会经济的发展、就业方式的多样化和人们对失业认识的深入，失业保险的覆盖范围不断扩大，包括各种新型用工形态下的劳动者都被普遍纳入，甚至一些国家对于毕业即失业的大学毕业生或辍学者，即使其并无工作经历和参保记录，也可申领失业保险金。

（四）失业保险基金的筹集

失业保险基金是依法征收而形成的用于各项失业保险待遇支付的专项基金，是失业保险制度的物质基础。

1．失业保险基金的构成

从大多数国家和地区的失业保险基金的来源看，主要由用人单位和劳动者承担。用人单位缴纳失业保险费源自其与失业问题密切关联，某种程度上，失业保险不仅在保劳动者之险，也在保用人单位之险。首先，用人单位从失业者群体中获得丰富的劳动力资源；其次，失业也因用人单位经营问题而引起；最后，失业风险的降低对于稳定劳动者心理，增强劳动者敬业观念，提升劳动者素质都有积极意义。因此，用人单位应当为劳动者的失业风险支付用工成本。劳动者参加失业保险的原因在于，失业保险本身就是保劳动者之险，失去工作意味着失去了生活来源，因此基于防范自身风险也应参加失业保险。此外，失业保险制度是社会政策实施的一环，是构建社会稳定器的组成部分，保失业之险也在保社会之险，国家一般都会对失业保险基金予以财政补贴。我国《失业保险条例》第五条规定，失业保险基金由下列各项构成：

（1）城镇企业事业单位、城镇企业事业单位职工缴纳的失业保险费。

（2）失业保险基金的利息。

（3）财政补贴。

（4）依法纳入失业保障基金的其他资金。

2. 失业保险费的缴纳

各国失业保险费缴纳规定不尽一致，主要有以下 4 种类型：

（1）均等费率制，即无论用人单位经营好坏及劳动者收入高低，一律按相同数额缴费。

（2）比例费率制，即按照工资的一定比例缴费。

（3）单一费率制，即无论行业或用人单位有何不同，一律按照统一费率缴费。

（4）经验费率制，即根据用人单位解雇原因、数量等情况确定费率并缴费。

4 种类型的缴费各有优劣，我国采用的是比例费率制。我国《失业保险条例》第六条规定："城镇企业事业单位按照本单位工资总额的 2%缴纳失业保险费。城镇企业事业单位职工按照本人工资的 1%缴纳失业保险费。"第九条规定："省、自治区、直辖市人民政府根据本行政区域失业人员数量和失业保险基金数额，报经国务院批准，可以适当调整本行政区域失业保险费的费率。"2015 年 2 月，国务院将失业保险费率统一降至 2%，单位和个人缴费具体比例由各地在充分考虑提高失业保险待遇、促进失业人员再就业、落实失业保险稳岗补贴政策等因素的基础上确定。

3. 失业保险基金的统筹层次

失业保险基金的统筹层次，亦即失业保险费筹集的行政区划范围。针对我国失业保险基金统筹层次偏低的情况，《失业保险条例》第七条规定："失业保险基金在直辖市和设区的市实行全市统筹；其他地区的统筹层次由省、自治区人民政府规定。"因此，我国四个直辖市实行全市统筹（省级统筹）；设区的市，包括计划单列市和地级市，也实行全市统筹；自治州、县级市等其他地区的统筹层次各省有所不同。按照《中华人民共和国社会保险法》第六十四条的规定，我国失业保险逐步实行省级统筹，具体时间、步骤由国务院规定。

根据《失业保险条例》第八条的规定，省、自治区可以建立失业保险调剂金；失业保险调剂金以统筹地区依法应当征收的失业保险费为基数，按照省、自治区人民政府规定的比例筹集；统筹地区的失业保险基金不敷使用时，由失业保险调剂金调剂、地方财政补贴；失业保险调剂金的筹集、调剂使用以及地方财政补贴的具体办法，由省、自治区人民政府制定。

（五）失业保险待遇的内容和标准

失业保险待遇内容与标准的设置，不仅需要考虑失业保险基金的承受能力，更应考虑失业保险制度功能的发挥；不仅需要考虑失业人员正当权益的保障，更应考虑失业保险制度的优化和导向。

1. 失业保险待遇的内容

根据《中华人民共和国社会保险法》和《失业保险条例》的规定，失业保险待遇的内容主要包括：

（1）失业保险金。失业保险金是社会保险经办机构依法支付给符合法定条件的失业人员的基本生活费用，是最主要的失业保险待遇。需要注意的是，根据《失业保险条例》第二十一条的规定，单位招用的农民合同制工人连续工作满1年，且本单位已缴纳失业保险费，劳动合同期满未续订或者提前解除劳动合同的，由社会保险经办机构根据其工作时间长短，对其支付一次性生活补助。而从《社会保险法》的有关规定来看，对城乡居民这一身份上的区别对待已经取消。

（2）医疗待遇。《失业保险条例》第十九条规定："失业人员在领取失业保险金期间患病就医的，可以按照规定向社会保险经办机构申请领取医疗补助金。"但本规定已被《中华人民共和国社会保险法》所取代。《中华人民共和国社会保险法》第四十八条规定："失业人员在领取失业保险金期间，参加职工基本医疗保险，享受基本医疗保险待遇。失业人员应当缴纳的基本医疗保险费从失业保险基金中支付，个人不缴纳基本医疗保险费。"为此，人力资源和社会保障部发布了《关于领取失业保险金人员参加职工基本医疗保险有关问题的通知》，对领取失业保险金的失业人员参加职工基本医疗保险的缴费、待遇、接续等作了具体规定。

（3）丧葬补助金和抚恤金。《中华人民共和国社会保险法》第四十九条规定："失业人员在领取失业保险金期间死亡的，参照当地对在职职工死亡的规定，向其遗属发给一次性丧葬补助金和抚恤金。所需资金从失业保险基金中支付。个人死亡同时符合领取基本养老保险丧葬补助金、工伤保险丧葬补助金和失业保险丧葬补助金条件的，其遗属只能选择领取其中的一项。"

（4）接受职业培训、职业介绍补贴。失业人员在领取失业保险金期间，应当积极求职，接受职业指导和职业培训，按规定享受就业服务减免费用等优惠待遇，接受职业介绍、职业培训的补贴由失业保险基金按照规定支付。

（5）国务院规定或者批准的与失业保险有关的其他费用。

2. 失业保险待遇的标准

失业保险制度的首要功能在于保障基本生活，失业保险待遇的标准既不可太低以致基本生活不保，也不可过高，造成失业人员丧失再就业动力的"养懒汉"现象，甚至造成在职人员劳动积极性受损而宁愿失业的"逆向选择"现象。确定失业保险待遇的标准应遵循以下原则：

（1）生存保障原则。失业保险待遇首先应当满足失业人员及平均赡养人口的基本生活需要。

（2）低于舒适原则。失业保险待遇的支付标准应当低于失业人员失业前的工资水平，以抑制其依赖性并激发其求职意愿。

（3）权利义务对等原则。失业保险制度当然以公平为目的，但也不能完全抛开效率和激励，失业保险金的支付应与失业人员的原工资水平、缴费年限等相关联。

由于社会经济状况不同，各国失业保险金支付标准也不相同，主要有以下类型：

（1）工资比例制：失业保险金以失业人员失业前一定时期内的工资为基数按比例支付。

（2）固定金额制：失业保险金按照统一标准或金额支付。

（3）混合制：上述二者的结合。

我国采取固定金额制，但各地规定略有差别，有的省市只规定固定金额，有的省市将固定金额与缴费年限、缴费工资挂钩。《失业保险条例》第十八条规定："失业保险金的标准，按照低于当地最低工资标准、高于城市居民最低生活保障标准的水平，由省、自治区、直辖市人民政府确定。"但《社会保险法》取消了上限规定，该法第四十七条规定："失业保险金的标准，由省、自治区、直辖市人民政府确定，不得低于城市居民最低生活保障标准。"

（六）失业保险待遇的支付期限和终止

基于失业保险促进就业的功能，各国都限制了失业保险待遇的最长支付期限。各国确定支付期限的方法主要有两种：一是均一期限制，即不考虑失业人员工龄、缴费年限等因素，对所有失业人员提供相同期限的待遇支付；二是差别期限制，即考虑不同因素，对不同情况的失业人员提供不同期限的待遇支付。例如日本，支付期限与缴费年限、年龄有关，劳动者年龄越大就业越难，保险待遇支付期限相应延长；又如美国，支付期限与失业率有关，根据失业率划分为正常时期和非正常时期，对于经济不景气、失业率高的非正常时期，支付期限相应延长。我国采用差别期限制，根据缴费期限确定最长支付期限。《中华人民共和国社会保险法》第四十六条规定："失业人员失业前用人单位和本人累计缴费满 1 年不足 5 年的，领取失业保险金期限最长为 12 个月；累计缴费满 5 年不足 10 年的，领取失业保险金的期限最长为 18 个月；累计缴费 10 年以上的，领取失业保险金的期限最长为 24 个月。重新就业后，再次失业的，缴费时间重新计算，领取失业保险金的期限与前次失业应当领取而尚未领取的失业保险金的期限合并计算，最长不超过 24 个月。"根据《中华人民共和国社会保险法》第五十二条的规定，职工跨统筹地区就业的，失业保险关系随本人转移，缴费年限累计计算。当失业人员在享受失业保险待遇期间情况发生变化，从而导致享受失业保险的主体资格丧失或者其享受失业保险待遇与失业保险宗旨相冲突时，则应终止失业保险待遇。根据《社会保险法》第五十一条的规定，失业人员在领取失业保险金期间有下列情形之一的，停止领取失业保险金，并同时停止享受其他失业保险待遇：

（1）重新就业的。

（2）应征服兵役的。

（3）移居境外的。

（4）享受基本养老保险待遇的。

（5）无正当理由，拒不接受当地人民政府指定部门或者机构介绍的适当工作或者提供的培训的。

该条款与《失业保险条例》第十五条的规定相比，不再规定被判刑收监执行或者被拘役的情形停止享受失业保险待遇，将犯罪行为的刑责与社会保险权益相区分。

四、工伤保险

（一）工伤保险的概念和特点

工伤保险待遇是工伤职工依法享有的、请求工伤保险的保险人提供的工伤险给付。工伤保险待遇是对被保险对象因工伤受到损害的补偿，包括有关医疗支出的补偿和不能工作期间所得损失的补偿。工伤保险待遇按照不同的标准可以作不同的分类。从社会保险的给付内容看，可分为劳务给付、物质给付和现金给付三种，即分别以人力照顾、物质给付和现金给付的方式对被保险人予以照顾。职工享受工伤保险待遇的条件有两个：一是劳动者属于我国工伤保险制度覆盖范围内的职工；二是劳动者所受伤害被依法认定工伤。工伤职工在工伤医疗期享受医疗待遇；经过劳动能力鉴定的，享受伤残待遇；劳动者受伤害致死的，享受死亡待遇。我国在确定工伤保险待遇支付主体时，区分用人单位是否缴纳保险费，以及工伤是否因为第三人而造成等情形。在用人单位依法参加保险、缴纳保险费用的情形下，职工发生工伤，原则上由工伤保险基金支付保险待遇，但《中华人民共和国社会保险法》第三十九条规定的部分费用除外。

根据《中华人民共和国社会保险法》第四十一条的规定，用人单位未缴纳工伤保险费的，职工发生工伤事故后，由用人单位支付工伤保险待遇。用人单位不支付的，从工伤保险基金中先行支付。根据《社会保险法》第四十二条的规定，由于第三人而造成工伤的，应当由第三人支付医疗保险待遇；在第三人不支付或者无法确定第三人的情形下，由工伤保险基金先行支付。工伤保险待遇先行支付制度是我国《社会保险法》确定的一项新制度，对用人单位未缴纳保险费的工伤职工或者由于第三人造成工伤的职工，先由工伤保险基金垫付补偿待遇，然后将对用人单位或第三人的求偿权转移给工伤保险基金的制度。根据该法规定，工伤保险基金先行支付的第一种情形是，职工虽然被认定为工伤，但其所在用人单位没有缴纳工伤保险费，而法律强调工伤保险基金支付保险待遇的前提条件与用人单位的缴费关系对应，即工伤职工所在用人单位必须缴纳工伤保险费，如果单位未缴费，工伤职工的相关待遇应当只能向用人单位请求给付。工伤保险基金先行支付的第二种情形是，职工因为第三人而造成的工伤，虽然用人单位已缴纳工伤保险费用，法律规定工伤职工只能先请求侵权人赔偿医疗费用。法条中的"用人单位不支付""第三人不支付"的标准，应当理解为这些主体有能力支付而拒不支付，或者没有能力而无力支付或者无法立即支付。工伤保险基金先行支付之后，工伤职工应当将其对"用人单位"和"第三人"的请求权转移给工伤保险基金。

（二）工伤医疗期待遇

工伤医疗期是指因工作受到事故伤害或患职业病时，在工伤医疗期内享受的待遇。工伤医疗期的待遇包括医疗待遇、工资福利待遇、生活护理待遇和工伤康复待遇。职工因工受到伤害可以停工休息并接受治疗。该期间为工伤医疗期（或者称为停工留薪期）。工伤医疗期依据受伤程度、治疗需求等要素确定，一般不超过12个月；伤情严重或者情况特殊，经设区的市级劳动能力鉴定委员会确认可以适当延长，但延长不得超过12个月。工伤职工在停工留薪期满后仍需治疗的，仅继续享受工伤医疗待遇。

职工享受工伤医疗期待遇的前提条件是有关伤害或者疾病被认定为工伤。因为工伤认定需要经历一定的程序，劳动者在被认定为工伤之前，需要停工休养并接受治疗的，其医疗费用和生活费用由谁垫付，法律并未明确。从《中华人民共和国安全生产法》第八十条和《中华人民共和国职业病防治法》第三十七条第二款的规定看，相关费用应由用人单位垫付，因为用人单位依法承担救治的责任，救治所需费用当然应当由用人单位垫付。待工伤认定之后，医疗费用依据《工伤保险条例》规定由工伤保险基金承担，停工期间的工资福利由用人单位负担。但是，依据《工伤保险条例》第十七条的规定，用人单位在事故发生之日或者被诊断为职业病之日起 30 日内应当提出工伤认定申请；用人单位未在规定的时限内提交工伤认定申请，在此期间发生符合本条例规定的工伤待遇等有关费用由该用人单位负担。

1. 医疗待遇

劳动者因工作遭受事故伤害或者患职业病需要治疗的，可以享受工伤医疗待遇。工伤保险与医疗保险一样，社会保险经办机构需要委托第三方医疗服务机构为被保险人提供医疗服务，所以需要强调职工治疗工伤应当在签订服务协议的保险医疗机构就医，只有在情况紧急时才可以先到就近的医疗机构急救。为有效控制医疗服务费用，政府主管部门一般明确规定工伤诊疗目录、工伤保险药品目录、工伤保险住院服务标准等，该标准和范围内的医疗费用支出从工伤保险基金支付。在该目录和标准之外所需的费用，我国工伤保险基金不予承担。不过从理论上讲，这些药品和医疗服务支出只要存在必要性，工伤保险基金就应当支付。职工住院治疗工伤期间，相关的生活费用以及到外地就医的费用，属于工伤职工因为工伤事故而支付的额外费用，应当从工伤保险基金中支付。工伤职工需要安装的有关辅助器具亦如此，《工伤保险条例》第三十条对此作了明确规定。

2. 工资福利待遇

职工因工作遭受事故伤害或者患职业病需要暂停工作接受工伤医疗的，在停工留薪期内，因为未按照劳动合同约定提供劳动，工资福利自然无法获得，相应的误工损失应当得到补偿。《工伤保险条例》第三十三条规定，工伤职工在停工留薪期间，原工资福利待遇不变，由所在单位按月支付。停工留薪期一般不超过 12 个月。伤情严重或者情况特殊，经设区的市级劳动能力鉴定委员会确认可以适当延长，但延长不得超过 12 个月。工伤职工在停工留薪期满后仍需治疗的，继续享受工伤医疗待遇。工伤职工伤情稳定，评定伤残等级后，停发原待遇，按照有关规定享受伤残待遇。

3. 护理费用

劳动者在工伤医疗期内生活不能自理、需要护理的，相关费用由所在单位负责。

4. 康复治疗费用

工伤职工到签订服务协议的医疗机构进行工伤康复的费用，符合规定的，从工伤保险基金中支付。

（三）因工致残待遇

遭受事故伤害或者患职业病的职工，经治疗伤情相对稳定后存在残疾，影响劳动能力的，或者停工留薪期届满，工伤职工或者用人单位应当及时申请劳动能力鉴定。工伤职工经劳动能力鉴定委员会确认具有残疾的，可以享受伤残待遇。

1. 生活护理费

工伤职工已经评定伤残等级并经劳动能力鉴定委员会确认需要生活护理的，从工伤保险基金按月支付生活护理费。生活护理费按照生活完全不能自理、生活大部分不能自理和生活部分不能自理三个不同等级支付，其标准分别为统筹地区上年度职工月平均工资的50%、40%和30%。

2. 伤残的其他待遇

《工伤保险条例》第二十二条将职工伤残等级分为一至十级，一级最重，十级最轻。伤残等级被定为一至四级的劳动者，丧失了基本的劳动能力，并且有可能存在一定的生活自理障碍。法律规定该劳动者应当退出工作岗位，但要求用人单位保留其劳动关系。这一规定与我国计划经济时期形成的"单位保障"理念有关。随着职工职业风险保障社会化理念的建立及社会保险制度的完善，退出劳动领域的职工生活应当由社会保险基金承担。这部分工伤职工的伤残待遇包括：

（1）从工伤保险基金按伤残等级支付一次性伤残补助金。标准为：一级伤残为 27 个月的本人工资，二级伤残为 25 个月的本人工资，三级伤残为 23 个月的本人工资，四级伤残为21 个月的本人工资。

（2）从工伤保险基金按月支付伤残津贴。标准为：一级伤残为本人工资的 90%，二级伤残为本人工资的 85%，三级伤残为本人工资的 80%，四级伤残为本人工资的 75%。伤残津贴实际金额低于当地最低工资标准的，由工伤保险基金补足差额。养老保险由用人单位和职工个人以伤残津贴为基数缴纳基本医疗保险费。

职工因工致残被鉴定为五级、六级伤残的，具备一定的劳动能力，其伤残待遇如下：

（1）从工伤保险基金按伤残等级支付一次性伤残补助金。标准为：五级为 18 个月的本人工资，六级伤残为 16 个月的本人工资。

（2）保留与用人单位的劳动关系，由用人单位安排适当工作。难以安排工作的，由用人单位按月发给伤残津贴。标准为：五级伤残为本人工资的 70%，六级伤残为本人工资的 60%，并由用人单位按照规定为其缴纳各项社会保险费。伤残津贴实际金额低于当地最低工资标准的，由用人单位补足差额。原则上用人单位不得解除与工伤职工的劳动关系，但如果职工本人提出，用人单位可以解除或者终止劳动关系，这时工伤保险基金应当向职工支付一次性工伤医疗补助金，用人单位支付一次性伤残就业补助金。

（3）工伤职工达到退休年龄并办理退休手续后，停发伤残津贴，按照国家有关规定享受基本养老保险待遇。基本养老保险待遇低于伤残津贴的，由工伤保险基金补足差额。

职工因工致残被鉴定为七级至十级伤残的，劳动能力基本没有损伤，生活自理能力完全具备，其伤残待遇如下：

（1）从工伤保险基金按伤残等级支付一次性伤残补助金。标准为：七级伤残为 13 个月的本人工资，八级伤残为 11 个月的本人工资，九级伤残为 9 个月的本人工资，十级伤残为 7 个月的本人工资。

（2）劳动、聘用合同期满终止，或者职工本人提出解除劳动、聘用合同的，由工伤保险基金支付一次性工伤医疗补助金，由用人单位支付一次性伤残就业补助金。一次性工伤医疗补助金和一次性伤残就业补助金的具体标准由省、自治区、直辖市人民政府规定。

（四）因工死亡待遇

因工死亡指职工因工伤事故死亡，以及在工作时间工作岗位突发疾病死亡或者在四十八小时内经抢救无效死亡。另外，在停工留薪期间因工伤导致的死亡和停工留薪期满因旧伤复发死亡，均属于因工死亡。职工因工死亡，其近亲属享有下述待遇。

1. 丧葬补助金

丧葬补助金是指工伤保险经办机构在职工因工死亡后提供的丧葬补助费用。该费用的标准为 6 个月的统筹地区上年度职工月平均工资。

2. 供养亲属抚恤金

供养亲属抚恤金是工伤保险基金对因工死亡职工生前扶养的近亲属提供的生活费用。受因工死亡职工生前扶养的对象，因抚养人的死亡而失去生活来源，相应的遗属扶养费用属于工伤保险基金的支付范围。《工伤保险条例》第三十九条规定，社会保险经办机构按照职工本人工资的一定比例发给由因工死亡职工生前提供主要生活来源、无劳动能力的亲属一定数额的抚恤金。具体标准为：配偶每月 40%，其他亲属每人每月 30%，孤寡老人或者孤儿每人每月在上述标准的基础上增加 10%。核定的各供养亲属的抚恤金之和不应高于因工死亡职工生前的工资。供养亲属的具体范围由国务院劳动和社会保障部规定。

3. 工亡补助金

工亡补助金属于对因工死亡职工近亲属的抚慰金。《工伤保险条例》第三十九条规定，一次性工亡补助金的标准为上一年度全国城镇居民人均可支配收入的二十倍。工亡补助金支付对象包括因为工作事故当时死亡、在工作过程中突发疾病死亡、经抢救无效四十八小时死亡、在停工留薪期间因工伤导致死亡以及停工留薪期满后因工伤死亡的职工。停工留薪期间死亡的职工，其工亡待遇与前者相同，包括上述三项。但一级至四级伤残职工在停工留薪期间届满后死亡的，其近亲属只能享有丧葬补助和抚恤金，不能享受一次性工亡补助金。这是因为这类主体在停工留薪期届满时已经经过劳动能力的鉴定，享受了相关等级的伤残待遇。

五、生育保险

生育保险是指女职工因怀孕和分娩造成暂时丧失劳动能力、中断正常收入来源时，从国家和社会获得物质帮助的一种社会保险制度。该制度有三个特点：其一，生育保险是对女职工专门建立的一项社会保险；其二，生育保险是对女职工生育子女全过程的物质保障；其三，生育保险是对女职工合法生育而实行的一项社会保险。

我国并存有两种类型的生育保障制度：一是新中国成立初期延续下来的传统生育保障制度，覆盖范围包括国家机关、人民团体、企业和事业单位；二是生育保险社会统筹制度。从整体看，生育保险制度的改革方向是建立社会统筹的生育保险，改变用人单位负担的传统模式，以减轻用人单位负担，降低女性就业门槛，促进女性就业。

（一）生育保险的覆盖范围

我国生育保障制度最初是由 1951 年政务院颁布的《劳动保险条例》确定的，该条例规定生育保险的实施范围主要是国营企业和基本建设单位。1955 年 4 月 26 日，国务院颁布了《关于女工作人员生产假期的通知》，对机关、事业单位女职工生育保障作出了规定，从而使女职工生育保障的对象和范围从企业扩大到了机关、事业单位的所有女职工。由此可见，作为制度化的生育保障制度，覆盖了所有就业的女性劳动者。

1994 年 12 月 14 日，原劳动部颁布了《企业职工生育保险试行办法》，建立了生育保险社会统筹制度。该办法规定，生育保险的对象和范围包括城镇各类企业及其职工。参加生育保险社会统筹的用人单位向当地社会保险经办机构缴纳生育保险费，职工个人不缴费。生育保险的覆盖范围包括我国境内用人单位（包括无雇主的个体工商户、非全日制等）的女职工，首次从国家立法层面上作出了生育保险不与户籍挂钩的规定，覆盖范围扩大。2012 年 4 月国务院出台了《女职工劳动保护特别规定》，进一步明确了生育津贴的构成。为减轻企业负担，支持企业发展，促进就业稳定，《人力资源社会保障部、财政部关于适当降低生育保险费率的通知》（人社部发〔2015〕70 号）规定，自 2015 年 10 月 1 日起，在生育保险基金结余超过合理结存的地区降低生育保险费率。各地将生育保险费率从 1% 调整为 0.5%。2015 年 10 月 29 日，中国共产党第十八届中央委员会第五次全体会议（简称"党的十八届五中全会"）决定，坚持计划生育的基本国策，完善人口发展战略。全面实施一对夫妇可生育两个孩子政策，积极开展应对人口老龄化行动。根据党的十八届五中全会的决策部署，需要修订《人口与计划生育法》及其配套法规，依法组织实施。各地政府修订地方计划生育条例，为鼓励年轻人生育，制定了 30～60 天不等的计划生育奖励假，与《女职工劳动保护规定》原有的 98 天法定产假合并，均由生育保险基金支付。

2017 年 1 月，国务院办公厅印发了《生育保险和职工基本医疗保险合并实施试点方案》（国办发〔2017〕6 号，以下简称《两险合并实施试点方案》），经全国人大常委会授权，自 2017 年 1 月开始，在河北省邯郸市等 12 个城市进行试点，遵循保留险种、保障待遇、统一管理、降低成本的总体思路，推进生育保险和职工基本医疗保险两项保险合并实施。通过整合两项保险基金及管理资源，强化基金共济能力，提升管理综合效能，降低管理运行成本。因《两险合并实施试点方案》提出将生育保险基金并入职工基本医疗保险基金征缴和管理，与《社会保险法》第六十四条、第六十五条关于各险种分别编制预算、分别建账、分账核算的规定不符，故按程序提请全国人大常委会授权，将在试点期限内，暂时停止实施《中华人民共和国社会保险法》相关条款。《两险合并实施试点方案》将生育保险基金并入职工基本医疗保险征缴和管理，生育保险基金账户和职工基本医疗保险基金账户合二为一。这项试点是经全国人大常委会批准进行的社会保险制度整合的有益尝试，将广大流动就业人口纳入生育保险覆盖群体，有效提高了社会公平性，实现了职工医疗保险与生育保险的协同推进、融合发展。

（二）生育保险基金的筹集

生育保险在缴费方式上与工伤保险相同，都是由用人单位缴纳，职工不缴纳。这是在女性职工遵守计划生育政策的基础上对其生育权利的保障，并能通过社会统筹来分担企业的生育保险负担。同时，生育保险是为了体现对妇女权益的保障。

生育保险基金是为了使生育保险有可靠的资金保障，国家通过立法在全社会统一建立的，用于支付生育保险所需费用的各项资金。生育保险基金和其他社会保险基金相比，具有以下特点：

（1）基金来源的单一性。生育保险基金由用人单位缴纳的生育保险费、生育保险基金的利息收入和依法纳入生育保险基金的其他资金构成。由用人单位按照其工资总额的一定比例向社会保险经办机构缴纳生育保险费，建立生育保险基金。

（2）基金筹集的可预见性。由于我国实行计划生育政策，每年能享受生育保险待遇的人数基本上是确定的，由于只涉及生育，每个职工享受待遇的标准也是事先能确定的。

（3）基金负担的均衡性。所有参加生育保险的用人单位，不论其是否有女职工，也不管其女职工人数多少，一律按统一标准缴费。

《社会保险法》第五十三条规定，职工应当参加生育保险，由用人单位按照国家规定缴纳生育保险费，职工不缴纳生育保险费，从而强调了用人单位的责任。在生育保险基金筹集方面，应当坚持以下原则：

（1）生育保险基金按照"以支定收，收支基本平衡"的原则筹集。

由于我国的生育保险与人口政策挂钩，因此每年能享受生育保险待遇的人数基本上是确定的，每个职工享受待遇的标准也是事先确定的，这样每年的生育保险基金支出数额就能准确预算出来。放开二胎政策以后，生育保险基金的收支情况要根据生育率进行相应调整。

（2）生育保险费用实行社会统筹。

在市场经济条件下，实行生育费用社会统筹和社会化管理服务，对于均衡企业负担、改善妇女就业环境、切实保障女职工生育期间的基本权益发挥了重要作用。生育保险基金由社会保险经办机构在国家规定的范围内统一筹集和使用，以实现互助互济、风险共担，为生育者提供基本的物质帮助。生育保险实行社会统筹，实际上就是从社会角度履行对生育妇女给予补偿的责任。

（3）生育保险费的提取比例有上限。

生育保险费的提取比例由当地政府根据计划内生育人数和生育津贴、生育医疗费等项费用确定，并可根据费用支出情况适时调整，但最高不得超过工资总额的1%。

（4）生育保险基金按属地原则组织。

生育保险基金按属地原则组织，是指生育保险以按行政区域划分的市、区（县）为单位组织实施，在同一区域内所辖的各类企业，不分其所有制性质，不论其隶属关系，一律参加所在地的生育保险，执行当地的缴费标准和有关政策规定。

（三）生育保险待遇的支付

生育保险待遇是指参加生育保险制度的职工可以享受到的各种经济补偿和医疗服务。根据《中华人民共和国社会保险法》第五十四条的规定，用人单位已经缴纳生育保险费的，其职工享受生育保险待遇；职工未就业配偶按照国家规定享受生育医疗费用待遇，所需资金由生育保险基金支付。享受生育保险待遇的主体范围包括参保的职工以及参保职工的未就业配偶，按照"谁参保、谁受益"的原则，参保的职工无论是女职工还是男职工，当其本人或配偶生育时都有从生育保险制度获得经济补偿和医疗服务的权利。

从内容上看，生育保险待遇主要包括生育医疗费用和生育津贴两部分。

（1）生育医疗费用。生育医疗费用是生育保险待遇的重要项目，是按照相关法律、法规规定，女职工在生育期间接受的医疗服务中可以报销的费用，包括女职工因怀孕、生育发生的检查费、接生费、手术费、住院费、药费和计划生育费。根据《女职工劳动保护特别规定》的规定，女职工生育或者流产的医疗费用，按照生育保险规定的项目和标准，对已经参加生育保险的，由生育保险基金支付；对未参加生育保险的，由用人单位支付。

（2）生育津贴。生育津贴是指根据国家法律、法规规定对职业妇女因生育而离开工作岗位期间给予的生活费用，用以保障女职工产假期间的基本生活需要。《女职工劳动保护特别规定》第八条规定，女职工产假期间的生育津贴，对已经参加生育保险的，按照用人单位上年度职工月平均工资的标准由生育保险基金支付；对未参加生育保险的，按照女职工产假前工资的标准由用人单位支付。支付期限一般与产假期限一致，一般不少于98天。

【任务解析】

本案属于骗保行为。经人民法院审理，于2022年6月作出一审判决。被告人童某、吴某、王某等9人以非法占有为目的，伙同他人采用虚构事实、隐瞒真相的方法，共同骗取国家社保基金，童某、吴某、王某等9名被告人被判处3年至12年不等的有期徒刑，并处五万元至三十万元不等的罚金。相关涉案人员被取消退休资格，违规领取的养老金被责令全部退还。

【任务拓展】

1. 2017年10月，邓某入职酒店从事职工食堂的帮工工作，并在入职时与酒店签订了一份《自愿放弃保险协议书》，双方约定邓某自愿放弃要求酒店为其开立社保账户并缴纳社保，其中应代扣个人缴纳的社保部分直接加入工资中一并发放。2020年2月中旬，酒店装修安排放假，之后邓某未再上班。2020年10月，邓某提起仲裁，以酒店未缴纳社会保险金为由要求支付经济补偿金，仲裁委员会支持了邓某请求。酒店不服，提起诉讼。

工作任务：在了解本案的基础上，收集相关的法律法规，本案应如何判决。

2. 谢某驾驶车辆在上班途中与厢式货车发生交通事故，造成谢某死亡。该事故经认定，货车司机承担主要责任，谢某负次要责任。经工伤认定，谢某之伤符合《工伤保险条例》第十四条的规定，应当依法认定为工伤。受害人近亲属陈某某等人要求服务公司支付一次性工亡补助金、丧葬补助金，并每月支付供养亲属抚恤金。

工作任务：在了解本案的基础上，收集相关的法律法规，本案应如何判决。

任务2　社会福利

【任务目标】

- 理解社会福利的概念、特征。
- 了解社会福利的体系。

【任务材料】

　　牛某某为左手大拇指缺失残疾。其2019年10月10日到某物流公司工作，担任叉车工。入职时提交了在有效期内的叉车证，入职体检合格。公司要求填写员工登记表，登记表上列明有无大病病史、家族病史、工伤史、传染病史，并列了"其他"栏。牛某某均勾选"无"。2020年7月4日，某物流公司以牛某某隐瞒持有残疾人证，不接受公司安排的工作为由解除劳动合同。2020年7月10日，牛某某申请仲裁，要求某物流公司支付违法解除劳动合同赔偿金30000元。2020年10月13日，劳动人事争议仲裁委员会裁决某物流公司支付牛某某违法解除劳动合同赔偿金5860元。牛某某起诉请求某物流公司支付其违法解除劳动合同赔偿金30000元。

　　工作任务：在了解本案的基础上，收集相关的法律法规，分组讨论牛某某应如何维护自身合法权益。

【知识链接】

　　社会福利的目的是在国民既有生活水平之上进一步提升其物质和精神生活水平，进而促进人的全面发展和社会的文明进步。计划经济时期，我国形成以城镇职工福利为核心、多元分割、封闭运行的福利制度，存在国家代替企业决定生产经营和企业代替国家提供福利的双重错位。改革开放后，社会福利的服务对象、资金筹集、服务供给的社会化框架初步形成，社会力量开始进入，社区服务等福利不断发展。

一、社会福利基本理论

　　《礼记·礼运》记载了孔子对"大同世界"的描述："大道之行也，天下为公，选贤与能，讲信修睦。故人不独亲其亲，不独子其子，使老有所终，壮有所用，幼有所长，矜、寡、孤、独、废、疾者皆有所养。"孔子对理想社会的上述憧憬中，社会福利即为其重要组成部分。

　　（一）社会福利的概念

　　在不同国家、不同语境中，社会福利的含义并不相同。广义上的社会福利，其内涵和外延等同甚至超过了社会保障，泛指国家和社会向国民提供的旨在满足人类物质和精神需求、改善生活质量、预防社会问题的各种措施、服务和待遇。我国社会保障法中所称的社会福利只是社会保障体系的一部分，即狭义的社会福利，是指国家和社会为提高国民的生活质量、不断丰富其物质和精神生活而采取的社会政策以及通过社会化机制提供的相应服务和待遇。

（二）社会福利的特征

社会福利不仅具有社会保障的一般特征，与社会保险、社会救助相比，还具有以下特征：

（1）保障对象的普遍性。

社会福利面向全体国民，具有普惠性。面向国民的专项公共福利自不待言，特殊群体福利虽针对特定群体，但只要属于这一群体即可普遍享有，而无任何前置性、甄选性条件，因而也具有普遍性。这不同于社会保险待遇的享有一般以参保、缴费并遭受劳动风险为前提，社会救助待遇的享有以贫困者符合经济甄选标准为条件。

（2）保障水平的高层次性。

社会救助、社会保险和社会福利的保障水平，在整个社会保障体系中呈现由低到高、不断递进提升的层次分布。社会救助以保障最低生活水平为目标，是对生活难以维系的贫困者进行"雪中送炭"。社会保险以保障既有生活水平为目标，使参保人不会因遭受劳动风险而降低既有生活水平，从而"风雨无忧"。而社会福利的目标是普遍提高生活质量，使全体国民在既有生活水平之上"锦上添花"。

（3）待遇标准的一致性。

社会福利待遇的给付标准，与国民个体的劳动贡献、经济状况、受教育程度等无太多联系，而是全体国民保持一致，强调公平和"人人有份"。而社会保险待遇与参保人缴费及自身状况有关，社会救助待遇与保障对象的贫困程度有关。

（4）保障方式以提供服务为主。

社会福利的保障方式具有多样性，除少数情形中的专项补贴外，更多的是通过提供福利设施和相应服务来提升生活质量。而社会保险和社会救助则以提供保险金、救助金（或实物）为主。

（三）社会福利的体系

20世纪之前，社会福利建立在自由主义、个人责任和私人善行的基础之上。进入20世纪后，社会福利才成为一种社会化的行为并走向制度化，其标志为：社会福利不再是局部的、有限的慈善活动，而是一项面向全体国民的公共或社会政策；它的组织与实施不再是民间的单纯互助互济，而是由政府直接干预并承担责任；它的内容不再是满足国民生存需要的单纯的物质生活保障，而是扩展到保障精神生活和促使个人全面发展等方面；它的理论不再是积德行善的教义，而是日益丰富的福利国家、福利经济、福利社会等学说。

现代国家的社会福利以公共福利为基础，职业福利为补充。公共福利包括专项公共福利和特殊群体福利。专项公共福利是指在某一专项领域向全体国民提供的福利，如义务教育、公共图书馆等。特殊群体福利，又称专门福利，是指向老年人、妇女、儿童等特定群体提供的福利。职业福利，又称职工福利、集体福利，是指已就业的职工所能享有的所在单位提供的各种福利，包括职工集体福利和职工个人福利。职工集体福利是指面向本单位全体成员的普遍性或集体性的职业福利，如单位食堂、职工子弟学校。职工个人福利是指针对特定条件下的职工个人的职业福利，多为福利性补贴，如交通费补贴、通信补贴等。我国未制定专门的"社会福利法"，但《中华人民共和国劳动法》《中华人民共和国义务教育法》《中华人民共和国老年人权益保障法》等法律中含有社会福利方面的内容，如《中华人民共和国劳动法》第七十六条规定："国家发展社会福利事业，兴建公共福利设施，为劳动者休息、休养和疗养提供条件。用人单位应当创造条件，改善集体福利，提高劳动者的福利待遇。"

二、专项公共福利

专项公共福利面向全体国民，涉及教育、文体、卫生等生活的各个方面，对于国民分享社会发展成果、促进人的全面发展和社会的文明进步具有重要的作用。专项公共福利主要体现为提供公益设施及相关服务，提供主体为政府和有关社会团体，营利组织和个人在政府采购公共服务时也可成为公共福利提供主体。公共福利一般为免费提供，但有些项目也会收取一定的费用，该收费并非基于收回成本或获取利润的考虑。公共福利的资金以财政支出为主要来源，辅之以一定的社会筹集。在我国，主要的专项公共福利有教育福利、卫生福利和文化福利等。

（一）教育福利

教育福利是对国民受教育权的保障。百年大计，教育为本，教育是民族振兴、社会进步的基石。进入 21 世纪以来，我国教育福利事业得到了快速的发展：城乡免费义务教育全面实现，职业教育发展快速，将职业教育纳入经济社会发展和产业发展规划，多渠道加大资金投入，新增劳动力平均受教育年限和职业教育参与率稳步增长，实施中等职业学校免费补助政策；明确要求积极发展学前教育，重视婴幼儿教育；在高等教育中设立奖学金、实行师范生免费制度等；农村教育得到加强，加快农村寄宿制学校建设，优先满足留守儿童住宿需求，采取措施提高贫困地区农村学生营养水平，着力解决进城务工人员随迁子女平等接受义务教育；大力发展公办学校，积极引导并扶持社会力量办学。但与此同时，我国仍然存在着教育结构和布局不尽合理，城乡、区域教育发展不平衡，贫困地区、民族地区教育发展滞后等问题。

（二）卫生福利

卫生福利是对国民健康权的保障，包括医疗、饮食、防病等涉及人的健康的各方面内容。健康是人全面发展的基础。2009 年《中共中央、国务院关于深化医药卫生体制改革的意见》首次明确将"基本医疗卫生制度"定性为向全民提供的公共产品，强调其公共福利性质。自20 世纪 50 年代实施大规模公共卫生计划以来，我国不断丰富医疗保健服务的内容，扩大基本公共卫生服务项目的覆盖面，健全疾病预防控制、健康教育、妇幼保健、精神卫生、应急救治等专业公共卫生服务网络，完善以基层医疗卫生服务网络为基础的医疗服务体系的公共卫生服务功能，基本建立起分工明确、信息互通、资源共享、协调互动的公共卫生服务体系，促进城乡居民享有均等化的基本公共卫生服务。实施国民健康行动计划，完善重大疾病防控体系和突发公共卫生事件应急体系建设，建立健全食品安全风险监测评估预警、食品安全标准和事故应急处置与调查处理体系，切实保障边远地区、新区、郊区、卫星城区等区域的医疗需求。加强农村三级卫生服务网络建设，建立社区卫生服务机构与大医院、专业公共卫生服务机构上下联动、分工明确、协作密切的城市医疗卫生服务体系。但与此同时，我国仍然存在医疗卫生服务供给与需求之间的矛盾日趋突出，服务理念、服务模式亟须转变等问题。

（三）文化福利

文化福利是对国民文化权利的保障。文化的地位和作用在当今世界日益凸显，丰富精神文化生活越来越成为国民的热切愿望。当前我国公共文化投入不断增加，文化体育设施和服务网络日趋完善。国家不断完善大中城市公共文化设施，加强了图书馆、博物馆、文化馆（中心）、美术馆、电台、电视台、广播电视发射转播台（站）、互联网公共信息服务点等公共文化基础设施的建设，而且在巩固县县有图书馆、文化馆的基础上，基本实现乡镇有综合文化站，行政村有文化活动室，在中西部及其他老少边穷等地广人稀的地区还配备了流动文化服务车，建设流动服务网络；国有博物馆、美术馆等公共文化设施以及有条件的爱国主义教育基地的公共文化设施、群众体育运动设施等实行向社会免费或者优惠开放制度。加大文化资源向农村的倾斜，实施广播电视"村村通"工程、"送书下乡"工程，支持农民群众开办"农家书屋"，鼓励和组织专业文化工作者到农村辅导群众文化活动。但与此同时，我国仍然存在文化发展的质量和水平还不高，文化产品的数量和质量都还不能很好地满足人民群众多方面、多层次、多样化的精神文化需求，文化建设的布局和结构不尽合理，制约文化科学发展的体制机制障碍尚未完全破除等问题。

三、特殊群体福利

特殊群体福利面向的是妇女、未成年人、老年人、残疾人等社会特定群体。这些群体在社会生活中处于不利境地，需要通过特定的福利待遇以实现实质正义。我国特殊群体福利针对不同人群，主管部门也有所不同，因此统筹规划、协调推进至为重要。

（一）老年人福利

老年人福利的目的是安定老年人生活，维护其健康和安全，充实其精神文化生活，实现"老有所养、老有所医、老有所为、老有所学、老有所乐"。根据《中华人民共和国老年人权益保障法》第二条的规定，老年人是指60周岁以上的公民。老年人福利主要包括：

（1）福利津贴。地方各级政府应对经济困难的老年人逐步给予养老服务补贴，鼓励地方建立80周岁以上低收入老年人高龄津贴制度。

（2）教育福利。国家发展老年教育，鼓励社会办好各类老年学校。

（3）卫生福利。各级政府和有关部门应将老年人健康管理和常见病预防等纳入国家基本公共卫生服务项目。医疗卫生机构应开展老年人的健康服务和疾病防治工作，为老年人就医提供方便并予以优先。有条件的地方可为老年人设立家庭病床，开展巡回医疗、护理、康复、免费体检等服务。

（4）文化福利。国家和社会采取措施开展适合老年人的群众文化、体育、娱乐活动。博物馆、美术馆、科技馆、体育场馆、公园等场所，应对老年人免费或者优惠开放。

（5）交通福利。城市公共交通、公路、铁路、水路和航空客运，应为老年人提供优待和照顾。

（6）老年福利设施。国家鼓励、扶持社会力量兴办、运营老年福利设施。地方各级政府应逐步增加对老年福利事业的投入、兴办老年福利设施，应引导企业开发、生产、经营老年生活用品。新建或改造城镇公共设施、居民区和住宅，应建设适合老年人生活和活动的配套设施。

（7）社区服务。国家发展城乡社区养老服务，鼓励、扶持专业服务机构及其他组织和个人，为居家的老年人提供生活照料、紧急救援、医疗护理、精神慰藉、心理咨询等多种形式的服务。

（二）未成年人福利

未成年人因身心尚未成熟，需要家庭、社会的特别关心、帮助和教化。根据《中华人民共和国未成年人保护法》第二条的规定，未成年人是指未满18周岁的公民。未成年人福利主要包括：

（1）教育福利。国家实行九年义务教育制度。未成年人已完成义务教育不再升学的，政府有关部门和社会团体、企业事业单位应当根据实际情况，对他们进行职业教育，为他们创造劳动就业条件。

（2）文化福利。各级政府应建立和改善适合未成年人文化生活需要的活动场所和设施，鼓励社会力量兴办此类场所和设施。爱国主义教育基地、图书馆、青少年宫、儿童活动中心应对其免费开放，博物馆、科技馆、美术馆、文化馆、体育场馆等场所应对其免费或者优惠开放。社区中的公益互联网上网服务设施，应对其免费或者优惠开放，为其提供安全、健康的上网服务。鼓励科研机构和科技团体对未成年人开展科学知识普及活动。

（3）卫生福利。卫生部门和学校应当对未成年人进行卫生保健和营养指导，提供必要的卫生保健条件，做好疾病预防工作。卫生部门应当做好对儿童的预防接种工作，国家免疫规划项目的预防接种实行免费，积极防治儿童常见病、多发病，加强对传染病防治工作的监督管理。兴办儿童福利院，为孤儿、弃儿和伤残儿童提供生活护理、康复训练和文化教育等。

（三）妇女福利

妇女在身体、生理上有特殊性，而且担负着生育养育后代的重任，需要特殊保护和照顾。妇女福利主要包括：

（1）生育福利。我国对职业妇女实行生育保险制度，建立健全与生育相关的其他保障制度，地方各级政府和有关部门应为贫困妇女提供必要的生育救助。

（2）保健福利。《中华人民共和国母婴保健法》和《女职工保健工作规定》规定，各单位的医疗卫生部门应负责本单位女职工保健工作。女职工保健包括月经期保健、婚前保健、孕前保健、孕期保健、产前保健、产后保健、哺乳期保健、更年期保健，并对女职工定期进行妇科疾病及乳腺疾病的查治。对边远贫困地区的母婴保健事业给予扶持。

（3）专门的福利设施和服务。为妇女提供的福利设施和服务涉及妇女的生活、保健等多个方面，如妇幼保健院、妇产医院、妇女活动中心、咨询服务中心、健美中心等。

（四）残疾人福利

根据《中华人民共和国残疾人保障法》第二条的规定，残疾人是指在心理、生理、人体结构上，某种组织、功能丧失或不正常，全部或部分丧失以正常方式从事某种活动能力的人。为残疾人提供更多的福利和照顾，能够使他们成为社会的平等一员，全面参与社会生活并共享物质文化成果。残疾人福利主要包括：

（1）就业福利。各级政府应为残疾人就业统筹规划、创造条件，对残疾人就业采取优惠政策和扶持保护措施，通过多渠道、多层次、多形式使残疾人就业逐步普及、稳定、合理。我国的残疾人就业主要通过社会吸收和福利企业两种方式来实现。

（2）教育福利。国家保障残疾人受教育的权利，对具有接受普通教育能力的残疾人实施普通教育，对不具备者实施特殊教育。设立残疾人教育机构，鼓励社会力量办学、捐资助学。组织和扶持盲文、手语的研究与应用，特殊教材的编写和出版，特殊教学用具及辅助用品的研制、生产和供应。

（3）康复服务。国家和社会采取康复措施，帮助残疾人恢复或者补偿其功能，增强其参与社会生活的能力。以康复机构为骨干，社区康复为基础，残疾人家庭为依托，以实用、易行、收益广的康复内容为重点，为残疾人提供有效的康复服务。

（4）文化福利。残疾人文化、体育、娱乐活动应面向基层，融于社会公共文化生活，适应各类残疾人的不同特点和需要，使残疾人广泛参与。通过广播、电影、电视、报刊等形式，反映残疾人生活，为残疾人服务；组织和扶持盲文读物、盲人有声读物的编写和出版，开办电视手语节目，在部分影视作品中增加字幕、解说；组织和扶持残疾人开展文化、体育、娱乐活动，举办和参加特殊艺术演出和特殊体育运动会；有计划地兴办残疾人活动场所，为残疾人提供方便和照顾。

（5）举办精神病人福利院。精神病人福利院由卫生、民政、公安三个部门分别举办，承担不同对象的收治任务。精神病人福利院对精神病人实行开放管理，即不关、不绑、不锁，采取劳动治疗、文娱治疗、药物治疗和心理治疗。

（6）扶残助残活动。公共服务机构应为残疾人提供照顾和优待，包括残疾人在搭乘国内公共交通工具时应给予一定的照顾和方便，甚至享受减费或免费服务；盲人读物邮件可免费寄递；残疾人申请在公共场所开设零售店或申请解困住宅、停车位，应保留其名额并优先核准；残疾人或其扶养义务人应缴纳的捐税，政府应依法适当减免。

（7）无障碍环境。国家和社会逐步创造良好的环境，改善残疾人参与社会生活的条件，实行方便残疾人的城市道路和建筑物设计规范，完善无障碍措施、无障碍信息交流等。

四、职业福利

职业福利是公共福利的补充，是已就业的职工所享有的特殊福利，福利资金主要源自所在单位。对于职工来说，职业福利有利于方便生活、减轻负担，提高生活水平；对于单位来说，职业福利有利于创造和谐的工作环境，提升凝聚力和竞争力，提高社会形象和美誉度，激励职工，吸引并留住优秀职工。

（一）职业福利的立法

与社会主义市场经济体制相适应，职业福利更多属于市场主体自主决定的事宜。因此，《中华人民共和国劳动法》《中华人民共和国工会法》《中华人民共和国公司法》等法律均仅提及职业福利为原则性、倡导性规定。对于财政拨款单位，国家可直接决定其职业福利的内容及形式；对于国有企业，国家作为股东可积极影响其职业福利；对于一般市场主体，国家可通过税收等措施扶持、规范其发展。由于受计划经济时期"低工资、高福利"政策的影响,我国不少单位的职业福利仍然存在无序或过当的状态,职业福利的进一步深化改革应当着力于科学确定工资与职业福利之间的关系及占比,取消国有企业、财政拨款单位中过当的职业福利,以及实现部分职业福利的社会化。

（二）职业福利的形式

单位根据自身发展需要,有较大权利自主决定职业福利的具体形式及内容,因此不同单位的职业福利各有不同。一般而言,职业福利主要包括:

（1）福利补贴:向职工提供的工资以外的金钱收入,例如对探亲路费、防暑降温费、供暖费等补贴。

（2）福利设施:包括职工食堂、职工宿舍、托儿所、幼儿园、浴室等生活福利设施,以及文化室、俱乐部、职工图书馆、健身房等文化、康乐设施和场所。

（3）福利服务:包括提供与上述福利设施相关的服务、提供接送职工上下班的交通车服务、提供健康检查服务等。

（三）福利费的限制

企业计发福利费会受到税法两方面的限制。一是福利费税前扣除总额的比例限制。《企业所得税法实施条例》第四十条规定:"企业发生的职工福利费支出,不超过工资薪金总额14%的部分,准予扣除。"二是福利费的具体项目有明确的规定,且福利费不得预先计提,以实际发生为准。根据2009年《国家税务总局关于企业工资薪金及职工福利费扣除问题的通知》的规定,企业职工福利费包括以下内容:

（1）尚未实行分离办社会职能的企业,其内设福利部门所发生的设备、设施和人员费用,包括职工食堂、职工浴室、理发室、医务所、托儿所、疗养院等集体福利部门的设备、设施及维修保养费用和福利部门工作人员的工资薪金、社会保险费、住房公积金、劳务费等。

（2）为职工卫生保健、生活、住房、交通等所发放的各项补贴和非货币福利,包括企业向职工发放的因公外地就医费用、未实行医疗统筹企业职工医疗费用、职工供养直系亲属医疗补贴、供暖费补贴、职工防暑降温费、职工困难补贴、救济费、职工食堂经费补贴、职工交通补贴等。

（3）按照其他规定发生的其他职工福利费,包括丧葬补助费、抚恤费、安家费、探亲假路费等。

【任务解析】

法院经审理认为,某物流公司招聘的系叉车工,牛某某已提供有效期内的叉车证,入职时体检合格,从工作情况来看,牛某某是否持有残疾人证并不影响其从事叉车工的工作。故某物流公司以牛某某隐瞒残疾人证为由解除合同,理由不能成立,其解除劳动合同违法。遂判决某物流公司支付牛某某违法解除劳动合同赔偿金5860元。

用人单位可以对劳动者进行管理,有权了解劳动者的基本情况,但该知情权应当是基于劳动合同能否履行的考量,与此无关的事项,用人单位不应享有过于宽泛的知情权。而且,劳动者身体残疾的原因不一而足,对工作的影响也不可一概而论。随着社会越来越重视对个人隐私的保护,在残疾不影响工作的情况下,劳动者可以不主动向用人单位披露其身有残疾的事实,而是作为一名普通人付出劳动,获得劳动报酬,这是现代社会应有的价值理念。用人单位本身承担着吸纳就业的社会责任,对残疾劳动者应当有必要的包容而不是歧视,更不能以此为由解除劳动合同。本案判决对维护残疾人劳动权益,保障残疾人平等参与社会生活起到了重要示范引领作用。

【任务拓展】

1. 2014 年 11 月,杨某某到某科技公司担任清洁工,某科技公司未为杨某某购买社会保险。2020 年 6 月,杨某某因患病导致残疾需住院治疗,向某科技公司请假一个月,期满后再次请假,某科技公司遂于同年 7 月以杨某某自动离职为由解除劳动关系。2021 年 6 月,劳动人事争议仲裁委员会裁决某科技公司支付杨某某违法解除劳动关系赔偿金 33620 元及 2020 年 6 月和 7 月病假工资 1047 元。杨某某诉至法院,请求某科技公司支付 2020 年 6 月至 2021 年 5 月期间病假工资、医疗补助费及医疗保险报销差额。

工作任务:在了解本案的基础上,收集相关的法律法规,分析本案应如何判决。

2. 2020 年 3 月,江苏某市某企业制定了员工内部退养管理办法,规定职工距离退休年龄不足 5 年可以办理内部退养,每月领取基本生活费,不享受在职职工各项福利,并据此与符合条件的职工签订内退协议。当年 5 月,企业组织在职职工体检,未安排内退职工参加,同时取消了内退女职工妇女常见病普查和"两癌"筛查。内退女职工认为不合理,在与企业协商无果后,78 名内退女职工集体向市总工会寻求帮助。

工作任务:在了解本案的基础上,收集相关的法律法规,分析本案应如何处理。

附录　任务拓展解析

项目1　劳动争议概述

任务1　拓展解析

1.《中华人民共和国劳动合同法》第三十三条规定，用人单位变更名称、法定代表人、主要负责人或投资人等事项，不影响劳动合同的履行。企业的法人代表是代表企业行使职权的主要负责人，其在劳动关系中的职务行为属于企业行为，而非代表其个人。只要企业法人资格不变，法定代表人无论如何变动，都不应影响企业享受权利和履行义务。本案中，该公司前任领导作为企业的法人代表与劳动者签订的劳动合同，只要符合法律规定，即为有效的劳动合同，企业就应当履行合同规定的义务，该公司认为与赵某所签劳动合同是前任领导签字的，新任领导就可以不履行合同是没有法律依据的。这就是说，虽然企业法人代表改变了，但企业法人主体未发生变化，企业法人的权利义务也就未发生变化。因此，原劳动合同仍然有效，企业应当按照劳动合同的约定履行其对劳动者所承诺的义务。

2.《中华人民共和国劳动合同法》第二十六条规定，下列劳动合同无效或者部分无效：（一）以欺诈、胁迫的手段或者乘人之危，使对方在违背真实意思的情况下订立或者变更劳动合同的；（二）用人单位免除自己的法定责任、排除劳动者权利的；（三）违反法律、行政法规强制性规定的。《最高人民法院关于审理劳动争议案件适用法律问题的解释（一）》（法释〔2020〕26号）第三十五条规定："劳动者与用人单位就解除或者终止劳动合同办理相关手续、支付工资报酬、加班费、经济补偿或者赔偿金等达成的协议，不违反法律、行政法规的强制性规定，且不存在欺诈、胁迫或者乘人之危情形的，应当认定有效。前款协议存在重大误解或者显失公平情形，当事人请求撤销的，人民法院应予支持。"加班费是劳动者延长工作时间的工资报酬，《中华人民共和国劳动法》第四十四条、《中华人民共和国劳动合同法》第三十一条明确规定了用人单位支付劳动者加班费的责任。约定放弃加班费的协议免除了用人单位的法定责任、排除了劳动者权利，显失公平，应认定无效。

本案中，某科技公司利用在订立劳动合同时的主导地位，要求张某在其单方制定的格式条款上签字放弃加班费，既违反法律规定，也违背公平原则，侵害了张某工资报酬权益。故劳动争议仲裁委员应依法裁决某科技公司支付张某加班费。

任务2　拓展解析

1. 本案的争议焦点是物流公司能否以不可抗力为由拒绝支付张某工资。新冠肺炎疫情是突发公共卫生事件，属于不能预见、不能避免且不能克服的不可抗力。不可抗力是民法的一个法定免责条款。《中华人民共和国民法典》第五百九十条规定，当事人一方因不可抗力不能履行合同的，根据不可抗力的影响，部分或者全部免除责任，但是法律另有规定的除外。人力资源社会保障部、最高人民法院等七部门《关于妥善处置涉疫情劳动关系有关问题的意见》（人社部发〔2020〕17 号）第（一）条规定，受疫情影响导致原劳动合同确实无法履行的，不得采取暂时停止履行劳动合同的做法，企业和劳动者协商一致，可依法变更劳动合同。因此，受疫情影响的民事合同主体可依法适用不可抗力条款，但劳动合同主体不适用并不得因此中止履行劳动合同。本案中，物流公司主张疫情属不可抗力，双方劳动合同因此中止缺乏法律依据，仲裁委员会不予采信。物流公司自 2020 年 2 月 3 日停工，张某 2 月未提供劳动。根据人力资源社会保障部办公厅《关于妥善处理新型冠状病毒感染的肺炎疫情防控期间劳动关系问题的通知》（人社厅明电〔2020〕5 号）第二条规定，企业停工停产在一个工资支付周期内的，企业应按劳动合同规定的标准支付职工工资。超过一个工资支付周期的，若职工提供了正常劳动，企业支付给职工的工资不得低于当地最低工资标准。仲裁委员会裁决物流公司按照劳动合同约定，支付张某 2020 年 2 月工资 5000 元。一审人民法院判决结果与仲裁裁决一致。

2.《中华人民共和国劳动争议调解仲裁法》第二十七条规定，劳动争议申请仲裁的时效期间为 1 年。仲裁时效期间从当事人知道或者应当知道其权利被侵害之日起计算。该条款同时规定：前款规定的仲裁时效，因当事人一方向对方当事人主张权利，或者向有关部门请求权利救济，或者对方当事人同意履行义务而中断。从中断时起，仲裁时效期间重新计算。因不可抗力或者有其他正当理由，当事人不能在本条第一款规定的仲裁时效期间申请仲裁的，仲裁时效中止。从中止时效的原因消除之日起，仲裁时效期间继续计算。

本案中，朱某申请仲裁的时效应自其于 2019 年 2 月 15 日从创意公司离职起计算 1 年。但是，朱某提交的证据足以证明其在 2020 年 2 月 6 日至 2020 年 4 月 13 日因其他客观原因无法申请仲裁，仲裁期间应中止。上述期间仲裁时效发生中止并从 2020 年 4 月 14 日起继续计算。朱某于 2020 年 4 月 20 日提起劳动仲裁，在扣除中止期间后未超出 1 年的仲裁时效，法院判决应支持朱某相关诉请。

酒店被征用期间，对发生的劳动争议客观上无法及时向劳动仲裁机构、人民法院主张自己的合法权利，在此情形下，当事人不能在法定仲裁时效期间申请劳动人事争议仲裁的，属于不可抗力的原因，应认定时效中止，中止原因消除后，再继续计算。

项目 2　劳动争议的解决途径

任务 1　拓展解析

1. 劳动者可以将劳动争议协商和解的目标划分为三个层次：一是必须达成的目标，是协商不成也不能放弃的目标，即进行协商和解可以接受的底线；二是预期达成的目标，但是在迫不得已的情况下可以选择放弃的；三是期望达成的目标，在必要时可以放弃的。

2.

劳动合同协商解除协议书

用人单位：××××有限公司

个人：　　　　（身份证号：　　　　　　　　）

双方就××××有限公司解除劳动合同后的处理，以及个人在×××劳动仲裁提出的劳动仲裁请求等事宜，本着平等、自愿、协商一致的原则，达成以下协议：

第一条　双方友好协商对一切用工期间及结束后产生的争议问题予以谅解并一次性解决。

第二条　公司给予个人一次性补偿费用×××元。

第三条　个人在收到补偿费用后对提出的仲裁申请进行撤回，确认双方劳动关系履行时的权利义务从协议签订之日起即行终止并无任何未了事宜与异议。双方确认对协商解决的补偿费用、协商解除劳动合同程序及结果均无任何异议，保证不再提出任何仲裁和诉讼请求。

协议双方签字确认：
年　　月　　日
协议签字地点：××××

本人已收到本协议第二条约定的补偿费用。

个人补偿费用数额确认签字：

任务 2　拓展解析

1.

劳动争议调解申请书

申请方：谢天（××化工厂机修车间工人）

被申请方：××化工厂（地址：××市××路甲一号）

法定代表人：闫×（厂长）

委托代理人：李×（××化工厂人力资源部经理）

因被申请方扣发我奖金及处分一事，与被申请方产生争议，特申请调解。

调解请求：1. 被申请方补发我被扣发的半年奖金1800元；

　　　　　2. 撤销对我的警告处分。

事实与理由：2020年9月，××化工厂要求全体职工加班，我由于家住得较远，孩子又小，因此，没有同意单位的加班要求，厂方遂扣发了我半年的奖金，并给予了警告处分。本人认为，按《劳动法》的规定，加班加点，应征得职工本人的同意，本人有特殊情况，不能加班，单位不能强迫职工加班，更不能以不加班作为处分和扣发奖金的依据。

为此，特向××化工厂劳动争议调解委员会申请调解，请依法调解。

申请人：谢天
2020年12月3日

2.《劳动法》规定，劳动争议经调解达成协议的，双方当事人应当自觉履行。《劳动争议调解仲裁法》第十六条规定，对于因支付拖欠劳动报酬、工伤医疗费、经济补偿或者赔偿金事项达成调解协议，用人单位在协议约定期限内不履行的，劳动者可以持调解协议书依法向人民法院申请支付令。所以此时相某等人可以持调解协议书依法向人民法院申请支付令。

任务 3　拓展解析

1.

×××劳动人事争议仲裁申请书

申请人：

被申请人：

请求事项：撤销对申请人解除劳动合同的决定。

事实和理由（包括证据和证据来源、证人姓名和住址等情况）：本人是某公司财务处的一名会计，与本部门的出纳张某有些私人恩怨，但本人从未以此影响工作。2018 年 3 月 16 日，本人家属趁本人不在公司时到公司对张某做出了一些不理智的举动。事发后，本人立即劝走了家属，并向张某道歉。

但某公司认为，是本人教唆家属来公司闹事。对此结论本人不认可，家属来公司本人确不知情，谈不上教唆。公司以本人严重违反劳动纪律为由，解除本人劳动合同缺乏依据，本人不服，特申请仲裁。

此致
×××××劳动争议仲裁院
申请人：于某
2018 年 4 月 20 日

2. 本案中，虽然公司是在不知情的情况下终止与小雨的劳动合同的，但是《劳动合同法》明确规定，劳动合同期满或者当事人约定的劳动合同终止条件出现时，女职工在孕期、产期、哺乳期内的，劳动合同期限顺延至这三种情形消失。同时这一点并不因为终止合同时当事人知不知情而有所区别，所以小雨要求公司恢复履行双方的劳动合同直至孕期、产期、哺乳期期满为止是有法律依据的。

任务 4　拓展解析

1. 本案的争议焦点在于用工主体发生变化，工龄是否清零。法院经审理认为，超市与公司存在关联关系。小金非因其本人原因导致用工主体发生变化，仍在原工作场所、工作岗位工作，而超市未向其支付经济补偿，且在超市的工作年限应与公司的工作年限合并计算，判令公司向小金支付 2014 年 12 月 25 日至 2021 年 9 月 27 日期间的解除劳动合同经济补偿金 3 万余元。

工作年限（俗称"工龄"）是计算解除（终止）劳动合同补偿金的重要标准，但实践中某些用人单位为防止劳动者原工作年限计入新工作单位，往往通过迫使劳动者辞职后重新与其签订劳动合同，或者通过设立关联企业，在与劳动者签订合同时交替变换用人单位名称等手段迫使劳动者"工作年限清零"，在此情况下，劳动者的工作年限应当连续计算。

2．本案的争议焦点是小王的医疗费等由谁来支付。法院经审理认为，因第三人侵权发生的医疗费用，由基本医疗保险基金先行支付后，被侵权人有权向第三人追偿。但本案中，侵害小王的人没有赔偿能力，又因该公司没有为小王缴纳社保，造成小王未能从社会保险基金获取先行支付医疗费，该体育用品公司应向小王支付劳动关系存续期间的医疗费 6123.35 元。

劳动者因第三人侵权而产生的医疗费用，依法应当由第三人负担；第三人不支付的，由基本医疗保险基金先行支付。用人单位未依法为劳动者缴纳医疗保险费的，就应当由用人单位承担先行支付医疗费用的责任。

项目 3　劳动合同的订立

任务 1　拓展解析

1．劳动关系中的劳动者与用人单位有隶属关系（不对等），是管理与被管理、支配与被支配的关系，劳动者从事用人单位分配的工作和服从用人单位的人事安排，劳动者是用人单位的成员；劳务关系是对等关系，没有管理与被管理、支配与被支配的权利和义务，劳动者不是用人单位的成员。劳动关系支付报酬的形式多以工资的方式定期支付，有规律性；劳务关系多为一次性的及时清结或按阶段按批次支付，没有一定的规律性。劳动关系中产生的纠纷是用人单位与劳动者之间的纠纷，应由劳动法来调整；劳务关系中产生的纠纷是平等主体的双方在履行合同中所产生的纠纷，应由民事法律制度或经济法律制度来调整。

案例中小王与文化传播公司的关系属于劳务关系，双方通过民事法律制度来解决之间的纠纷。

2．依据《劳动合同法》第二条，修理厂作为适格的用工主体，在与小孔建立劳动关系后不与其签订书面的劳动合同是违反《劳动合同法》规定的，修理厂应当支付小孔未签订劳动合同双倍工资差额。

用人单位与劳动者解除劳动关系的，应当依据《劳动合同法》向劳动者支付经济补偿金。经济补偿按劳动者在本单位工作的年限，每满 1 年支付 1 个月工资的标准，6 个月以上不满 1 年的，按 1 年计算；不满 6 个月的，向劳动者支付半个月工资的经济补偿金。用人单位违法解除或者终止劳动合同，劳动者要求继续履行劳动合同的，用人单位应当继续履行；劳动者不要求继续履行或者劳动合同已经不能继续履行的，用人单位应当依照经济补偿金的双倍支付赔偿金。

3．仲裁庭经审理认为李女士和某公司之间存在劳动关系。在仲裁庭的调解下某公司与李女士家属达成调解协议：

（1）该公司一次性支付给家属一次性工亡补助金、丧葬费、供养直系亲属抚恤金等各项费用。

（2）公司支付给李女士死亡当月的工资。

本案中北京市某公司没有和李女士签订劳动合同，也没有为李女士缴纳社会保险，但李女士和某公司已经形成了事实劳动关系，李女士理应受到劳动法律法规的保护，北京市某公司应承担李女士的工亡赔偿。

4．作为主体资格的劳动者必须具备一定的劳动权利能力和劳动行为能力。劳动者的劳动权利能力是指依法能够享有劳动权利和承担劳动义务的资格，也就是能够作为劳动合同的劳动者的主体资格。劳动者的劳动行为能力是指公民能够以自己的行为实际地行使劳动权利和承担劳动义务的能力。两者是统一的、不可分割的，不能由他人代理行使，必须由劳动者亲自实施。

（1）就业年龄：16周岁，特殊职业除外。

（2）劳动能力：劳动者必须具有劳动能力，同时还必须行为自由。

劳动合同期限 1 年以上不满 3 年的，试用期不得超过 2 个月。劳动者在试用期的工资不得低于本单位相同岗位最低档工资或者劳动合同约定工资的 80%，并不得低于用人单位所在地的最低工资标准。

案例中的小丽虽然具备劳动权利能力，但不具备劳动行为能力，因为还未毕业，属于在校大学生。案例中试用期约定违法，超期试用期视为劳动合同期限。

任务 2　拓展解析

1.《劳动合同法》第十九条规定："劳动合同期限 3 个月以上不满 1 年的，试用期不得超过 1 个月；劳动合同期限 1 年以上 3 年以下的，试用期不得超过 2 个月；3 年以上固定期限和无固定期限的劳动合同试用期不得超过 6 个月。同一用人单位与同一劳动者只能约定一次试用期。以完成一定工作任务为期限的劳动合同或者劳动合同期限不满 3 个月的，不得约定试用期。试用期包含在劳动合同期限内。劳动合同仅约定试用期的，试用期不成立，该期限为劳动合同期限。"根据上述规定，用人单位在与劳动者约定试用期的时候，应当遵守劳动合同法有关试用期的最长时限、约定次数及其他有关规定，否则该试用期的约定就是违法的。

白某经过律师咨询后，到劳动行政部门反映了情况，劳动行政部门责令公司对白某进行赔偿，支付了白某 7000 元，并且与白某改了劳动合同，工资水平调整到转正后的 3500 元。

2.《劳动合同法》第十九条第二款规定："同一用人单位与同一劳动者只能约定一次试用期。"《劳动合同法》明确规定只能约定一次试用期，其理由是试用期是指用人单位对新招收的职工的思想品德、劳动态度、实际工作能力、身体情况等进行进一步考察的时间期限。在第一次录用劳动者的试用期内这些情况已经基本搞清楚，无须再次试用。用人单位应当注意的是，同一用人单位与同一劳动者只能约定一次试用期可理解为用人单位招用同一劳动者，无论岗位是否变更，劳动合同是否续签，或者终止一段时间后再次录用的，都不能再次约定试用期，否则就是违法约定试用期了。

本案中，张某和单位之间签订的劳动合同到期后续签劳动合同并调整了工作岗位，用人单位不能以调岗为由再次约定试用期。对于单位再次约定试用期的要求张某有权拒绝。公司再次约定试用期的行为违法。

3．A 俱乐部与姚某未签订劳动合同，但约定前 3 个月为试用期，此约定违法。劳动合同仅约定试用期的，试用期不成立，该期限为劳动合同期限。用人单位应当支付工资差额。法律这样规定可以避免用人单位与劳动者仅仅约定试用期而没有约定劳动合同期限的情形，维护了劳动者的合法权益。

任务 3　拓展解析

1．法院经审理认为，原告与被告张某在补充协议中约定，张某在与原告终止或解除劳动合同之日起 3 年不得自营或为他人经营与原告有竞争的业务等，这一条款违反了《劳动合同法》中关于劳动合同终止后竞业限制期限不得超过 2 年的规定，因此这项条款中超过 2 年部分应为无效。但张某在劳动合同履行期间，在本市注册成立了公司，与原告经营类型相同的化工产品。鉴于此，法院认定张某违反了保密协议中的竞业禁止义务。某区人民法院一审判决该员工与玻璃销售公司解除劳动关系，并赔偿公司违约金 10 万元。

2．劳动者由于受到竞业限制条款的限制，在一定的期限内就不能从事自己擅长的工作，从而会遭受一定的经济损失。用人单位应给予劳动者合理的经济补偿金来弥补给劳动者造成的经济损失。本案中，A 电子公司虽然与李某签订了竞业限制协议，但是在李某提出辞职申请后，该公司却没有支付给李某合理的经济补偿金。因此，该协议对李某并没有约束力，李某也就没有任何就业限制。

3．用人单位与劳动者签订竞业限制条款的同时，要约定在解除或终止劳动合同后，在竞业限制期限内按月给予劳动者经济补偿。补偿金的数额由双方约定。用人单位未按照约定在劳动合同解除后向劳动者支付竞业限制补偿的，竞业限制条款失效。

本案中科技公司与白某签订竞业限制协议，应当在竞业限制期内按月向白某给予经济补偿。

4．本案是由于履行竞业限制协议发生的劳动争议。《劳动合同法》第二十三条、第二十四条对竞业限制的权利和义务进行了一系列的规定，说明企业职工双方对于竞业限制条款的约定在不违反法律相关规定情况下才能成为约束双方的协议。很显然，此案中缺乏竞业限制协议中必备的条款，即竞业限制补偿金，公司在之后也未支付竞业限制补偿金，因此此协议对于职工无约束力。

项目 4　劳动合同的履行和变更

任务 1　拓展解析

1．用人单位为劳动者提供专项培训费用，对其进行专业技术培训的，可以与该劳动者订立协议，约定服务期。服务期是由于用人单位提供专项培训费用，对劳动者进行专业技术培训，而由用人单位与劳动者双方在劳动合同中或者在服务期协议里约定的劳动者必须为该用人单位提供劳动的期间。

服务期与劳动合同期限未必一致，可能短于劳动合同期限，也可能长于劳动合同期限。当服务期长于劳动合同期限时，应当优先适用服务期的约定。劳动合同双方当事人可以变更劳动合同中的期限条款，或者续订劳动合同，或者重新订立劳动合同，以与服务期的约定相一致。

劳动者违反服务期约定的，应当按照约定向用人单位支付违约金。违约金的数额不得超过用人单位提供的培训费。用人单位要求劳动者支付的违约金不得超过服务期尚未履行部分所应分摊的培训费。

2. 《劳动合同法》第十七条规定工作地点系劳动合同必备条款之一，在劳动者与用人单位签订劳动合同时，双方应当对具体的工作地点做出约定。工作地点是劳动者从事工作进行生产的地方。所谓工作地点的变更，是指劳动者提供劳动的区域发生变化，具体来说就是劳动者实际工作的地点与劳动合同签订时约定的地点不一致。根据用人单位变更劳动者工作地点是否影响劳动者权利义务的实质性变更，我们可以将工作地点的变更分为重大变更和临时变更两大类。

所谓工作地点重大变更，是指工作地点的变更使得劳动合同当事人的法律关系变动甚大，已经无法从原合同中找到合意基础。案例中李某与公司在劳动合同中约定的工作地点是上海，现公司因企业迁移之目的要求他去北京工作，且企业的迁移往往具有稳定性和长期性特点，李某的劳动者权利义务将发生实质性变更。因此，上述这种情况即工作地点的重大变更。

所谓工作地点临时变更，是指用人单位基于生产管理的需要对劳动者的工作地点进行暂时性的变更，且这种调动仅在某确定的期间内有效。案例中张某与公司在劳动合同中约定的工作地点是上海市区，现公司因亚运口任务的需要，决定临时安排他去青浦区工作。由于公司为他提供了必要的正作条件，且此次工作地点变更具有临时性，因此张某去青浦工作并不会造成其权利义务的实质性变更。故上述这种情况构成了工作地点的临时变更。

根据法律规定，客观情况发生重大变化后，用人单位应先与劳动者协商变更劳动合同，双方如就变更劳动合同达成协议，则按照变更后执行；如不能达成协议，用人单位可以解除劳动合同，但必须向劳动者支付赔偿金。案例中，公司对李某工作地点的重大变更属于情势变更的范畴，应适用上述规定，而张某的工作地点变更对其劳动权利义务并没有实质性改变，故应当服从用人单位的工作安排。

3. 劳动争议仲裁委员会受理后经过调查，认为该物业公司单方要求终止劳动合同的履行，虽然是由于某建筑公司的行为造成的，但陈某等人近5个月不能上班所遭受的经济损失，是由于该公司没有如期履行劳动合同造成的。在调解不成的情况下，仲裁委员会作出裁决：双方解除劳动合同，物业管理公司支付陈某等10人每人2020年5月至9月的工资。

本案是由于第三人原因导致合同不能履行的劳动争议。由于某建筑公司的过错，小区迟迟未能完工，因而导致物业管理公司也是受害者。但某建筑公司是陈某和某物业管理公司之间劳动关系之外的第三人，陈某等人的损失要先由该物业管理公司负责赔偿。因此，仲裁委员会作出的裁决是符合法律规定的。

任务2 拓展解析

1. 本案是由用人单位分立而引起的劳动争议。为了充分保护劳动者的权利,《劳动合同法）第三十四条首先规定了用人单位发生分立的,原劳动合同继续有效,防止用人单位以分立后原用人单位不存在或者劳动者权利义务已经转移到新的用人单位为由损害劳动者的合法权益;其次,根据该条的规定,用人单位分立后劳动合同由承继其权利义务的用人单位继续履行。

北京市某区劳动争议仲裁委员会作出裁决书,依法支持了韩女士的仲裁请求,裁决销售公司继续履行劳动合同。裁决书送达后,销售公司未提起诉讼,并给韩女士安排了工作岗位。本案中,北京某有限公司分立后,应当继续履行和韩女士之间签订的劳动合同,用人单位在认识到自己行为错误后,及时更正了自己的行为,为韩女士安排工作岗位是正确的。

2. 变更劳动合同,必须遵循平等自愿、协商一致的原则。只有在此基础上修改补充劳动合同的条款,真实反映劳动者和用人单位的意志才对双方具有约束力。相反,用人单位在未与劳动者协商一致的情况下,单方面变更劳动合同中约定的内容则是无效的。

法院认为,变更劳动合同应由用人单位与劳动者协商一致,并采取书面形式。本案中双方签订的劳动合同明确约定被告谭某的工作岗位是制造部副部长,对于工作岗位调动双方并无约定。原告机械公司在未与谭某协商一致的情况下,以张贴公告的形式擅自调动谭某工作岗位,结合机械公司提供的公司组织架构图及其职位说明书,谭某实际的劳动条件与双方在劳动合同中的约定完全发生了变化,应认定系机械公司单方面变更了劳动合同的约定,是对双方劳动合同约定的劳动条件的违反,谭某在此情形下解除劳动合同并要求支付经济补偿金,符合劳动合同法相关规定。

3. 本案是用人单位单方变更劳动合同而导致的劳资纠纷。根据《劳动合同法》第三十五条的规定,双方协商一致,可以变更劳动合同约定的内容。变更劳动合同,应当采用书面形式。变更后的劳动合同文本由用人单位和劳动者各执一份。

本案中,该公司因客观情况发生重大变化致使与姜某签订的劳动合同无法继续履行时,就工作岗位及工资待遇调整问题与姜某进行协商。姜某提出不能降低工资待遇,公司不同意姜某所提要求,说明双方就变更工资待遇的内容没有达成一致意见。公司可以根据《劳动法》的规定,解除劳动合同,支付经济补偿金。由于公司坚持变更李某的工作岗位和工资待遇,导致李某不能提供正常劳动。因此,该公司以姜某旷工为由解除劳动合同不成立。本案中,姜某没来公司上班,是公司内部组织结构调整后,原工作岗位已不存在,又不接受公司为其安排新岗位的工资待遇而造成的。在双方对此问题没有取得一致性意见之前,如果姜某在新岗位工作,就会造成姜某接受公司安排的事实。

仲裁委员会受理此案后,发现该公司属于单位变更劳动合同,同时姜某同意解除劳动合同。因此,仲裁委员会裁决解除劳动合同,裁令公司支付姜某经济补偿金。双方均未提起诉讼。

鉴于姜某同意解除劳动合同,所以视为公司提出解除劳动合同,姜某要求支付解除劳动合同经济补偿金的请求,应予支持。因此,仲裁委员会的裁决是正确的。

项目5　劳动合同的解除和终止

任务1　拓展解析

1.《劳动合同法》第三十六条规定："用人单位与劳动者协商一致，可以解除劳动合同。"第四十六条规定："有下列情形之一的，用人单位应当向劳动者支付经济补偿：……（二）用人单位依照本法第三十六条规定向劳动者提出解除劳动合同并与劳动者协商一致解除劳动合同的；……"

本案中，公司提出与员工协商解除劳动合同时，设定了一周的期限和书面同意的条件，刘先生未在公司设定的期限内以书面形式表示同意，表明刘先生未能在公司提出协商解除劳动合同时达成解除合同的协议。此后，刘先生在公司设定的期限和条件之外提出协商解除劳动合同，应是刘先生另行向公司提出协商解除合同要求。双方尽管最后还是协商一致依法解除了劳动合同，但由于是刘先生提出协商解除要求的，根据以上规定，公司没有支付额外奖励金和经济补偿金的法定义务，因此刘先生要求公司支付额外奖励金和经济补偿金均无法律依据。

2.用人单位与劳动者协商一致，可以解除劳动合同。用人单位依照《劳动合同法》第三十六条规定向劳动者提出解除劳动合同并与劳动者协商一致解除劳动合同的，应当支付经济补偿。《劳动合同法》第四十七条规定："经济补偿按劳动者在本单位工作的年限，每满1年支付1个月工资的标准向劳动者支付。6个月以上不满1年的，按1年计算；不满6个月的，向劳动者支付半个月工资的经济补偿。劳动者月工资高于用人单位所在直辖市、设区的市级人民政府公布的本地区上年度职工月平均工资三倍的，向其支付经济补偿的标准按职工月平均工资三倍的数额支付，向其支付经济补偿的年限最高不超过12年。本条所称月工资是指劳动者在劳动合同解除或者终止前12个月的平均工资。"

《劳动合同法》第八十七条规定："用人单位违反本法规定解除或者终止劳动合同的，应当依照本法第四十七条规定的经济补偿标准的二倍向劳动者支付赔偿金。"

协商解除应该是双方签订有书面协商解除协议，并就解除时间和解除补偿作出约定。王某只是对公司提出的解除提议表示同意，但因为双方不能对解除补偿数额达成一致，则视为协商解除不成。A公司解除与王某的劳动合同构成单方解除，A公司没有就单方解除提供证据证明王某有《劳动合同法》第三十九条或四十条规定的情形，所以A公司应该支付违法解除劳动合同赔偿金。

3.协商解除劳动关系体现的是双方在自由协商、意思表达一致的基础上就劳动关系的结束做出了双方明确的约定，只要是双方意思的真实表达，不违反法律或行政法规的强制性规定的，法律是允许的。

在案例A中，女职工在明知自身已经怀孕的情况下，仍与用人单位签订协商解除或终止劳动合同的协议，则充分体现女职工在考虑自身怀孕因素下的真实意思表示，同时也没有举证证明存在两种例外的情况，双方签订的协商解除协议依法有效。

在案例 B 中，虽然女职工在签订协商解除劳动关系时已经处于怀孕周期内，但在签订该协议时不可能也无法预见到自己怀孕的事实，女职工提供的检验报告单、超声报告单也证明了是在协商解除之后获知怀孕的，故对女职工在不知晓自己已经怀孕也无法预知的情况下与单位签订协商解除劳动关系应当属于重大误解，该协议应予以撤销。根据法律规定，被撤销的民事行为从行为开始起无效，应恢复劳动关系。

任务 2　拓展解析

1．劳动者有权单方解除劳动合同。劳动者的单方解除合同权包括提前解除和随时解除。劳动者提前解除劳动合同，并不需要任何理由，仅需提前 30 日以书面形式通知用人单位，如还在试用期内的，则需提前 3 日书面或口头通知用人单位。本案中，虽然合同约定为期 3 年，李某的目的仅仅是为了自己的利益，且公司不存在让李某可以随时解除合同的情形，但这只能说明李某无权随时解除合同，并不等于李某不能行使提前解除合同权，因为提前解除合同权的行使是"无理由性"的，更何况李某已经提前 30 日书面通知了公司，即李某的行为并不属于违约。

2．陈某于 2016 年 3 月 8 日向公司提交离职申请书，其已作出单方解除劳动合同的意思表示，且公司已收到其离职申请书，陈某的离职申请不能撤回。法院认定双方劳动合同因陈某辞职于 2016 年 4 月 7 日解除。

3．劳动者主动提出解除劳动合同，用人单位无须支付经济补偿金。但是，在用人单位存在过错的情形下，法律在赋予劳动者解除劳动合同权利的同时，还要求用人单位向劳动者依法支付经济补偿金。非劳动者本人原因从原用人单位被安排到新用人单位工作，在计算支付经济补偿或赔偿金的工作年限时，应当合并计算。

本案中，食品公司子公司的"组织架构调整，取消职务，薪随岗变"的做法已经被裁审部分确认违法，马先生依此解除劳动合同，应当享有经济补偿金。马先生进入食品公司工作的任务就是参与筹建子公司，子公司登记成立后根据食品公司的安排与子公司建立劳动关系，应当认定为"非劳动者本人原因"，因此应当合并计算两个公司之间的工作年限。马先生的月工资标准高于本市职工月平均工资三倍。《劳动合同法》施行之前的工作年限仍按以前规定的标准计算经济补偿金。因此，马先生的经济补偿金应分段计算，2015 年 1 月 1 日起按本市职工月平均工资三倍封顶计算，2015 年 1 月 1 日以前的工作年限按本人月工资计算。

任务 3　拓展解析

1．所谓劳动合同的试用期是指，用人单位与劳动者建立劳动关系之后双方相互了解、双向选择而约定的考察期限。劳动合同的试用期对用人单位来说，是其对新录用劳动者进行考察的期限。在该期限内，用人单位如发现劳动者不符合录用的条件，可以单方依法解除与劳动者的劳动合同。超过试用期后，用人单位如果再以不符合录用条件单方解除与劳动者之前签订的劳动合同则没有法律依据，属于侵犯劳动者合法权益的行为，依法要承担相应的责任。

法院经过审理认为，只有在试用期之内劳动者被证明不符合录用条件的，用人单位才可以以不符合录用条件为由解除劳动合同,试用期过后用人单位则不能再以不符合录用条件为由同劳动者解除劳动合同。在劳动者履行合同过程中,劳动者因为患病需要接受治疗的,用人单位必须依法给予一定的医疗期。后法院判决驳回该酒店的诉讼请求。

2.《劳动合同法》规定,劳动者有下列情形之一的,用人单位可以解除劳动合同:(一)在试用期间被证明不符合录用条件的;(二)严重违反用人单位的规章制度的;(三)严重失职,营私舞弊,给用人单位造成重大损害的;(四)劳动者同时与其他用人单位建立劳动关系,对完成本单位的工作任务造成严重影响,或者经用人单位提出,拒不改正的;(五)因本法第二十六条第一款第一项规定的情形致使劳动合同无效的;(六)被依法追究刑事责任的。

就本案而言,企业之所以败诉,原因包括:一是刘某的职责描述不具体明确,因此即使其存在领导不善的过错,也因缺乏证据而无法认定是否存在严重失职的情况;二是对"重大经济损失"的重大程度、数量多少没有确定标准,因此无法认定公司的损失是否属于重大。经审理,劳动争议仲裁委员会支持刘某的申诉请求,裁决该公司向刘某支付违法解除劳动合同的双倍赔偿金。

3.《劳动合同法》第八条规定:"用人单位招用劳动者时,应当如实告知劳动者工作内容、工作条件、工作地点、职业危害、安全生产状况、劳动报酬,以及劳动者要求了解的其他情况;用人单位有权了解劳动者与劳动合同直接相关的基本情况,劳动者应当如实说明。"根据这条规定,如实说明是劳动者和用人单位承担的法律责任,这也是诚信原则的要求。据此,如实说明可视为法律规定的录用条件,劳动者如违反该条规定,用人单位可以认为劳动者不符合录用条件。

仲裁委认为,某公司对于应聘者的学历、工作经历都有明确的规定,赵某在应聘该职位时虚构学历证书和工作经历,视为不符合某公司的招录条件。因此,驳回了赵某要求撤销公司解除合同决定的请求。

4. 依照《劳动合同法》第四十条第二项的规定,劳动者不能胜任工作,经过培训或者调整工作岗位仍不能胜任工作的,用人单位在提前30日以书面形式通知劳动者本人或者额外支付劳动者1个月工资后,才可以解除劳动合同。也就是说,即便是能证明劳动者"不能胜任工作",也应该经过"培训或者调整工作岗位"的程序,"直接"解除是违反法律规定的。

仲裁支持了违法解除的赔偿金,驳回了双倍工资差额的请求。理由是双倍工资的支付前提是未签订劳动合同,本案中双方签订的协议,就工作岗位、试用期、劳动报酬、劳动纪律等方面进行了较为详细的约定。该协议虽不具备《劳动合同法》第十七条规定的全部必备条款,但是根据《劳动合同法》第八十一条的规定:"用人单位提供的劳动合同文本未载明本法规定的劳动合同必备条款或者用人单位未将劳动合同交付劳动者的,由劳动行政部门责令改正;给劳动者造成损害的,应当承担赔偿责任。"因此,条款不完备并不代表没有签订劳动合同。劳动合同条款方面存在不完备之处,属于行政处罚的范围,但依法无须支付双倍工资。

5. 本案是由孕妇"违纪"被解除劳动合同引起的劳动争议。《劳动合同法》第四十条、第四十一条虽明确规定女职工在孕期单位不得以经济性裁员等理由与其解除劳动合同,但该法第三十九条也明确规定用人单位在特殊的情况下,可以与劳动者解除劳动合同,此处"劳动者"

并没有做限定，即怀孕的女职工也不例外。可见与怀孕期的女职工并不是绝对不能解除劳动合同的。就本案来说，首先公司内部没有经过公示的员工奖惩制度不能作为处罚职工的依据。根据《劳动合同法》第四条的规定，公司内部的规章制度应该经过一个民主协商讨论的过程，并且要对外公示，而不能以其未经公示的内部文件处罚职工。本案中用来处罚职工的员工奖惩制度不能作为处罚职工的依据。其次根据《劳动合同法》第三十九条、第四十条、第四十一条的规定，用人单位以孕妇违纪为由解除劳动合同理由显然是合法的，但是有一个前提，即必须要有证据能证明孕妇违反了用工单位的劳动纪律。本案的裁决结果之所以撤销公司解除劳动合同的决定，很重要的原因是公司未能提供明确的证据证明劳动者违反了劳动纪律。

6. 马某因违法被处以拘役6个月，其行为已经违反了相关法律和企业的规章制度，公司根据马某被拘役的事实，在取得了公司工会的同意后，依法对其作出解除劳动关系的决定，符合法律的规定。尽管该解除劳动关系的决定书未能送达马某，但未送达的原因系因马某被拘役而丧失了人身自由，因此未及时送达该决定并不影响公司作出解除与马某劳动关系决定的效力。

任务4 拓展解析

1. 劳动争议仲裁委经审理认为，王某与食品公司签订的劳动合同系双方真实意思表示且不违反国家法律、法规的强制性规定，认定为有效合同。根据劳动合同法的规定，劳动者在患病期间，用人单位不得擅自终止劳动合同。遂裁决食品公司补发王某住院期间的病假工资，并延续劳动合同至王某医疗期满为止。

本案中，王某在劳动合同有效期间患病，按照劳动合同法及有关规定，应该享受医疗期待遇。食品公司作为用人单位应发给王某病假工资，为王某缴纳此期间的社会保险费。本案不属于劳动合同期限届满即可终止劳动合同的情形。依照法律的规定，王某与食品公司的劳动合同在期限届满后应自动延续至王某的医疗期届满之时，因此，食品公司在王某的医疗期满之前终止与王某的劳动合同不符合法律的规定。故本案中王某要求食品公司补发病假工资并延长劳动合同期限至医疗期满的请求能得到支持。

2. 在劳动关系存续的过程中，任何一方主体资格的灭失都将导致劳动关系的终止，《劳动合同法》第四十四条规定，劳动者死亡，或者被人民法院宣告死亡或者宣告失踪的，以及用人单位被依法宣告破产的、用人单位被吊销营业执照、责令关闭、撤销或者用人单位决定提前解散的，劳动合同终止。

不过，劳动合同的终止并不一定代表着用工关系的结束，用人单位被吊销营业执照也不能被当然认为是主体资格的灭失。从用人单位被依法宣告破产或被吊销营业执照到被注销之前，在其间的重整或清算程序中，其主体资格仍是有效存在的。为实现对劳动者的保护，将这一阶段用人单位与劳动者之间的关系定位为劳动关系更为恰当。

法院判决认为被告用人单位被吊销营业执照也不能被当然认为是主体资格的灭失，只有经过注销之后其才完全丧失主体资格。并且被告在吊销期间一直发放原告工资，故判令原告与被告存在劳动关系，支持仲裁裁决。

3．本案中李小姐是否存在旷工呢？公司主张李小姐 2019 年 4 月旷工 8 天，同时承认仅扣除了 8 天的福利。李小姐无故旷工，严重违反了公司的规章制度，扣发工资是合法合理的。而李小姐认为已经向公司提出病假要求，应该按照病假对待，享受病假待遇。公司认为没有收到李小姐的请假要求，故按照旷工对待也是合理的。根据公司认可的工资条，李小姐在其他月份请假都有考勤扣款。因此，公司所主张的员工请假扣除工资、旷工不扣除工资的观点是不符合常理的。而且李小姐有医院的病例、处方笺、交费单据等，与李小姐提供的其他证据相印证，即 2019 年 4 月，李小姐依法享受医疗期病假，不属于旷工。公司所述李小姐旷工的事实不存在。

任务 5 拓展解析

1．经济补偿的标准按劳动者在本单位工作的年限计算。本案中，A 家电公司同意在维持劳动合同约定的条件下与胡某续订劳动合同，但胡某不同意续订，根据《劳动合同法》的相关规定，A 家电公司可以不支付经济补偿金。

2．本案是由用人单位向职工支付经济补偿金引起的劳动争议。《劳动合同法》第四十六条第六款的规定，用人单位被依法宣告破产的，应当向职工支付解除劳动关系经济补偿金。很显然企业需要向职工支付解除劳动关系经济补偿金。劳动者之间的工资收入差别有时候会非常大，某些劳动者的工资收入过高，远远超过本地区上年度职工的月平均工资。本案中如果对于经济补偿金支付的数额和年限都不加限制，那么无疑会造成用人单位不堪重负。因此，《劳动合同法》对高收入阶层规定了两个限制性条款。就本案而言：

首先，经济补偿金的计算基数。经济补偿金所折算的月工资按照劳动者应得工资计算，包括计时工资或者计件工资以及奖金、津贴和补贴等货币性收入。劳动者在劳动合同解除或者终止前 12 个月的平均工资低于当地最低工资标准的，按照当地最低工资标准计算；劳动者工作不满 12 个月的，按照实际工作的月数计算平均工资。

其次，孙某属于高收入的劳动者，如果劳动者月工资高于用人单位所在直辖市或设区的市级人民政府公布的本地区上年度职工月平均工资三倍的，向其支付经济补偿金的标准按照职工月平均工资三倍的数额支付，支付经济补偿的年限最高不超过 12 年。

2021 年 6 月某区劳动争议仲裁委员会下发裁决书，裁令北京某公司支付孙某解除劳动关系经济补偿金 151236 元。北京某公司不服裁决，向某区人民法院提起诉讼，后某区人民法院判决北京某公司支付孙某解除劳动关系经济补偿金 151236 元。

项目 6 劳务派遣和非全日制用工

任务 1 拓展解析

1．从法律的角度来分析，根据《劳动合同法》的相关规定，企业为员工提供专项培训费用，对其进行专业技术培训的，才能与其签订培训协议约定服务期、违约金。劳务派遣机构无权与派遣员工签订培训协议约定服务期。那么是不是说用工单位就有权与派遣员工签订培训协议呢？答案是否定的，因为订立培训协议的前提是双方当事人之间存在劳动关系，显然用工单位和派遣员工之间不存在劳动关系，自然无权订立培训协议。本案的最终结果也证明了这一点。用工单位为了公司的利益、促进公司发展故而经常对员工进行培训也是理所应当的，这里培训的正常需求与服务期的无权约定之间的矛盾是急需化解的。

比如文中的案例，该跨国企业公司虽然与派遣员工签订了培训协议，约定了服务期，但当该派遣员工反悔拒绝履行义务时，该跨国企业公司申请仲裁，却得不到仲裁的支持。这是由于该跨国企业公司只是实际用工单位，而非法律上的用人单位，故无权与派遣员工约定服务期。

如果案例中，该跨国企业公司与劳务派遣单位在《派遣协议》中约定彭某（派遣员工）的服务期，是否可行呢？这就涉及了合同的相对性问题。因为协议的当事人该跨国企业公司与某知名劳务派遣公司南京分公司约定合同条款，却给合同的第三人彭某设定了义务。根据合同的相对性原则，显然此条款对彭某来说是没有任何约束力的。

2．劳务派遣公司应当承担用人单位的权利义务，包括与派遣员工签订劳动合同，没有签订劳动合同的，应当支付双倍的工资。学校作为用工单位应当按照《劳动合同法》的规定或劳务派遣协议的约定方式履行退工手续，需要支付经济补偿的应当支付。

本案中，因为学校的原因导致没能与派遣公司续订劳务派遣协议，而派遣公司以没有签订劳务派遣协议为由，没能与派遣员工签订劳动合同，从法律上讲，学校应当属于违约行为，而派遣公司则属于违法行为，违法行为理应承担法律责任。但是，由于派遣用工的特殊性，《劳动合同法》中规定，派遣单位违法，给派遣劳动者造成损害的，劳务派遣单位与用工单位承担连带赔偿责任。

通过本案可以看出，用工单位在使用劳务派遣这一用工模式时，切不可忽视对派遣员工的管理，注意合同的及时续签，以避免与派遣员工的法律关系发生变化。用工单位以为与某员工的关系乃劳务派遣，而事实上因为没有及时续签派遣协议而变成了事实劳动关系。更有甚者，如果在解雇该员工时未发现，则用工单位将承担高昂的解约成本。

任务 2　拓展解析

1．根据《劳动合同法》规定，非全日制用工，是指以小时计酬为主，劳动者在同一用人单位一般平均每日工作时间不超过 4 小时、每周工作时间累计不超过 24 小时的用工形式。也就是说，法律对非全日制用工的每日、每周工作时间作出了限定。

本案中，虽然双方签订的是非全日制劳动合同，约定每日工作不超过 4 小时，也一直按照小时工资进行计酬，但张先生每天实际工作时间均达到 5 至 6 小时，每周工作时间已经超过了 24 小时，明显超过了法律规定的非全日制用工的时间限制，不符合非全日制用工的法定要件。因此，双方之间实际为全日制劳动关系。

2．劳动争议仲裁委员会经审查，裁决张某与某外企不存在劳动关系。张某不服该裁决，起诉至人民法院。法院认为，张某虽系下岗职工，与原企业签订了无固定期限劳动合同。但是，我国法律并不禁止劳动者具有双重劳动关系。张某下岗后到某外企工作，双方已经形成了事实劳动关系，且张某的双重劳动关系之间并不矛盾，其与某外企的劳动关系应当依法受到保护。故判决支持张某的诉讼请求。一般来说，劳动法原理以全日制用工的劳动者只存在一个劳动关系为原则。但是，鉴于我国目前存在的下岗、内退、停薪留职、企业经营性放长假人员等特殊情形，国家法律法规对这一部分劳动者到新的用人单位工作，与新的用人单位之间是什么关系没有作出规定。

为了保护这一群体的利益，2020 年 12 月 25 日通过的《最高人民法院关于审理劳动争议案件适用法律若干问题的解释（三）》第三十二条规定："企业停薪留职人员、未达到法定退休年龄的内退人员、下岗待岗人员以及企业经营性停产放长假人员，因与新的用人单位发生用工争议而提起诉讼的，人民法院应当按劳动关系处理。"该条规定认定了此种情形下双方为劳动关系。相应地，该部分劳动者与新的用人单位之间因劳动关系产生的争议也应当适用劳动法律法规。

项目 7　集 体 合 同

任务 1　拓展解析

1. 这是一起因集体合同与劳动合同有出入而引发的劳动争议，主要涉及集体合同的 3 个方面：

（1）集体合同应当如何订立。《中华人民共和国劳动法》第三十三条规定，企业职工一方与企业可以就劳动报酬、工作时间、休息休假、劳动安全卫生、保险福利等事项，签订集体合同。集体合同草案应当提交职工代表大会或者全体职工讨论通过。集体合同由工会代表职工与企业签订；没有建立工会的企业，由职工推举的代表与企业签订。《集体合同规定》第三十二条规定，集体协商任何一方均可就签订集体合同或专项集体合同以及相关事宜，以书面形式向对方提出进行集体协商的要求。一方提出进行集体协商要求的，另一方应当在收到集体协商要求之日起 20 日内以书面形式给予回应，无正当理由不得拒绝进行集体协商。《集体合同规定》第三十六条也规定，经双方协商代表协商一致的集体合同草案或专项集体合同草案应当提交职工代表大会或者全体职工讨论。职工代表大会或者全体职工讨论集体合同草案或专项集体合同草案，应当有 2/3 以上职工代表或者职工出席，且须经全体职工代表半数以上或者全体职工半数以上同意，集体合同草案或专项集体合同草案方获通过。本劳动争议案例分析订立集体合同的过程中，A 公司的工会推选了协商代表，就员工最低工资、劳动时间等达成了一致，并经 2/3 以上职工代表审议通过，因此 A 公司集体合同的订立程序是符合法律、法规相关规定的。

（2）集体合同如何生效。《集体合同规定》第四十二条规定，集体合同或专项集体合同签订或变更后，应当自双方首席代表签字之日起 10 日内，由用人单位一方将文本一式三份报送劳动保障行政部门审查，劳动保障行政部门对报送的集体合同或专项集体合同应当办理登记手续。《中华人民共和国劳动法》第三十四条规定，集体合同签订后应当报送劳动行政部门；

劳动行政部门自收到集体合同文本之日起 15 日内未提出异议的，集体合同即行生效。本劳动争议案例分析中，A 公司将双方签订后的集体合同报送到劳动行政部门，劳动行政部门自收到集体合同文本之日起 15 日内未提出异议，该集体合同即行生效。

（3）企业集体合同对劳动合同是否具有约束力。《中华人民共和国劳动法》第三十五条规定，依法签订的集体合同对企业和企业全体职工具有约束力。职工个人与企业订立的劳动合同中劳动条件和劳动报酬等标准不得低于集体合同的规定。《集体合同规定》第六条规定，符合本规定的集体合同或专项集体合同，对用人单位和本单位的全体职工具有法律约束力。用人单位与职工个人签订的劳动合同约定的劳动条件和劳动报酬等标准不得低于集体合同或专项集体合同的规定。集体合同的效力包括效力范围和效力形式两部分。效力范围包括对人的效力和时间效力两部分。对人的效力是指集体合同对什么人有效。一般来讲，受集体合同约束的人包括合同当事人和合同关系人。合同当事人是指在集体合同上签字盖章的工会代表、职工代表和用人单位；合同关系人是指因合同订立而获得利益并受集体合同约束的主体，即工会所代表的全体劳动者和用人单位所代表的经营者。时间效力是指集体合同在多长时间内有约束力。一般来说，集体合同的时效，开始于该合同经审查合格之日或依法推定审查合格之日，终止于合同期限届满或依法解除之日。集体合同的效力形式，是指集体合同的条款对于用人单位和劳动者来说是标准性条款，具有支配劳动合同关系人的效力。劳动合同关于劳动者权益的规定，可以高于但不得低于集体合同标准，高于集体合同标准的部分有效，低于集体合同标准的部分无效。如果某项内容在劳动合同中没有规定但在集体合同中有规定，或者劳动合同的规定不明确或无效，集体合同的有关规定就成为劳动合同的内容。

本劳动争议案例分析中，A 公司与刘某签订劳动合同时，该公司与工会签订的集体合同已经生效，所以集体合同对刘某同样具有效力。同时刘某与公司签订的劳动合同中约定的工资报酬低于集体合同中约定的标准，因此其劳动合同的规定无效，但其有关工作时间的规定高于集体合同的标准，此条款有效，应由劳动合同中的工作时间条款取代集体合同的相关规定。

综上所述，劳动争议仲裁委员会裁决 A 公司给予刘某补偿 2 个月的工资，同时 A 公司与刘某关于工作时间条款的约定不变，剩余合同期限内的工资按每月 1300 元履行，是符合法律、法规规定的。

2.《中华人民共和国劳动合同法》第五十四条规定，集体合同签订后应当报送劳动行政部门；劳动行政部门自收到集体合同文本之日起 15 日内未提出异议的，集体合同即行生效。依法订立的集体合同对用人单位和劳动者具有约束力。因此，可以认定为甲公司与工会签订的集体合同有效。

根据《中华人民共和国劳动合同法》第五十五条的规定，用人单位与劳动者订立的劳动合同中劳动报酬和劳动条件等标准不得低于集体合同规定的标准。在案例中，公司因李某的业绩不佳而把工资降低，并低于集体合同的最低工资约定。同时，按照《中华人民共和国劳动合同法》第三十五条的规定，用人单位与劳动者协商一致，可以变更劳动合同约定的内容。因此，公司降低李某的工资，属于单方变更劳动合同中劳动报酬的行为，且其支付的劳动报酬低于集体合同规定，故有违法律规定。

任务 2　拓展解析

1. 本案中，集体合同中的劳动时间和劳动合同期限的约定违背了法律法规的相关规定。《国务院关于修改〈国务院关于职工工作时间的规定〉的决定》（国务院令第 174 号）规定，自 1995 年 5 月 1 日起实行"职工每日工作 8 小时、每周工作 40 小时"的工时制度。本案中，集体合同约定的每天和每周工作时间均超出了法律规定的工作时长。同时，本案中集体合同的期限也不符合规定。2004 年 5 月 1 日起实施的《集体合同规定》第三十八条规定，集体合同或专项集体合同期限一般为 1～3 年，期满或双方约定的终止条件出现，即行终止。

此外，本案中集体合同报送劳动保障行政部门审查的时间也不符合要求。《集体合同规定》第四十二条规定，集体合同或专项集体合同签订或变更后，应当自双方首席代表签字之日起 10 日内，由用人单位一方将文本一式三份报送劳动保障行政部门审查。而本案中，集体合同于 2018 年 6 月 27 日签订，却于 2019 年 5 月 1 日报送劳动保障行政部门审查，与规定不符。最后，劳动保障行政部门在收到集体合同 25 日后方出具《集体合同审查意见书》不合法。《集体合同规定》第四十五条规定，劳动保障行政部门对集体合同或专项集体合同有异议的，应当自收到文本之日起 15 日内将《审查意见书》送达双方协商代表。

2. 集体合同是用人单位与代表全体职工的工会之间签订的劳动合同。由于集体合同涉及的人数众多，对用人单位和制定的各项权利、义务影响较大，所以签订的时候一定要遵守严格的法律程序，只有经过合法程序的集体合同才具有法律效力。本案中，用人单位经过民主程序，与工会签订了集体合同，并报当地劳动保障部门登记备案，所以程序合法，集体合同具有法律效力。

《中华人民共和国劳动法》第三十五条规定，依法签订的集体合同对企业和企业全体职工具有约束力。本案中，程某虽然在表决合同时投了反对票，但表决时该合同依然通过，所以集体合同自生效之日起，对天天乐商场所有员工都具有法律效力。同时，《中华人民共和国劳动合同法》第五十三条规定，在县级以下区域内，建筑业、采矿业、餐饮服务业等行业可以由工会与企业方面代表订立行业性集体合同，或者订立区域性集体合同。天天乐商场属于服务行业，出于其行业的特殊性，要求员工在周末与节日的经营活动中延长一小时工作时间属于合理要求，向员工支付加班费也符合劳动法律法规要求。

所以，劳动争议仲裁委员会裁决程某违反了集体合同的条款、天天乐商场的处罚并无不当，驳回程某的仲裁请求完全合理。

项目 8　劳动基准制度

任务 1　拓展解析

1.（1）企业处理正确；邮政、电信、电力属特殊行业，其工作考核方式也是特殊的。因实行"综合计算工时工作制"，在计算工作量时不一定严格按照一日 8 小时、平均每周工作时间不超过 40 小时工时制度的标准计算。综合计时制允许轮休，只要工作量没有超过规定工时，则不违反《中华人民共和国劳动法》的规定。

虽然该女工周日本应轮到休息，该企业在其他职工病休的情况下，要求该女工上班，没有违反任何规定；且如果该女工上班，该周的工作时间是 40 小时，该周的工作天数是 7 天，其工作量并未超过规定工时。但企业要求女工加班前应该与女工协商，女工没有其他正当理由是不能拒绝的。

企业按该企业的规章制度，除扣除女工当日工资外，还扣除女工当月的部分奖金的处理并无不妥。

（2）如果该企业执行的是标准工时制，该处理则不正确。

按照标准工时制，劳动者每日工作时间不得超过 8 小时、平均每周工作时间不超过 40 小时，假如女工顶班，其这个星期的工作时间是 40 小时，该周的工作天数是 7 天，违反了《中华人民共和国劳动法》劳动者每周至少休息 1 日的规定。故女工有理由拒绝加班。

企业按该企业的规章制度，除扣除女工当日工资外，还扣除女工当月的部分奖金的处理也是没有道理的。

2. 依照目前的法律规定，对张某可以实行两种工作制度。一是实行不定时工作制度。因为《关于企业实行不定时工作制和综合计算工作制的审批办法》第四条第一款第二项明确规定，对企业中的长途运输人员可以实行不定时工作制。二是实行一般的标准工作日制度。即对待张某也可以像企业中的其他劳动者一样，实行一般的标准工作日制度。但是，对于实行不定时工作制度的人员不得因超时工作，主张加班、加点工资；对于实行标准工时的人员，则可以主张加班、加点的费用。

任务 2 拓展解析

1. 探亲假，是指劳动者享有保留工资、工作岗位而与分居两地的父母或配偶团聚的假期。凡在用人单位工作满 1 年的劳动者，与配偶或父母任何一方都不住在一起，又不能在公休假日团聚的，可享受探亲假待遇。职工在规定的探亲假期和路程假期内，按本人标准工资发放工资报酬，职工探望配偶和父母的往返路费由所在单位负担。经劳动争议仲裁委员会调解，双方达成如下协议：

（1）林某向公司保证不再擅自离岗。

（2）公司按国家有关规定，发给林某探亲假期间的工资，报销往返路费。

2. 该厂制定的劳动规章不合法。《中华人民共和国劳动法》第六十二条规定："女职工生育享受不少于 90 天的产假。"《女职工劳动保护特别规定》第七条规定，女职工生育多胞胎的，每多生育一个婴儿，可增加产假 15 天。企业劳动规章不得与法律法规和行政法规相冲突，该企业制定的劳动规章中的特殊产假制度是不合理、不合法的。虽然该规章的制定征求了过半数职工的意见，但不能因此使企业规章违背国家法律法规和行政规章。仲裁委员会的裁决应当包括以下内容：

（1）由该食品加工厂补发赵某停发的工资。

（2）赵某享有国家规定产假 90 天。因赵某生育双胞胎，产假应当增加 15 天。

任务 3   拓展解析

1.《中华人民共和国劳动法》第五十四条规定:"用人单位必须为劳动者提供符合国家规定的劳动安全卫生条件和必要的劳动防护用品,对从事有职业危害作业的劳动者应当定期进行健康检查。"《中华人民共和国劳动合同法》第三十二条规定:"劳动者拒绝用人单位管理人员违章指挥、强令冒险作业的,不视为违反劳动合同。劳动者对危害生命安全和身体健康的劳动条件,有权对用人单位提出批评、检举和控告。"《中华人民共和国劳动合同法》第三十八条规定:"用人单位有下列情形之一的,劳动者可以解除劳动合同:(一)未按照劳动合同约定提供劳动保护或者劳动条件的。"按照上述规定,用人单位在保障劳动者工作条件及劳动防护保障方面至少有两个方面的义务:一是劳动法规定的法定义务——为劳动者提供符合国家规定的劳动安全卫生条件和必要的劳动防护用品;二是劳动合同法规定的法定义务——按照劳动合同约定提供劳动保护或劳动条件。劳动者在高温天气下的工作条件及劳动防护问题当然属于上述两个方面保护的范畴。用人单位在安排劳动者高温劳作时应当保障工作环境的防暑降温,对露天环境下的高温作业更应当做好劳动防护,比如为劳动者发放降温、防晒、解暑等工作设备、物品、药品等,而且这些物品属于用人单位提供高温劳动条件及防护的范畴,不应当冲抵应发放给劳动者的高温津贴,用人单位不按照劳动合同约定提供高温作业下的必要条件的,甚至强令劳动者在没有防暑降温设施或高温防护条件冒险作业的,劳动者有权拒绝执行该命令而不视为违反合同,同时有权对用人单位提出批评、检举和控告,还可以依照劳动合同法规定单方解除劳动合同,并要求用人单位赔偿经济补偿金。劳动仲裁委员会应当支持李某的合法主张。

2.《中华人民共和国劳动合同法》第十二条规定:"劳动合同分为固定期限劳动合同、无固定期限劳动合同和以完成一定工作任务为期限的劳动合同。"第十五条规定:"以完成一定工作任务为期限的劳动合同,是指用人单位与劳动者约定以某项工作的完成为合同期限的劳动合同。用人单位与劳动者协商一致,可以订立以完成一定工作任务为期限的劳动合同。"由此可见,《中华人民共和国劳动合同法》将劳动合同种类分为三种。本案中,赵某和女装店约定每月按 10000 元的销售任务决定劳动报酬,是以提成的方式计算和支付工资,属于以完成一定工作任务为期限的劳动合同中的计件工资的一种形式,应自用工之日起签订劳动合同。

本案中,女装店计件工资发放是否合理。计件工资的关键是制定合适的任务定额。《最低工资规定》第十二条规定:"在劳动者提供正常劳动的情况下,用人单位应支付给劳动者的工资在剔除下列各项以后,不得低于当地最低工资标准:(一)延长工作时间工资;(二)中班、夜班、高温、低温、井下、有毒有害等特殊工作环境、条件下的津贴;(三)法律、法规和国家规定的劳动者福利待遇等。实行计件工资或提成工资等工资形式的用人单位,在科学合理的劳动定额基础上,其支付劳动者的工资不得低于相应的最低工资标准。劳动者由于本人原因造成在法定工作时间内或依法签订的劳动合同约定的工作时间内未提供正常劳动的,不适用于本条规定。"根据该条,实行计件工资或提成工资的单位,不得低于相应的最低工资标准。

项目 9 职业安全健康制度

任务 1 拓展解析

1.《中华人民共和国劳动法》第五十四条规定："用人单位必须为劳动者提供符合国家规定的劳动安全卫生条件和必要的劳动防护用品，对从事有职业危害作业的劳动者应当定期进行健康检查。"法院裁定该合同有关意外事故造成人员伤亡概不负责的约定是违法的，其协议无效，煤矿应当支付马某的全部医疗费并给予适当的生活补助费，建议劳动管理部门对煤矿的安全隐患进行检查、督促整改。

2.《中华人民共和国劳动法》第五十四条规定："用人单位必须为劳动者提供符合国家规定的劳动安全卫生条件和必要的劳动防护用品。"向劳动者提供符合国家规定的劳动卫生条件和必要的劳动防护用品是用人单位一项应尽的义务，这一点我国劳动法已有明确规定，水泥厂无视国家法律规定，不向劳动者提供必要的劳动安全卫生条件，其行为严重侵害了职工的身心健康，理应受到有关部门的查处。

任务 2 拓展解析

1. 劳动监察大队在查清申诉事实后，指出公司侵犯女职工劳动特别保护权益的违法行为：一是在劳动合同期间，公司安排怀孕 7 个月以上的女职工上夜班，属于违反劳动法的强制规定的违法行为，损害了女职工的休息权和健康权；二是在女职工哺乳期，单位不得因劳动合同期限届满而终止劳动关系，劳动关系应顺延至其哺乳期届满时。

劳动监察大队依据《女职工劳动保护特别规定》第十三条规定，对公司处以 5000 元罚款，并责令公司立即恢复与何某的劳动关系，赔偿经济损失。

2. 我国劳动法律法规对女职工就业范围是有所限制的。《中华人民共和国劳动法》第五十八条规定："国家对女职工和未成年工实行特殊劳动保护。"第五十九条规定："禁止安排女职工从事矿山井下、国家规定的第四级体力劳动强度的劳动和其他禁忌从事的劳动。"《中华人民共和国劳动法》《女职工劳动保护特别规定》《女职工禁忌劳动范围的规定》都明确规定了女职工禁忌劳动范围。本案中，建筑公司不录用贾某的行为不属于性别歧视，恰恰是对女性的保护，体现了劳动立法对女性职工利益的特别关注和保护。

项目 10 社会保险和福利

任务 1 拓展解析

1. 本案经法院审理认为，用人单位为劳动者缴纳社会保险是其法定义务，双方之间订立的"自愿放弃保险协议"因违反法律强制性规定，当属无效。双方劳动关系于 2020 年 2 月终止，邓某于 2020 年 10 月申请仲裁并未超过 1 年仲裁时效，判决酒店支付邓某经济补偿。

该案是劳动者与用人单位自愿达成不缴纳社保协议后反悔的典型案例。职工的社会保险费用由两部分组成：一部分是企业缴纳；一部分是职工个人缴纳，企业在给职工发放工资时予以代扣代缴。劳动者与用人单位签订劳动合同时，有时为了眼前利益，会与用人单位形成自愿放弃社保的约定，职工放弃单位为其缴纳社保，本人应缴纳的社保部分发放到自己手里，这样到手的工资会多一些。而用人单位为此省下了应缴纳的社保费部分，还免除了为职工开户的程序，省钱省力。当真可行吗？答案是否定的。

为职工缴纳社会保险是用人单位的法定义务。劳动者与用人单位之间订立的"自愿放弃保险协议"因违反法律强制性规定，应属无效。在此情形下，劳动者以用人单位未为其缴纳社会保险为由主张解除劳动合同并据此主张经济补偿，于法有据，法院应予支持。需要提醒的是，劳动争议发生后，劳动者一定要在法律规定的仲裁时效内及时维权。

2．本案法院经审理认为，谢某上班途中因交通事故死亡，经所在市人力资源和社会保障局认定谢某为工亡的事实清楚。根据《工伤保险条例》第三十九条和《因工死亡职工供养亲属范围规定》第三条规定，服务公司应支付陈某某等人丧葬补助金、一次性工亡补助金并每月支付供养亲属抚恤金。

该案是劳动者上下班途中发生交通事故认定工伤的典型案件。需要注意的是，上下班途中发生交通事故，不一定就是工伤。职工自驾车辆上下班途中与他人发生交通事故导致伤亡，能否认定为工伤，需要注意以下问题：

（1）在上下班途中，受到非本人主要责任的交通事故时，才有可能被认定为工伤。如果是主责或者全责，将不能被认定为工伤。

（2）事故发生后 1 年内，应向用人单位所在地统筹地区社会保险行政部门提出工伤认定的申请。如果超出 1 年的法定期限，而且无法定原因，将不能被认定为工伤。

申请工伤认定时，应当提交工伤认定申请表、劳动关系证明材料、医疗诊断证明或者职业病诊断证明书/职业病诊断鉴定书等证据。

任务 2　拓展解析

1．本案法院认为，杨某某享有 2020 年 6 月至 2021 年 3 月共 9 个月的医疗期，在此期间，某科技公司解除其与杨某某之间劳动关系的行为属违法。虽某科技公司已支付违法解除劳动关系赔偿金，但赔偿金与病假工资、医疗补助费的性质和功能不同，剩余医疗期内的病假工资是劳动者应当获得的工资待遇。对于杨某某本可在职工基本医疗保险享受的报销比例，与其已享受的新农合医疗报销比例之间的医疗费差额，亦应由某科技公司承担。故判决某科技公司向杨某某支付剩余医疗期内的病假工资、医疗补助费及社保医疗费差额共计 3.8 万元。

残疾职工患病期间依法享有医疗期及病假工资等合理保障，用人单位应给予适当照顾。法院依法判决用人单位在残疾职工医疗期内解除劳动关系违法，除应向残疾职工支付赔偿金外，还须支付剩余医疗期内的病假工资及医疗补助费等费用，切实维护残疾职工医保权益，保障残疾人平等参与社会生活。

2. 本案是一起侵害女职工特殊权益的典型案件。《江苏省女职工劳动保护特别规定》（省政府令第 122 号）第二十一条规定："用人单位应当每年至少安排 1 次妇女常见病普查，对年满 35 周岁的女职工应当增加乳腺癌、宫颈癌筛查。"女职工年度妇女常见病普查、年满 35 周岁女职工"两癌"筛查是女职工的法定权利，也是用人单位应尽的法定义务。本案中企业 78 名内退女职工与企业并未终止劳动关系，内退协议有关女职工体检的约定，违反政府规章强制性规定，是无效的。

参 考 文 献

[1] 关怀. 劳动法教程[M]. 北京：法律出版社，2007.

[2] 常凯. 劳动法[M]. 北京：高等教育出版社，2011.

[3] 贾俊玲. 劳动法与社会保障法学[M]. 2版. 北京：中国劳动社会保障出版社，2012.

[4] 林嘉. 劳动法与社会保障法[M]. 3版. 北京：中国人民大学出版社，2014.

[5] 关怀，林嘉. 劳动法[M]. 5版. 北京：中国人民大学出版社，2016.

[6] 郭捷. 劳动法与社会保障法[M]. 3版. 北京：法律出版社，2016.

[7] 王全兴. 劳动法[M]. 4版. 北京：法律出版社，2017.

[8] 刘俊. 劳动法与社会保障法[M]. 2版. 北京：高等教育出版社，2018.

[9] 黎建飞. 劳动法与社会保障法原理、材料与案例[M]. 2版. 北京：北京大学出版社，2019.

[10] 董保华. 社会法原论[M]. 北京：中国政法大学出版社，2001.

[11] 黎建飞. 劳动法的理论与实践[M]. 北京：中国人民公安大学出版社，2004.

[12] 常凯. 劳权论——当代中国劳动关系的法律调整研究[M]. 北京：中国劳动社会保障出版社，2005.

[13] 秦国荣. 市民社会与法的内在逻辑——马克思的思想及其时代意义[M]. 北京：社会科学文献出版社，2005.

[14] 史探径. 社会法学[M]. 北京：中国劳动社会保障出版社，2007.

[15] 冯彦君. 和谐社会建设与社会法保障[M]. 北京：中国劳动社会保障出版社，2008.

[16] 赵红梅. 私法与社会法：第三法域之社会法基本理论范式[M]. 北京：中国政法大学出版社，2009.

[17] 董保华. "社会法"与"法社会"[M]. 上海：上海人民出版社，2015.

[18] 林嘉. 劳动法的原理、体系与问题[M]. 北京：法律出版社，2016.

[19] 汤黎虹. 社会法基本理论[M]. 北京：法律出版社，2017.

[20] 余少祥. 社会法总论[M]. 北京：社会科学文献出版社，2019.

[21] 郑功成，程延圆. 中华人民共和国劳动合同法释义与案例分析[M]. 北京：人民出版社，2007.

[22] 最高人民法院民事审判第一庭. 最高人民法院民事审判指导丛书：劳动争议案件审判指导[M]. 北京：法律出版社，2018.

[23] 辽宁省沈阳市中级人民法院劳动争议（2016—2020年）审判白皮书. 辽宁省沈阳市中级人民法院，2021.

[24] 劳动人事争议典型案例（第二批）. 中华人民共和国最高法院网：https://www.court.gov.cn/zixun-xiangqing-319151.html，2021.